Sciences économiques et sociales

SPÉCIFIQUE ET SPÉCIALITÉS

▶ **Jean-Claude Drouin**
   Professeur agrégé de SES, chargé de cours
   à l'université Paris Ouest Nanterre La Défense

▶ **Sylvain Leder**
   Professeur agrégé de SES
   au lycée Edgar Poe (Paris)

▶ **François Porphire**
   Professeur certifié de SES
   au lycée Maurice Genevoix (Montrouge)

Maquette de principe : Frédéric Jély
Mise en pages : Compo-Méca
Cartographie et schémas : Légendes cartographie, Illustratek, Vincent Landrin
Iconographie : Veronica Brown/ Hatier illustration
Édition : Charlotte Bergeron, Grégoire Thorel, Clothilde Diet

© Hatier Paris, janvier 2016   ISBN 978-2-218-99537-8

Sous réserve des exceptions légales, toute représentation ou reproduction intégrale ou partielle, faite, par quelque procédé que ce soit, sans le consentement de l'auteur ou de ses ayants droit, est illicite et constitue une contrefaçon sanctionnée par le Code de la Propriété Intellectuelle. Le CFC est le seul habilité à délivrer des autorisations de reproduction par reprographie, sous réserve en cas d'utilisation aux fins de vente, de location, de publicité ou de promotion de l'accord de l'auteur ou des ayants droit.

Mode d'emploi

Votre ouvrage Prépabac

■ Conforme aux derniers programmes de l'enseignement spécifique de Sciences économiques et sociales, et des enseignements de spécialité Économie approfondie et Sciences sociales et politiques T^{le} ES, ce « Prépabac » vous propose un **outil de travail** très complet.

■ Sur chaque thème du programme, vous trouverez : un **cours** structuré, des fiches de **méthode**, des **exercices** progressifs suivis de **sujets** de type bac et leurs **corrigés** détaillés. L'ouvrage comprend également un **aide-mémoire** détachable.

■ Toutes ces ressources vous permettent d'aborder en confiance vos contrôles durant l'année et de vous préparer efficacement à l'épreuve du bac.

Sur le site www.annabac.com

L'achat de ce Prépabac vous permet de bénéficier d'un **accès GRATUIT**[1] à toutes les **ressources d'annabac.com** : résumés audio, fiches de cours, quiz interactifs, sujets d'annales corrigés...

Pour profiter de cette offre, rendez-vous sur **www.annabac.com**, dans la rubrique « Vous avec acheté un ouvrage Hatier ? ».

[1] Selon les conditions précisées sur le site.

sommaire

SCIENCE ÉCONOMIQUE
Enseignement spécifique

Croissance, fluctuations et crises

1 Quelles sont les sources de la croissance économique ?
- → COURS **10**
- → MÉTHODE Mesurer une variation **20**
  - Mobiliser ses connaissances **21**
- → EXERCICES Se tester • S'entraîner • Objectif bac **22**
- → CORRIGÉS **24**

2 Comment expliquer l'instabilité de la croissance ?
- → COURS **27**
- → MÉTHODE Rapports de corrélation et de causalité **34**
- → EXERCICES Se tester • S'entraîner • Objectif bac **35**
- → CORRIGÉS **37**

Mondialisation, finance internationale et intégration européenne

3 Quels sont les fondements du commerce international et de l'internationalisation de la production ?
- → COURS **39**
- → MÉTHODE Calculer une moyenne **50**
  - Lire et interpréter une courbe chronologique **51**
- → EXERCICES Se tester • S'entraîner • Objectif bac **52**
- → CORRIGÉS **55**

4 Quelle est la place de l'Union européenne dans l'économie globale ?
- → COURS **58**
- → MÉTHODE Analyser un sujet de raisonnement s'appuyant sur un dossier documentaire **68**
- → EXERCICES Se tester • S'entraîner • Objectif bac **71**
- → CORRIGÉS **75**

Économie du développement durable

5 La croissance économique est-elle compatible avec la préservation de l'environnement ?
- → COURS 78
- → MÉTHODE Construire un plan 87
- → EXERCICES Se tester • S'entraîner • Objectif bac 88
- → CORRIGÉS 91

SOCIOLOGIE
Enseignement spécifique

Classes, stratification et mobilité sociales

6 Comment analyser la structure sociale ?
- → COURS 98
- → MÉTHODE Calculer les écarts interquantiles 115
- Interpréter un tableau à double entrée 116
- → EXERCICES Se tester • S'entraîner • Objectif bac 118
- → CORRIGÉS 121

7 Comment rendre compte de la mobilité sociale ?
- → COURS 125
- → MÉTHODE Calculer et utiliser des pourcentages de répartition 135
- → EXERCICES Se tester • S'entraîner • Objectif bac 136
- → CORRIGÉS 138

Intégration, conflit, changement social

8 Quels liens sociaux dans des sociétés où s'affirme le primat de l'individu ?
- → COURS 141
- → MÉTHODE Analyser un sujet de dissertation 150
- → EXERCICES Se tester • S'entraîner • Objectif bac 154
- → CORRIGÉS 158

sommaire

9 Comment interpréter les conflits sociaux ?
- → COURS **163**
- → MÉTHODE Structurer un développement dans une dissertation **174**
- → EXERCICES Se tester • S'entraîner • Objectif bac................. **177**
- → CORRIGÉS **180**

REGARDS CROISÉS
Enseignement spécifique

Justice sociale et inégalités

10 Comment les pouvoirs publics peuvent-ils contribuer à la justice sociale ?
- → COURS **186**
- → MÉTHODE Calculer les propensions moyenne et marginale à consommer et à épargner......................... **195**
  Développer une idée dans le périmètre d'un paragraphe **196**
- → EXERCICES Se tester • S'entraîner • Objectif bac................. **197**
- → CORRIGÉS **199**

Travail, emploi, chômage

11 Comment s'articulent marché du travail et gestion de l'emploi ?
- → COURS **202**
- → MÉTHODE Comprendre la notion d'élasticité..................... **211**
  Rédiger une introduction........................... **212**
- → EXERCICES Se tester • S'entraîner • Objectif bac................. **213**
- → CORRIGÉS **217**

12 Quelles politiques pour l'emploi ?
- → COURS **222**
- → MÉTHODE Rédiger une conclusion............................... **228**
- → EXERCICES Se tester • S'entraîner • Objectif bac................. **229**
- → CORRIGÉS **233**

ÉCONOMIE APPROFONDIE
Enseignement de spécialité

13 Économie et démographie
- → COURS 238
- → EXERCICES Se tester • Objectif bac 246
- → CORRIGÉS 247

14 Stratégies d'entreprises et politique de concurrence dans une économie globalisée
- → COURS 249
- → EXERCICES Se tester • Objectif bac 257
- → CORRIGÉS 258

15 Instabilité financière et régulation
- → COURS 260
- → EXERCICES Se tester • Objectif bac 269
- → CORRIGÉS 270

SCIENCES SOCIALES ET POLITIQUES
Enseignement de spécialité

16 Le système politique démocratique
- → COURS 271
- → EXERCICES Se tester • Objectif bac 279
- → CORRIGÉS 280

17 La participation politique
- → COURS 282
- → EXERCICES Se tester • Objectif bac 289
- → CORRIGÉS 290

sommaire

18 **L'ordre politique européen**
- → **COURS** **293**
- → **EXERCICES** Se tester • Objectif bac **297**
- → **CORRIGÉS** **298**

ANNEXES
Index-lexique **301**

Enseignement spécifique
Science économique

www.annabac.com

CHAPITRE 1
Quelles sont les sources de la croissance économique ?

La croissance économique est l'un des phénomènes majeurs qui retiennent l'attention des économistes et des pouvoirs publics. Associée à l'enrichissement des populations, elle est l'objectif de toutes les politiques économiques. Qu'est-ce que la croissance et comment la mesure-t-on ? Quels en sont les moteurs ? L'État et les institutions ont-ils un rôle à jouer pour stimuler la croissance ?

I Définition et mesure de la croissance économique

La croissance économique se définit par l'**augmentation soutenue du niveau de production** d'un pays **sur une longue période**. On la mesure traditionnellement grâce au **produit intérieur brut (PIB)**. Cependant, celui-ci est aujourd'hui remis en cause et complété par d'autres indicateurs dont le principal est l'**indice de développement humain (IDH)**.

A Le produit intérieur brut

■ Le produit intérieur brut (PIB) est un agrégat calculé chaque année à partir de la **production marchande** des entreprises (production destinée à être écoulée sur le marché) et la **production non marchande** des administrations publiques (ex. : éducation nationale, santé publique).

> La **valeur ajoutée** est la différence entre le chiffre d'affaires et les consommations intermédiaires des entreprises (matières premières, énergie, produits semi-finis incorporés ou détruits dans le processus de production).

> PIB = somme des **valeurs ajoutées** + TVA + droits de douane

■ On calcule également le **PIB par habitant** afin de mesurer les niveaux de vie et établir des comparaisons internationales entre pays n'ayant pas le même nombre d'habitants.

B Les limites du PIB

La fiabilité du PIB comme indicateur de niveau de vie, de bien-être et de développement est aujourd'hui contestée.

■ Dans le calcul du PIB, la **production non marchande des administrations publiques** est évaluée uniquement en fonction des coûts de production.

■ Certaines **activités socialement utiles** (ex. : activités domestiques, éducation des enfants) ne sont pas prises en compte dans le calcul du PIB, dans la mesure où elles ne donnent pas lieu à un paiement sur le marché. De même, le **bénévolat associatif** échappe au calcul du PIB. Pourtant, toutes ces activités, qui sont en dehors de la production marchande des entreprises et en dehors de la production non marchande des administrations publiques, ont un impact sur la qualité de vie des habitants.

■ L'**économie souterraine**, c'est-à-dire les activités légales non déclarées (travail non déclaré) et les activités illégales (ex. : commercialisation de produits stupéfiants, prostitution) ne sont pas prises en compte dans le calcul du PIB.

■ Le calcul du PIB par habitant ne renseigne pas sur le niveau de vie réel des habitants, dans la mesure où il ne tient pas compte des disparités en matière de **répartition des richesses** (revenus et patrimoines).

■ Les **externalités économiques** ne sont pas non plus comptabilisées dans le calcul du PIB. De surcroît, les **externalités** négatives sont valorisées positivement lorsqu'elles entraînent des dépenses marchandes (ex. : pollution, dégradation de l'environnement, accidents de la route), alors qu'elles se traduisent pas une détérioration de l'environnement et une diminution de la qualité de vie.

> On parle d'**externalités** (positives ou négatives) quand le gain d'un agent économique ne dépend pas de sa propre activité mais des retombées de l'activité économique d'un autre agent.

C L'indice de développement humain

Les limites habituellement évoquées à propos du PIB ont incité le Programme des Nations unies pour le développement (PNUD) à créer un indice de développement humain (IDH).

■ L'IDH est un indicateur composite calculé à partir de **quatre critères** :
– l'espérance de vie à la naissance ;
– la durée moyenne de scolarisation de la population adulte âgée de 25 ans ;
– la durée moyenne de scolarisation attendue des enfants en âge scolaire ;
– le revenu national brut par habitant.

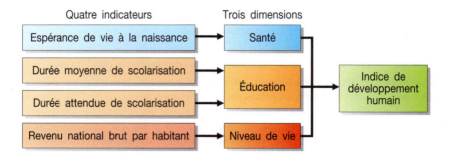

Source : Rapport 2011, PNUD.

🔲 Après l'agrégation de ces composantes, les valeurs de l'IDH s'échelonnent de 0 à 1. Le PNUD distingue ainsi **quatre grands types de pays** :
– les pays à développement humain très élevé (IDH entre 0,9 et 0,8), comme la Norvège (premier IDH mondial en 2014), les États-Unis, le Royaume-Uni et la France ;
– les pays à développement élevé (IDH entre 0,8 et 0,7), comme la Russie et le Mexique ;
– les pays à développement moyen (IDH compris entre 0,7 et 0,5), comme l'Égypte et le Maroc ;
– les pays à développement faible (IDH inférieur à 0,5), comme l'Afghanistan et l'Éthiopie.

🔲 La comparaison du classement des pays en fonction du PIB par habitant et en fonction de l'IDH permet de montrer que **le développement humain ne se limite pas seulement à la croissance de la production**.

🔲 Bien que l'IDH retienne davantage de paramètres que le PIB, il n'est pas exempt de critiques. En effet, il ne mesure pas le **niveau de performance environnementale**. Il ne prend pas non plus en considération le **développement politique** (ex. : démocratie pluraliste, libertés publiques, égalité homme-femme). En septembre 2009, la Commission sur la mesure des performances économiques et du progrès social, initiée par le gouvernement français et présidée par le prix Nobel Joseph Stiglitz, avait souligné les insuffisances du système actuel d'analyse statistique pour évaluer le bien-être et la qualité de vie dans ses dimensions économiques, environnementales et sociale.

ZOOM

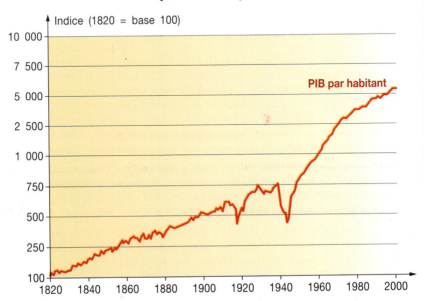

Source : A. Maddison, *L'Économie mondiale. Statistiques historiques*, OCDE, 2003.

▶ **Angus Maddison**, économiste et historien britannique (1926-2010), a étudié la croissance économique sur le très long terme. Il a réalisé de nombreux travaux de recherche dans le cadre de l'Organisation de coopération et de développement économique (OCDE).

▶ La courbe présente l'**évolution de la croissance économique mondiale** de 1820 à 2000 (indice base 100, année 1820). En 2000, la valeur atteinte est à la hauteur de l'indice 5 000 pour le PIB par habitant, elle a été multipliée par 50.

▶ La croissance a augmenté régulièrement de 1820 à 1950, en dépit de deux nettes décélérations dues aux deux guerres mondiales. On peut remarquer les années de belle croissance de l'après-guerre correspondant aux fameuses **Trente Glorieuses**.

II Les déterminants de la croissance

La croissance économique repose sur l'augmentation de la production nationale à partir de la hausse de la quantité de facteurs utilisés, de l'efficacité de la combinaison productive et du progrès technique.

A Les facteurs de la croissance économique

■ La **fonction de production**, notée $Q = f(K,L)$, associe les quantités produites (Q) à l'emploi des facteurs de production (travail humain [L] et capital technique [K]). Le **facteur travail** est à la source de la valeur qui prend forme dans les biens et les services produits par les économies nationales. Selon les économistes classiques, le travail est le premier des facteurs de production. Le **facteur capital** est constitué des outils, instruments et machines utilisés dans le procédé de production. La **combinaison productive** associe les facteurs de production.

■ La hausse de la production qui n'est pas expliquée par l'augmentation quantitative des facteurs de production constitue le **résidu** ou **facteur résiduel**. L'économiste américain Robert Solow (né en 1924) l'explique par la **productivité générale des facteurs (PGF)** attribuée au progrès technique.

■ Le **progrès technique** est d'autant plus indispensable que la poursuite du processus de croissance se heurte à l'apparition de rendements décroissants. La **loi des rendements décroissants** montre qu'en présence de deux facteurs, le travail et le capital, par exemple, si l'un des facteurs s'accroît alors que l'autre reste fixe, les rendements augmentent d'abord, puis finissent par décroître. Le progrès technique permet de dépasser cette situation par une augmentation continue de la productivité du travail.

> La paternité de la **loi des rendements décroissants** revient à Anne Robert Jacques Turgot, économiste et homme politique français (1727-1781).

B La croissance endogène

■ On a assisté à un renouveau de la théorie de la croissance, avec la notion de « croissance endogène », expression forgée par l'économiste américain Paul Romer (né en 1955). Cette théorie montre que le **progrès technique**, considéré auparavant comme exogène, est à la fois **cause et conséquence de la croissance**. Il devient un facteur endogène. La croissance endogène trouve ses sources dans l'accumulation des connaissances, le développement du capital humain, l'innovation par la recherche-développement (R&D) et les dépenses en infrastructures publiques.

■ La théorie de la croissance endogène réhabilite l'intervention de l'État qui devient un acteur du développement économique. Si le rôle du marché est essentiel sur le cours et le moyen terme, c'est l'État qui favorise la croissance sur le long terme, comme en témoignent les efforts réalisés dans le domaine de la formation.

■ Ainsi, la croissance endogène évoque une **dynamique auto-entretenue de la croissance** : l'accumulation du capital contribue à long terme au progrès technique et participe à l'entretien de la croissance économique.

III L'accumulation du capital et l'innovation

A L'investissement et la croissance

■ L'**investissement productif privé** permet l'accumulation du **capital physique** ou technique et la mise en œuvre de l'innovation technologique. Les dépenses de **recherche et développement** engagées par les entreprises assurent la modernisation du potentiel productif.

■ L'**investissement en capital humain** permet le développement du facteur travail sous la forme de la diffusion de savoirs, de savoir-faire et de représentations collectives favorables à l'augmentation de la productivité. Les dépenses de formation (formation initiale et permanente) jouent alors un rôle essentiel dans le processus de croissance.

> La notion de **capital humain** a été développée par l'économiste américain Gary Becker, en 1964, dans *Human capital*. Cette idée n'est pas nouvelle : Adam Smith, dans la *Richesse des nations*, en 1776, avait comparé un homme instruit à une machine coûteuse.

■ L'**investissement des administrations publiques** assure le développement du **capital public** qu'il s'agisse des infrastructures de transport, de la recherche fondamentale, du système scolaire et universitaire et de la santé. Le capital public, composé de l'ensemble des infrastructures économiques et sociales, mises gratuitement à la portée de tous, facilite le cumul des facteurs favorables à l'augmentation du PIB. Ainsi, l'État participe au financement des dépenses de **recherche fondamentale**, à savoir, cette partie de la recherche qui n'est pas liée à la fabrication immédiate d'un produit. La recherche fondamentale, par nature incertaine quant à ses résultats, est souvent financée par des fonds publics. Elle est néanmoins à l'origine d'un grand nombre d'innovations de produits ou de procédés qui améliorent le niveau de production et la productivité des entreprises.

■ L'investissement, quelle qu'en soit la forme, peut être générateur d'externalités positives et contribuer au processus de croissance endogène. Ainsi, le développement du capital humain lié à la diffusion des connaissances fait-il sentir ses effets sur le niveau de performances des biens d'équipement privés et publics et sur le niveau de productivité.

B L'innovation et la croissance

L'innovation (du latin *innovatio*, « changement ») a été définie par l'économiste autrichien Joseph Aloïs Schumpeter comme une nouvelle combinaison des facteurs de production plus efficace que la précédente. Plus récemment, l'Organisation de coopération et de développement économique (OCDE) définit l'innovation comme l'ensemble des démarches scientifiques, technologiques, organisationnelles, financières et commerciales qui aboutissent – ou sont censées aboutir – à la réalisation de produits ou procédés technologiquement nouveaux ou améliorés. Le manuel d'Oslo, principale source internationale en matière d'innovation, identifie quatre catégories d'innovations.

> Ne confondez pas **invention** et **innovation**. L'invention résulte d'une démarche scientifique sans objectifs commerciaux. En revanche, l'innovation est une application d'une invention à une branche économique.

■ L'**innovation de produit** (bien ou prestation de service) correspond à l'introduction d'un bien ou d'un service nouveau ou sensiblement amélioré sur le plan de ses caractéristiques ou de l'usage auquel il est destiné.

■ L'**innovation de procédé** consiste à introduire une nouvelle méthode de production ou de distribution nouvelle ou sensiblement améliorée. On peut prendre comme exemple l'introduction de la chaîne de montage dans les usines Ford (XXe siècle) ou encore l'achat et la vente sur Internet.

■ L'**innovation d'organisation** est la mise en œuvre d'une nouvelle méthode organisationnelle dans les pratiques, l'organisation du lieu de travail ou les relations extérieures de la firme. Le recours à la sous-traitance relève de ce type d'organisation (stratégie d'externalisation).

■ L'**innovation de marketing** est la mise en œuvre d'une nouvelle méthode de commercialisation impliquant des changements significatifs de la conception ou du conditionnement, du placement, de la promotion ou de la tarification d'un produit. Les cookies associés aux sites Internet relèvent de l'innovation marketing.

La protection de l'innovation

▶ L'innovation est au cœur de l'activité économique et de la croissance. Elle est nécessaire au développement des entreprises qui cherchent à détenir un avantage concurrentiel dans une situation de marché aujourd'hui mondiale.

▶ Qu'elle soit issue de travaux d'entités publiques ou privées, une innovation peut être protégée et rentabilisée par un **brevet**. En France, le dépôt d'un brevet à l'**Institut national de la propriété industrielle (INPI)** permet de bénéficier du contrôle et du monopole d'exploitation d'un projet pour une période maximale de 20 ans.

▶ Le nombre de brevets déposés est un indicateur de mesure des performances d'une entreprise ou d'un pays en matière d'innovation.

▶ L'existence du brevet souligne le rôle de l'État et des institutions dans la protection des droits de propriété, notamment les droits de la propriété incorporelle.

IV. Le rôle des institutions

■ Certaines **institutions** participent à la croissance économique. On dit qu'elles sont « **créatrices de marché** » : leur absence ou leur inefficacité se traduirait par un **environnement défavorable** à l'investissement, à l'emploi, à la croissance et au développement.

■ On peut faire allusion à l'**État de droit** dans sa mission de définition et de sanction des règles (système judiciaire). Il garantit les **droits de propriété**, c'est-à-dire la capacité pour une personne de disposer d'un bien économique. Les **droits de propriété** constituent une **condition de l'efficacité économique** dans le cadre d'un marché concurrentiel.

■ En outre, ils jouent un **rôle d'incitation** dans l'activité économique. Les droits de propriété stimulent l'innovation et la dynamique économique. La création d'un nouveau produit, d'un nouveau procédé sont protégés par le dépôt d'un brevet dans le domaine industriel, commercial ou artistique. Le propriétaire du brevet peut valoriser son projet en recherchant la maximisation de son bénéfice. Il peut exploiter lui-même son idée ou la faire développer par une entreprise extérieure.

■ En dehors de l'État de droit, trois autres types d'institutions permettent de soutenir la croissance en assurant une meilleure régulation de l'économie :
– Les **institutions de régulation des marchés** ont pour objectif de réduire l'asymétrie d'information entre vendeur et consommateur et de défendre le libre jeu de la concurrence. Ainsi, en France, la Direction générale de la consommation de la concurrence et de la répression des fraudes (DGCCRF) veille à assurer la qualité que les consommateurs sont en droit d'attendre d'un produit. L'Autorité de la concurrence contrôle les pratiques anticoncurrentielles (entente ou abus de position dominante) qui impliquent une hausse des prix pour les consommateurs et empêchent la libre entrée dans l'industrie.
– Les **institutions de stabilisation des marchés** ont pour objectif la réalisation des grands équilibres et l'évitement des crises financières. On peut évoquer, par exemple, les fonctions du Fonds monétaire international (FMI) ou celles des banques centrales dans l'encadrement de l'activité bancaire.

> Le rôle des **institutions** par rapport au marché a notamment été développé par Dani Rodrik, professeur d'économie à l'université d'Harvard et Arvind Subramanian, conseiller au département des études du FMI.

> Les **droits de propriété** sont composés de trois éléments : l'*usus* (droit d'utiliser la chose), le *fructus* (droit de percevoir les fruits de la chose, notamment d'en tirer un revenu) et l'*abusus* (droit de disposer de la chose, par exemple la vendre).

– Les **institutions de légitimation des marchés** ont pour objectif la protection sociale et la réduction des conflits économiques et sociaux. On peut citer à titre d'exemple : les conventions collectives qui réunissent les représentants des salariés et des employeurs afin de déterminer le niveau légal des rémunérations ; les caisses de retraite ; ou les dispositifs d'assurance chômage.

RÉCAPITULONS

■ La croissance économique est un processus qui correspond à une augmentation du niveau de la production d'un pays ou d'un groupe de pays. Elle est mesurée grâce au produit intérieur brut (PIB). Mais la mesure de la croissance ne suffit pas à rendre compte du développement d'un pays. C'est pourquoi le PIB est aujourd'hui complété par un autre indicateur, l'indice de développement humain (IDH), qui vise à mesurer le niveau de vie et le bien-être des populations.

■ La croissance économique est déterminée par plusieurs facteurs. La fonction de production permet de mesurer la contribution du travail et du capital. Une partie de la croissance reste cependant inexpliquée : c'est le facteur résiduel qui correspond au progrès technique. Les théories de la croissance endogène mettent soulignent un processus auto-entretenu de la croissance et mettent en avant l'importance du progrès technique dans cette dynamique.

■ L'accumulation du capital sous toutes ses formes (capital humain, capital physique, capital public) par l'investissement nourrit la croissance. L'innovation est également un facteur clé quant à l'activité des firmes et les performances des économies nationales.

■ L'État et les institutions jouent un rôle clé dans la croissance. Ils garantissent les droits de propriété et créent ainsi un environnement propice au développement de l'innovation et à la pérennité de la croissance. Ils participent à la régulation des systèmes économiques. Par toutes ces fonctions, les institutions apparaissent comme « créatrices de marchés ».

Mesurer une variation

SAVOIR-FAIRE

■ Les principales variables économiques (PIB, revenu national, volume des exportations) évoluent constamment à la hausse ou à la baisse. Le **taux de variation** permet de connaître en pourcentage l'évolution d'une grandeur économique dans le temps.
Le taux de variation se calcule de la façon suivante :

$$\text{Taux de variation} = \frac{V_1 - V_0}{V_0} \times 100$$

■ V_0 est la valeur de la grandeur étudiée en début de période.
V_1 est la valeur de la grandeur étudiée en fin de période.
La multiplication par 100 est nécessaire pour obtenir un pourcentage, plus significatif et plus propice à l'analyse.

APPLICATION

DOCUMENT PIB de la France (en milliards d'euros)

2013	2014
2 116	2 132

Source : Comptes nationaux, Base 2010, Insee.

Pour déterminer le taux de croissance de l'économie française en 2014 par rapport à l'année 2013, on reprend la formule développé plus haut :

$$\frac{2\,132 - 2\,116}{2\,116} \times 100 = 0{,}75$$

Le taux de croissance du PIB en 2014 par rapport à l'année 2013 est de 0,75 %. La mesure des variations des grandeurs économiques constitue un instrument d'analyse essentielle pour la prévision et l'élaboration des stratégies des entreprises. Elle est également fondamentale pour étayer l'intervention éclairée des administrations publiques.

| COURS | **MÉTHODE** | EXERCICES | CORRIGÉS | **1** |

Mobiliser ses connaissances

LA DÉMARCHE

La mobilisation des connaissances est la première partie de l'épreuve composée (EC1). Comme le stipulent les instructions officielles : « Il est demandé au candidat de répondre aux questions en faisant appel à ses connaissances personnelles dans le cadre de l'enseignement spécifique. » Les questions sont au nombre de deux et sont chacune évaluées sur trois points. Elles font référence à des parties différentes du programme. Vous pouvez consacrer une heure sur les quatre heures de l'épreuve à ce premier exercice, soit 30 minutes pour formuler une réponse à chacune des deux questions proposées. Les trois étapes de la démarche :
- **Définir la ou les notions clés** de la question.
- **Mobiliser ses connaissances** et trouver des exemples pour répondre à la question.
- **Construire une argumentation** structurée en deux ou trois parties.

Les schémas ou tableaux sont autorisés, mais ils doivent être explicités.

L'EXEMPLE COMMENTÉ

Voici comment vous pourriez répondre à la question suivante : « En quoi l'investissement public peut-il agir sur la croissance économique ? »

- **Définir la ou les notions clés :** La croissance économique est définie comme l'augmentation de la production d'un pays ou d'un groupe de pays (UE) habituellement évaluée par l'augmentation du PIB. La production découle de l'accumulation du capital sous ses différentes formes. L'État intervient par l'investissement des administrations publiques afin de favoriser les conditions d'une croissance durable sur le long terme.

- **Mobiliser ses connaissances :** droits de propriété, infrastructures de communication, développement de la scolarisation, soutien à la recherche, protection sociale, etc.

- **Construire une argumentation structurée :**
– En première partie, on montrera comment la puissance publique, en garantissant les droits de propriété, crée un environnement favorable à l'activité économique et à l'innovation.
– En deuxième partie, on expliquera comment l'État peut, par la création et l'élargissement des biens publics, favoriser la croissance par le développement d'infrastructures de communication, la prise en charge des investissements en capital humain et la participation aux dépenses de recherche-développement.
– En troisième partie, on soulignera les externalités positives associées aux investissements en capital public en évoquant la théorie de la croissance endogène.

SE TESTER — QUIZ

1. Vrai ou faux ?

Cochez la bonne réponse.

	V	F
a. La valeur ajoutée est égale au chiffre d'affaires moins les coûts de production.	☐	☐
b. La durée moyenne de scolarisation de la population adulte n'est pas intégrée dans le calcul de l'IDH.	☐	☐
c. Le progrès technique permet d'éviter les rendements décroissants lorsque le facteur travail est fixe.	☐	☐
d. Le capital public participe au processus de croissance, notamment sur le long terme.	☐	☐
e. Les institutions de légitimation permettent la réduction des conflits sociaux.	☐	☐

S'ENTRAÎNER

2. QCM

Observez le document puis choisissez la ou les propositions exactes.

DOCUMENT Croissance annuelle moyenne en volume, 1985-2008

en %	Main-d'œuvre	Capital en TIC[1]	Capital hors TIC	PGF[2]	Croissance du PIB
Allemagne	– 0,17	0,29	0,31	1,07	1,50
États-Unis	0,94	0,54	0,32	1,09	2,89
Japon	– 0,35	0,40	0,45	1,60	2,10
France	0,04	0,24	0,31	1,16	1,75
Canada	1,18	0,44	0,66	0,37	2,65

Source : OCDE.
(1) TIC : Technologies de l'information et de la communication
(2) PGF : Productivité globale des facteurs de production

☐ **a.** Il n'y a aucun rapport entre l'augmentation de la main-d'œuvre (facteur travail) et le taux de croissance du PIB.

☐ **b.** Le taux de croissance annuelle du capital en TIC aux États-Unis a été l'un des plus élevés des pays de l'OCDE évoqués dans le tableau pour la période 1985-2008.

☐ **c.** La productivité générale des facteurs (PGF) a été plus élevée au Japon que chez ses principaux partenaires économiques.
☐ **d.** La croissance du capital (hors TIC) contribue également de façon significative à l'augmentation du PIB.

3 Le vocabulaire de la croissance

Complétez le texte ci-dessous avec les mots suivants.
capital • capital humain • éducation • facteurs de production • PIB • productivité • unités • valeur • valeur ajoutée

▌La croissance économique repose sur l'accumulation des richesses. Il s'agit d'un processus cumulatif qui tend à ce que la … créée durant une année dans un pays soit supérieure à celle de l'année précédente. La croissance est mesurée par un agrégat (le …). Dans son mode de calcul, celui-ci agrège la … de l'ensemble des … résidentes.

▌Les biens dont nous pouvons disposer sont réalisés par la combinaison des …, le travail et le … . La contribution des facteurs de production à la réalisation du produit n'est pas seulement quantitative. Ainsi, le facteur travail peut être appréhendé à travers ses caractéristiques qualitatives. On évoque alors l'idée d'un … pour souligner le rôle du travail dans l'augmentation de la … .

▌L'État joue un rôle important dans le processus de croissance. Bien qu'extérieure à la combinaison des facteurs de production, la puissance publique peut favoriser la croissance. Ainsi en est-il des dépenses d'… qui améliorent le capital humain.

OBJECTIF BAC

Mobilisation des connaissances

Voici trois questions de mobilisation des connaissances sur le thème du chapitre. Lors de l'épreuve, vous devrez répondre à deux questions portant sur deux parties différentes du programme.

4 a. En quoi l'IDH est-il un indicateur plus pertinent que le PIB par habitant pour mesurer le bien-être ?
b. Comment l'État contribue-t-il à la croissance économique ?
c. Qu'est-ce que l'investissement ? Quelle est sa fonction dans la stratégie du chef d'entreprise ?

POUR VOUS AIDER

a. Sur un brouillon, commencer par **écrire la définition** de l'IDH, et son mode de calcul. Vous pourrez reproduire le schéma de la page 12.
b. Là encore, le plan de votre cours peut vous aider à **structurer votre réponse**. L'État a un double rôle, de soutien et d'encadrement de la croissance économique.
c. La réponse peut s'organiser en **deux paragraphes** qui présentent l'un, la définition de l'investissement, et l'autre, son importance stratégique vis-à-vis des marchés en termes de productivité et de compétitivité.

SE TESTER

1 Vrai ou faux

a. Faux. La valeur ajoutée est la différence entre le chiffre d'affaires (CA) et les consommations intermédiaires (CI). **b. Faux.** La durée moyenne de scolarisation est intégrée dans le calcul de l'IDH dans la mesure où elle rend compte de la dimension du capital humain. **c. Vrai. d. Vrai. e. Vrai.**

S'ENTRAÎNER

2 QCM

Réponse **a.** Les deux pays où l'augmentation de la main d'œuvre a été la plus importante connaissent un taux de croissance plus élevé que leurs partenaires. Réponse **c.** La forte croissance rencontrée au Canada s'explique notamment par l'investissement en capital (hors TIC).

3 Le vocabulaire de la croissance

▪ La croissance économique repose sur l'accumulation des richesses. Il s'agit d'un processus cumulatif qui tend à ce que la **valeur** créée durant une année dans un pays soit supérieure à celle de l'année précédente. La croissance est mesurée par un agrégat le **PIB**. Dans son mode de calcul, celui-ci agrège la **valeur ajoutée** de l'ensemble des **unités** résidentes.

▪ Les biens dont nous pouvons disposer sont réalisés par la combinaison des **facteurs de production**, le travail et le **capital**. La contribution des facteurs de production à la réalisation du produit n'est pas seulement quantitative. Ainsi, le facteur travail peut être appréhendé à travers ses caractéristiques qualitatives, aussi évoque-t-on l'idée d'un **capital humain** pour souligner le rôle du travail dans l'augmentation de la **productivité**.

▰ L'État joue un rôle important dans le processus de croissance. Bien qu'extérieure à la combinaison des facteurs de production, la puissance publique peut favoriser la croissance. Ainsi en est-il des dépenses d'**éducation** qui améliorent le capital humain.

OBJECTIF BAC

4 Mobilisation des connaissances

a. Le **PIB** est un **agrégat quantitatif** qui mesure ce qui donne lieu à des transactions monétaires sur le marché quelle que soit la nature du produit. Le PIB par habitant ne renseigne en rien sur la répartition réelle des revenus à l'intérieur de la population d'un pays.

En revanche, l'**IDH, indicateur composite**, est plus propice de part sa construction à souligner l'amélioration du bien-être. L'allongement de l'espérance de vie souligne l'évolution positive de l'état de santé de la population. La durée moyenne de scolarisation des adultes renseigne sur la reproduction du capital humain, de même que la scolarisation attendue des jeunes. Plus le capital humain est développé, plus les potentialités de croissance sont grandes par une meilleure productivité du facteur travail. Enfin, le revenu brut par habitant est attaché aux ressources effectivement perçues par les agents économiques.

b. L'État participe à la croissance économique en créant les conditions nécessaires à son développement. Les politiques publiques jouent un rôle important d'encadrement de l'activité économique.

Les **dépenses d'éducation** permettent l'amélioration des compétences des actifs et, par ce fait même, la productivité du travail et la compétitivité des entreprises sur les marchés internationaux. Les **aides à la création d'entreprise**, les dépenses de recherche financées par l'État favorisent l'investissement et l'innovation. Les **politiques de redistribution** (revenu de solidarité active ou RSA, fiscalité progressive sur le revenu, allocations familiales) soutiennent la demande des ménages sur le marché et créent ainsi les conditions d'une dynamique économique vertueuse favorable à la production des biens et des services proposés par les entreprises.

Les théories de la croissance endogène soutiennent que l'intervention de l'État est l'un des facteurs clés de la croissance économique.

c. L'investissement est une opération économique qui consiste à **accumuler du capital**, c'est-à-dire des biens d'équipement sous forme d'outils et de machines destinés à produire d'autres biens pour la consommation finale des ménages.

L'investissement est donc un acte essentiel dans l'entreprise dans la mesure où il faut compenser le vieillissement des matériels et surtout l'obsolescence des équipements, très rapidement dépassés dans leur fonctionnement par les évolutions constantes liées au progrès technique (innovation de procédé). L'investissement concerne également le capital humain sous la forme de recherche et développement et de formation des salariés.

L'opération d'investissement s'inscrit dans la stratégie globale de l'entreprise. Elle permet à la firme d'accroître sa productivité : produire mieux, plus vite et moins cher. L'objectif visé relève de la **recherche de compétitivité** de l'entreprise face à ses concurrents sur des marchés de plus en plus larges, qu'il s'agisse du marché intérieur (grand marché européen) ou du marché mondial.

> En même temps que l'on produit, il est indispensable de reproduire les conditions de la production par l'**accumulation** du capital humain et du capital technique.

Chapitre 2 — Comment expliquer l'instabilité de la croissance ?

www.annabac.com

L'environnement économique national et mondial est sans cesse l'objet de bouleversements qui viennent rompre la pérennité du processus de croissance. Une phase d'expansion peut être suivie d'une phase de récession. Comment se caractérisent les fluctuations de la croissance économique ? Quelles en sont les origines ?

I. Les fluctuations de la croissance économique

Le niveau de la production nationale, mesuré par le PIB, n'est pas stable dans le temps. Ce constat peut être dressé au niveau plus large de l'Union européenne ou de l'économie mondiale. On parle de **fluctuations économiques** pour désigner l'ensemble des mouvements d'accélération ou de ralentissement du rythme de la croissance.

A. Croissance potentielle et croissance effective

■ La **croissance potentielle** est une **construction statistique** qui donne une image d'une croissance maximale à partir de la mise en valeur des facteurs de production réunis au niveau national. Elle est calculée en fonction du travail (évolution de la population active, durée du travail, taux d'emploi) et du capital (stock de capital, utilisation des capacités de production, investissement). On y ajoute l'évolution de la productivité des facteurs associée au progrès technique.

> La **croissance potentielle** n'est qu'un d'indicateur parmi d'autres. Elle est utile pour la prévision macroéconomique et sert de cadrage à la définition des politiques nationales.

■ La **croissance effective** est la **croissance réelle** calculée *a posteriori* par l'Institut national de la statistique et des études économiques (Insee). Elle est en général inférieure à la croissance potentielle. En France, alors que la croissance potentielle était établie à 2,1 % entre 2008 et 2015, l'augmentation réelle du PIB (croissance effective) n'a été que de 1,3 % en 2012, de 1,4 % en 2013 et de 0,7 % en 2014.

■ L'examen des différences entre croissance potentielle et croissance effective permet de déceler des rythmes inaugurés par une période d'expansion à laquelle succède une période de ralentissement de l'activité économique : ce sont les cycles.

B La théorie des cycles économiques

La **théorie des cycles économiques** a pour objectif d'interpréter les fluctuations de l'activité économique, marquée par la hausse puis la baisse de certaines grandeurs caractéristiques (production, niveau de l'emploi, prix).
Un cycle économique se déroule sur **quatre phases** :
– l'**expansion**, phase ascendante repérable par une hausse de la production, de l'emploi, des salaires et des profits ;
– la **crise** (au sens étroit), qui constitue le point de retournement de la tendance précédente ; les prix chutent, de même que les valeurs boursières ;
– la **dépression**, phase inverse de l'expansion, caractérisée par un fléchissement de la production et des prix, et par une augmentation du chômage ;
– la **reprise**, inaugurant une nouvelle phase d'expansion.

C La crise économique et le ralentissement de la croissance

La notion de crise désigne l'arrêt de la croissance ; de plus en plus, pourtant, le terme est employé pour désigner un phénomène de longue durée.

■ La **crise au sens étroit** caractérise le renversement des grandes tendances de l'activité économique. Elle est de courte durée (quelques mois) et coïncide avec la notion de crise du cycle Juglar (cycle majeur d'une durée de 7 à 10 ans). On constate une baisse de la production, des prix et de l'emploi. Cette phase ponctuelle cède la place à une période de récession.

■ La **crise au sens large** désigne à la fois la phase ponctuelle de renversement des tendances et la période de ralentissement économique qui la suit, c'est-à-dire la **récession**. C'est ainsi que l'on a été amené à parler des années de crise après le quadruplement du prix du pétrole à l'automne 1973. L'augmentation du prix des hydrocarbures fut suivie par un ralentissement important de la croissance, la stagflation (coexistence de l'inflation et du chômage) et la contraction du commerce international. De même, en 2008, la crise des *subprimes* s'est traduite par un ralentissement de l'activité économique aux États-Unis et en Europe. Enfin, la crise de la dette souveraine, qui a éclaté en 2011, a un impact indéniable sur l'économie réelle des pays touchés.

> On emploie le terme de **récession** dès lors que le taux de croissance est négatif pendant deux trimestres successifs.

zOOM

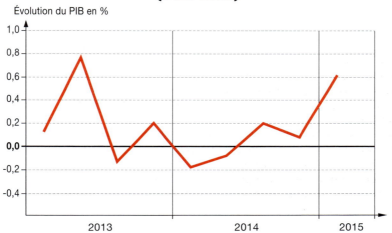

Le cycle de la croissance en France (2013-2015)

Source : Comptes nationaux trimestriels, Insee, juin 2015.

▶ Le graphique ci-dessus souligne le **caractère cyclique** de la croissance économique mesurée par l'évolution du PIB pour 2013, 2014 et le premier trimestre 2015.

— Durant l'année 2013, on observe une première phase d'expansion. En effet, on remarque une hausse du PIB jusqu'au milieu du deuxième trimestre. Il passe de + 0,1 % à + 0,8 %, puis chute pour devenir négatif au troisième trimestre (− 0,1 %). Il redevient positif au quatrième trimestre (+ 0,2 %).

— En 2014, la croissance est négative durant les deux premiers trimestres. Elle redevient positive (+ 0,2 %) au troisième trimestre et augmente en fin d'année 2014. Le premier trimestre 2015 semble tout à fait encourageant (+ 0,6 %).

▶ Les évolutions contrastées du taux de croissance sont très largement évoquées dans les médias, elles constituent un **baromètre des affaires, de l'investissement et de l'emploi**.

II L'origine des fluctuations de la croissance

Les fluctuations cycliques de la croissance peuvent être dues à différentes transformations au sein de l'environnement économique. Les **chocs d'offre et de demande** et le **cycle du crédit** expliquent les fluctuations de la conjoncture économique.

A Les chocs d'offre et de demande

On appelle « choc » une modification de l'environnement économique telle qu'elle imprime une **évolution du niveau de la production** des entreprises et, par conséquent, du PIB. On distingue des chocs qui agissent sur l'offre et d'autres sur la demande de produits. Les chocs peuvent être **positifs**, lorsqu'ils concourent aux grands équilibres économiques, ou **négatifs**, lorsqu'ils ont pour conséquence une dégradation de l'activité économique et du niveau de l'emploi.

■ Les **chocs d'offre** sont des variations des conditions de production. Ils sont associés aux variations des coûts de production, notamment aux prix des facteurs et à l'évolution des gains de productivité. Les **chocs d'offre négatifs** peuvent provenir d'une augmentation du prix des matières premières (chocs pétroliers de 1973 et 1978), d'une augmentation des salaires supérieure aux gains de productivité ou un alourdissement des charges salariales. Les entreprises augmentent leurs prix ou diminuent le volume de leur production, ce qui a forcément un impact sur le niveau de l'emploi. En cas de **chocs d'offre positifs** occasionnés par des innovations, les entreprises peuvent être amenées à réduire les prix de vente des produits et à accroître leur niveau de production, ce qui favorise les créations d'emploi et la croissance.

■ Les **chocs de demande** se traduisent par une augmentation ou une diminution de la demande des ménages. L'augmentation des impôts crée un **choc de demande négatif**. En revanche, l'augmentation des salaires réels, la baisse des taux d'intérêt et la hausse des dépenses publiques sont à l'origine d'un **choc de demande positif**.

> On distingue le salaire nominal, tel qu'il apparaît sur le bulletin de salaire, et le **salaire réel** qui est égal au salaire nominal moins la perte de pouvoir d'achat due à l'inflation.

B Le cycle du crédit

■ Les banques ne prêtent pas de façon similaire en période d'expansion économique et en phase de récession, que ce soit aux particuliers ou aux entreprises. On appelle **cycle du crédit** les retombées des stratégies bancaires

ZOOM

Fluctuations économiques, crédits à l'économie et emploi

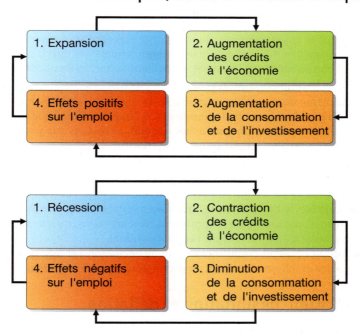

▶ L'**expansion** se traduit par un climat général des affaires favorable à la consommation, à l'investissement et l'emploi. On assiste à une augmentation des crédits à l'économie.

▶ Cependant, les banques peuvent adopter des stratégies risquées en prêtant à des agents économiques (ménages et entreprises) moins solvables, comme l'atteste la crise de *subprimes* en 2008. Les défauts de remboursement peuvent peser sur la liquidité bancaire et générer une crise financière.

▶ La **récession** se traduit par une contraction des crédits à l'économie occasionnant une baisse de la demande de biens de consommation et de biens d'équipement. L'emploi diminue.

▶ Le **cycle du crédit** est ainsi à l'origine d'une amplification de la récession par contagion entre l'économie réelle (production des biens et des services) et l'économie financière (établissements bancaires et marchés financiers).

durant les périodes de crise sur l'activité économique, la croissance et l'emploi. En effet, en période d'expansion, les banques n'hésitent pas à octroyer des crédits à leur clientèle puisque les emprunteurs pourront facilement les rembourser. En revanche, en période de récession économique, les banques durcissent les conditions d'obtention des crédits à l'économie (prêts accordés aux ménages et aux entreprises) dans la mesure où elles sont amenées à anticiper des risques futurs concernant le remboursement. Les taux d'intérêt sont alors plus élevés, incitant à l'épargne, et les établissements financiers étudient de plus près les capacités de remboursement de leur clientèle.

■ Le mécanisme du cycle du crédit lié aux stratégies des établissements bancaires influence fortement la **demande des ménages** qui diminue (demande de biens de consommation par l'achat à crédit, accession à la propriété). Il s'ensuit une baisse de l'activité économique (chiffre d'affaires des entreprises, bénéfice), un risque de faillite pour les entreprises les plus vulnérables et une augmentation du chômage.

■ En ce qui concerne les entreprises, la raréfaction du crédit peut réduire la **demande de biens d'équipement** (investissement) et handicaper la productivité des firmes, notamment à l'exportation, avec des conséquences négatives sur leurs résultats financiers et sur l'emploi national.

La théorie du cycle du crédit montre que **la récession est aggravée** par les stratégies des établissements bancaires qui précipitent et amplifient la crise.

III Inflation, désinflation et déflation

A L'inflation ou la hausse des prix

■ L'**inflation** est un phénomène macroéconomique qui se traduit par une hausse auto-entretenue du niveau général des prix. En effet, l'augmentation des prix n'est que la manifestation de la présence de tensions inflationnistes à l'intérieur d'une économie donnée.

■ L'inflation est due à de multiples facteurs. On peut parler d'**inflation importée** lorsque la hausse des prix est consécutive au renchérissement des importations, notamment de la « facture pétrolière ». Cependant, l'inflation peut avoir des origines purement nationales, telles que l'augmentation des salaires, la hausse de la fiscalité ou le déficit budgétaire.

> L'**inflation** est un phénomène cumulatif. Ainsi, l'augmentation du prix du pétrole accroît les coûts de transport et donc le prix des denrées alimentaires.

B La désinflation ou le ralentissement de la hausse des prix

Pour que l'on puisse réellement parler de désinflation, il est nécessaire que le **ralentissement du taux d'inflation soit durable**, qu'il s'exerce sur plusieurs années. Ainsi, en France, la décennie 1980 fut celle de la désinflation, puisque le ralentissement s'est avéré durable sur la période. Le taux d'inflation, de près de 14 % au début des années 1980, est descendu à moins de 3 % en fin de décennie.

C La déflation ou la baisse des prix

La déflation est un phénomène qui se traduit par une **baisse du niveau général des prix**. L'indice des prix à la consommation devient alors négatif. Elle résulte d'une diminution de la demande globale en biens de consommation (ménages) et en biens de production (investissement des entreprises). La **déflation** se conjugue avec la récession économique. La chute de la demande des ménages incite les entreprises de distribution à baisser leurs prix de vente. Les entreprises voient leurs carnets de commande se vider et doivent consentir des remises importantes aux distributeurs. Les marges de l'ensemble des entreprises diminuent, ce qui affecte le niveau de l'emploi. Aussi évoque-t-on une **spirale déflationniste** qui associe baisse des prix, des marges des entreprises, des investissements et de l'emploi.

> Ne confondez pas désinflation et **déflation**. La désinflation correspond au ralentissement du taux d'inflation, alors que la déflation est un phénomène d'inflation négative, c'est-à-dire de baisse du niveau général des prix.

RÉCAPITULONS

- La croissance économique est animée à court terme par des fluctuations qualifiées de conjoncturelles. La dépression peut succéder à l'expansion. Le retournement de tendance est lié à l'apparition d'une crise le plus souvent financière.
- Les fluctuations de la croissance peuvent s'expliquer par des chocs d'offre et de demande négatifs, qui viennent perturber les grands équilibres économiques. Le cycle du crédit amplifie les déséquilibres économiques.
- La hausse ou la baisse du niveau général des prix a des conséquences sur les comportements des agents économiques, notamment au niveau de l'emploi.

Rapports de corrélation et de causalité

SAVOIR-FAIRE

■ L'analyse économique (ou sociologique) conduit souvent à établir une relation entre deux variables. On évoque une corrélation lorsque deux variables évoluent en même temps, soit dans le même sens, soit en sens inverse. On peut, par exemple, établir un **rapport de corrélation** entre l'augmentation du taux de scolarisation et la croissance économique. Un rapport de corrélation ne permet pas de déterminer quelle est la variable qui détermine l'autre.

■ Un **rapport de causalité** permet de montrer qu'une variable détermine l'évolution d'une autre variable. Ainsi, l'augmentation ou la baisse des taux d'intérêt n'explique que partiellement la décision d'investir des dirigeants d'entreprise, qui peuvent être sensible au climat général des affaires (rapport de corrélation). En revanche, le moindre remboursement des médicaments peut réduire le chiffre d'affaires des officines pharmaceutiques (rapport de causalité).

APPLICATION

DOCUMENT Croissance du PIB et croissance de la FBCF en France

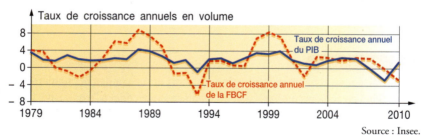

Source : Insee.

■ Le graphique ci-dessus souligne les relations entre le taux de croissance et l'augmentation de la **formation brute de capital fixe (FBCF)** en France, de 1979 à 2004.

■ On peut introduire un **rapport de corrélation** entre les deux variables. Ainsi, en 2007, on note à la fois une augmentation du PIB et de la FBCF. En 2009, on peut remarquer une baisse de la croissance économique et de la FBCF.

> La **FBCF** représente l'effort d'investissement de l'économie nationale. Elle agrège l'investissement des entreprises, des administrations publiques et des ménages.

SE TESTER — QUIZ

1. Vrai ou faux ?

Cochez la bonne réponse.

	V	F
a. L'expansion a comme conséquence une augmentation du chômage.	❏	❏
b. Le cycle du crédit amplifie les effets de la récession.	❏	❏
c. Désinflation et déflation sont deux termes synonymes.	❏	❏
d. La baisse des prix est toujours positive pour l'économie.	❏	❏

S'ENTRAÎNER

2. QCM

Observez le document puis choisissez la ou les propositions exactes.

DOCUMENT Taux d'intérêt et taux d'inflation au Japon

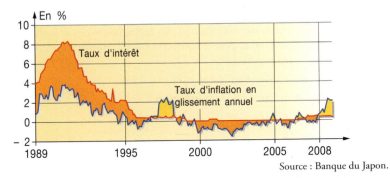

Source : Banque du Japon.

❏ a. Les taux d'intérêt japonais sont déterminés indépendemmment du taux d'inflation.

❏ b. En 1995, le Japon entre dans une période de déflation.

❏ c. Le taux d'inflation augmente entre 1996 et 1998.

❏ d. De 2000 à 2005, le Japon connaît la stabilité des prix.

3 Le vocabulaire des fluctuations économiques

Complétez le texte ci-dessous avec les mots suivants.
chocs d'offre et de demande • crise • cycles économiques • inflation

■ La croissance économique n'est pas immuable dans le temps. Les variations du taux de croissance peuvent s'analyser à partir de l'existence de … caractérisés par une hausse puis une baisse de l'activité économique.

■ Le plus souvent, la phase descendante de la croissance débute par une … dont les conséquences n'ont pas été prévues par les organismes statistiques officiels (hausse du prix du pétrole, crise financière américaine, crise de la dette souveraine). Un … vient alors perturber l'équilibre du marché et les plans de production des entreprises. L'équilibre monétaire est rompu par la hausse des prix, c'est l' … .

OBJECTIF BAC

Mobilisation des connaissances

4 *Voici deux questions de mobilisation des connaissances sur le thème du chapitre. Lors de l'épreuve, vous devrez répondre à deux questions portant sur deux parties différentes du programme.*

a. Quelles sont les conséquences du cycle du crédit ?
b. Comment peut-on caractériser l'inflation ?

> **POUR VOUS AIDER**
>
> **a.** Pensez aux **conséquences macroéconomiques** (économie nationale ou internationale) des stratégies microéconomiques.
> **b.** Montrez que l'inflation peut être caractérisée comme un **déséquilibre macroéconomique** et également comme un **déséquilibre monétaire**.

SE TESTER

1 Vrai ou faux ?

a. Faux. L'expansion se traduit, le plus souvent, par une augmentation de l'emploi. **b. Vrai. c. Faux.** La désinflation se caractérise par une baisse du taux d'inflation, alors que la déflation se traduit par un taux d'inflation négatif. **d. Faux.** Une baisse des prix trop importante a comme conséquence une baisse des résultats des entreprises. Il s'ensuit une diminution de leur rentabilité, qui peut occasionner des licenciements et des faillites d'entreprises.

S'ENTRAÎNER

2 QCM

Réponse **b.** En 1995, le Japon entre dans la déflation, le taux d'inflation devient négatif. Réponse **c.** On constate un retour à une hausse modérée des prix, approximativement de 2 % en 1996 et en 1997.

3 Le vocabulaire des fluctuations économiques

■ La croissance économique n'est pas immuable dans le temps. Les variations du taux de croissance peuvent s'analyser à partir de l'existence de **cycles économiques**, caractérisés par une hausse puis une baisse de l'activité économique.

■ Le plus souvent, la phase descendante de la croissance débute par une **crise** dont les conséquences n'ont pas été prévues par les organismes statistiques officiels (hausse du prix du pétrole, crise financière américaine, crise de la dette souveraine). Un **choc d'offre ou de demande** vient perturber l'équilibre du marché et les plans de production des entreprises. L'équilibre monétaire est alors rompu par la hausse des prix, c'est l'**inflation**.

OBJECTIF BAC

4 Mobilisation des connaissances

a. Le cycle du crédit renvoie à une pratique bancaire qui tend à **réduire le crédit en période de difficultés économiques**. Les banquiers sont alors plus prudents en ce qui concerne l'octroi de prêts auprès de leur clientèle : les ménages et les entreprises.

Cette démarche apparaît tout à fait logique d'un point de vue **microéconomique** car les banquiers souhaitent être remboursés des crédits qu'ils consentent à l'économie. Cependant, d'un point de vue **macroéconomique**, les conséquences de cette stratégie prudentielle sont négatives sur l'activité économique. Certains ménages et certaines entreprises se voient refuser les crédits nécessaires à leurs activités économiques qui auraient pu relancer la croissance. En effet, les crédits permettent de dynamiser le marché, en permettant aux clients des banques de consommer ou d'investir.

> La **microéconomie** est relative à l'activité d'une entreprise ou d'une banque en tant qu'entité individuelle.
> La **macroéconomie** appréhende les relations entre tous les agents du système économique.

b. L'inflation peut d'abord être caractérisée comme un **déséquilibre macroéconomique** au même titre, par exemple, que le chômage. Elle se traduit par une **hausse du niveau général des prix** : c'est l'ensemble des prix qui augmentent. Il s'agit d'un déséquilibre **cumulatif** dans la mesure où l'augmentation du prix de certains produits peut entraîner l'augmentation de toute une série d'autres prix. Ainsi, la croissance du prix du baril de pétrole entraîne une vague de hausses de prix en aval dans des domaines comme les carburants automobiles, le chauffage des particuliers et des entreprises, ou le prix des denrées alimentaires sur les marchés en raison du renchérissement de la hausse des coûts des transports.

L'inflation peut également être caractérisée comme un **déséquilibre monétaire** entre la production des biens réels et une quantité trop importante de moyens de paiement en circulation.

Chapitre 3 : Quels sont les fondements du commerce international et de l'internationalisation de la production ?

Le volume du commerce international s'est considérablement accru depuis la fin de la Seconde Guerre mondiale. Les États et organisations internationales ont créé un environnement global favorable à la libre circulation des biens et services entre pays. Avec le développement des firmes multinationales, on a assisté à la mondialisation de l'économie. Quelles ont été les grandes évolutions du commerce international ? Quels sont les déterminants des échanges internationaux ? Qu'est-ce qu'une politique protectionniste ? Quel est le rôle des firmes multinationales dans la mondialisation de l'économie ?

I Les grandes évolutions du commerce international

A La croissance du commerce entre les nations

Le commerce international s'est **fortement développé après la Seconde Guerre mondiale** avec un taux de croissance supérieur à celui de la production mondiale. Si les exportations mondiales de marchandises représentaient 59 milliards de dollars en 1948, elles se sont accrues à la hauteur de 18 300 milliards en 2013. **Plusieurs explications** peuvent être avancées :

■ Le **renouveau du libre-échange** qui trouve son fondement dans la célèbre formule : « laisser passer les marchandises ». Le libre-échange a inspiré les **accords du GATT** (*General Agreement on Tariffs and Trade*) qui se sont déroulés en janvier 1947. Depuis, huit négociations commerciales multilatérales ont été signées, aboutissant à la création en 1995 de l'**Organisation mondiale du commerce (OMC)**. Elles ont permis un abaissement des droits de douanes qui sont passés de près de 40 % à moins de 5 % du prix des produits exportés. Parallèlement, la création de zones d'intégration économique, comme l'Union européenne, a parfois permis la suppression totale des droits de douanes entre les pays membres.

■ L'abaissement des coûts de transport qui sont passés de 8 % du coût des importations en 1970 à un peu plus de 5 % en 1995.

■ Le développement des firmes multinationales (FMN) qui a dynamisé le commerce international : un tiers du commerce international est lié aux échanges entre société mère et filiales ou entre filiales d'un même groupe (échange intra-firmes) ou entre filiales appartenant à des FMN différentes (échange extra-firmes).

> L'**OMC** est une organisation internationale basée à Genève, qui a pour vocation de faire respecter les grandes règles du commerce international en sanctionnant les pratiques déloyales.

B Les modifications de la structure du commerce international

■ Les échanges de produits manufacturés sont aujourd'hui dominants : ils représentent les deux tiers du commerce international. Les produits primaires (agriculture, combustibles, industries extractives) ont vu leur part se restreindre par rapport aux biens manufacturés. Le développement des activités de services a connu également une forte progression.

■ De nouveaux partenaires économiques ont rejoint les pays développés dont les échanges réciproques sont majoritaires. Un certain nombre de pays en développement, cantonnés auparavant dans les exportations de produits primaires, ont développé une spécialisation industrielle dans les dernières décennies du XXe siècle. On peut citer le cas des *BRICs* (Brésil, Russie, Inde, Chine et Afrique du Sud).

II Les déterminants des échanges internationaux et de la spécialisation

A Les avantages comparatifs

David Ricardo approfondit l'idée du gain à l'échange dans sa loi des avantages comparatifs. Il étudie les coûts d'un même produit entre deux pays. Il prend l'exemple de l'Angleterre et du Portugal qui produisent deux biens : le drap et le vin. La production annuelle dans ces deux pays s'établit ainsi :

> **David Ricardo** (1772-1823) est le théoricien le plus représentatif de l'école classique anglaise. Il est l'auteur des *Principes de l'économie politique et de l'impôt* (1817).

	Angleterre	Portugal
vin (x bouteilles)	120 hommes	80 hommes
drap (x mètres de drap)	100 hommes	90 hommes

Selon la théorie de l'avantage absolu, le Portugal aurait intérêt à produire à la fois du vin et du drap. Cependant en comparant l'efficacité respective des Britanniques et des Portugais pour le drap et pour le vin, on s'aperçoit que la différence d'efficacité est moindre pour le drap que pour le vin. Pour Ricardo, l'intérêt des deux pays consiste en une spécialisation vinicole pour le Portugal et en une spécialisation dans le drap pour l'Angleterre. On dirait aujourd'hui que la productivité des Britanniques représente 66 % (80/120) de la productivité des Portugais pour le vin et 90 % (90/100) pour le drap.

B Division internationale du travail et dotations factorielles

■ Alors que certains pays bénéficient de conditions géographiques et climatiques favorables à l'agriculture, d'autres possèdent une main-d'œuvre nombreuse et minutieuse, et certaines nations se caractérisent par un taux d'épargne élevé et donc une forte capacité à investir. La division internationale du travail s'explique alors par la dotation factorielle de chaque pays participant à l'échange. Ainsi, un pays qui dispose de beaucoup de terres mais de peu de capitaux exportera des produits agricoles. Un autre pays, disposant d'une faible surface agricole utile mais de beaucoup de capital technique, se spécialisera dans la production et l'exportation de produits manufacturés.

■ La spécialisation des entreprises reste néanmoins fondée sur les prix relatifs des facteurs. Les chefs d'entreprise valorisent le facteur le plus abondant et donc le moins cher en fonction des lois du marché. La Chine est une grande puissance exportatrice parce qu'elle dispose d'une main-d'œuvre abondante et surtout parce que les coûts salariaux y sont très faibles.

> Cette explication est appelée **« théorème Heckscher-Ohlin »** du nom des deux économistes suédois qui en sont à l'origine.

■ Cependant le prix des facteurs de production n'est pas forcément aussi déterminant que l'on pourrait le supposer. Ainsi, l'Allemagne, où les coûts salariaux sont élevés par rapport à l'Asie, est la première puissance exportatrice en Europe. Étudiant la structure du commerce extérieur américain de 1947 à 1952, l'économiste américain d'origine russe Wassily Léontieff constate que les exportations américaines « incorporent » davantage de travail humain que de capital. Ce paradoxe s'explique par la forte productivité des travailleurs américains, liée à leur niveau d'instruction, à l'organisation du travail et à l'esprit d'entreprise. Le paradoxe de Léontieff montre que les facteurs de production ne doivent pas être considérés d'un simple point de vue quantitatif mais en fonction de leur **performance qualitative**.

III Les politiques protectionnistes

A Les fondements des politiques protectionnistes

■ Comme **doctrine**, le protectionnisme souligne les dangers du libre-échange pour une économie nationale. Le protectionnisme est aussi une **politique d'intervention étatique** qui consiste à protéger l'économie nationale et son marché de la pénétration de produits d'origine étrangère. En effet, les droits de douane permettent d'augmenter les prix des produits importés.

■ La théorie du protectionnisme éducateur souligne les dangers pour un pays qui n'aurait pas atteint un **certain niveau de maturité économique** d'accepter le libre-échange. Il risquerait alors de tomber sous la **dépendance** de pays plus avancés économiquement, et de ne jamais connaître le développement industriel. Des pays émergents tels que la Corée ont bénéficié de droits de douane importants (jusqu'à 20 %), dans le but de se protéger de la concurrence des pays plus avancés du point de vue de l'innovation technologique, et pouvoir ainsi développer leur industrie.

■ Le protectionnisme contemporain est souvent qualifié de **néoprotectionnisme** ou **protectionnisme non tarifaire** en raison des réglementations de l'OMC qui interdisent l'augmentation des tarifs douaniers. Il prend alors la forme de subventions étatiques accordées à certains grands groupes industriels qui peuvent ainsi gagner en compétitivité, une pratique souvent utilisée aux États-Unis. Il existe également un **protectionniste administratif**. Ainsi, le gouvernement chinois réglemente les importations, et si la Chine exporte l'équivalent de 7 % de son PIB au sein de l'UE, l'UE n'exporte en revanche que 0,7 % de son PIB en Chine. Enfin, l'économie japonaise profite surtout du **patriotisme des consommateurs** nippons qui accorderont toujours la préférence à un produit d'une entreprise domestique.

B Les risques du protectionnisme

■ Le protectionnisme, qui tend à limiter chaque marché au seul périmètre de l'économie nationale, **réduit les débouchés des entreprises** et restreint l'incitation à entreprendre. Les politiques protectionnistes ont également comme conséquences négatives de **freiner l'innovation** puisque, par définition, le

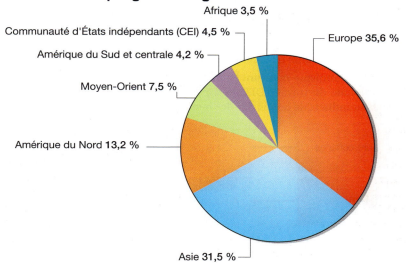

Structure des exportations mondiales par grandes régions en 2012

Source : OMC.

▶ **L'Europe** est le premier exportateur mondial (35,6 % du total des exportations). Cependant, la moitié des exportations sont le fait du commerce extérieur de quatre pays : l'Allemagne (7,8 %), la France (3,2 %), l'Italie (2,8 %) et le Royaume-Uni (2,6 %).

▶ **L'Asie** est la deuxième zone exportatrice mondiale (31,5 % des exportations mondiales). Elle comprend deux grandes puissances : la Chine et le Japon (respectivement 11,4 % et 4,5 % des exportations mondiales), auxquelles s'ajoutent l'Inde et six grandes puissances exportatrices, comme la Corée, la Thaïlande ou l'Indonésie.

▶ **L'Amérique du Nord** vient en troisième position (13,2 %). Les États-Unis représentent 8,6 % du commerce mondial.

Ces trois ensembles, Europe, Asie et Amérique du Nord, représentent à eux seuls plus de 80 % du commerce international.

marché domestique devient un terrain protégé par des droits de douane élevés, donc dépourvu de concurrence extérieure.

■ Le protectionnisme est **synonyme de hausse des prix** dans la mesure où le consommateur final se trouve confronté à la seule offre de produits nationaux. L'augmentation des tarifs douaniers rend plus chers les produits étrangers alors qu'à l'origine, c'est-à-dire avant l'instauration des barrières douanières, ceux-ci pouvaient être d'un prix beaucoup moins élevé. Le protectionnisme empêche également l'apparition d'économies d'échelle favorables à la baisse des prix.

■ Le protectionnisme **restreint l'efficacité économique** attachée à la division internationale du travail (DIT), qui permet à l'ensemble des agents économiques mondiaux de bénéficier des meilleurs produits aux prix les plus bas.

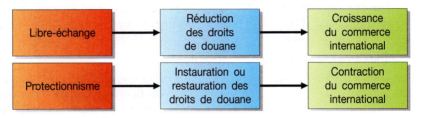

C Les effets de la variation des taux de change

■ Les monnaies, notamment les devises clés qui servent au règlement des échanges internationaux (dollar, euro, yen, yuan), évoluent quotidiennement en fonction des offres et des demandes sur le marché des changes. Ainsi, le dollar peut-il s'apprécier ou se déprécier par rapport à l'euro. Les variations des taux de change entre les monnaies ont des incidences sur le **commerce extérieur des pays** qui participent à l'échange international, sur le niveau de production des entreprises et sur le niveau d'emploi.

■ Lorsqu'une monnaie prend de la valeur par rapport aux autres devises, le prix des importations en monnaie nationale diminue ; en revanche, le prix des produits exportés augmente. En 2014, l'euro a perdu 11 % de sa valeur face au dollar. Cette modification du taux de change de l'euro est un avantage pour les entreprises qui produisent au sein de la zone euro ou pour le reste du monde. Les produits européens seront préférés aux produits libellés en dollars. Cependant les entreprises qui achètent des matières premières et des produits hors zone euro devront augmenter leurs prix ou réduire leurs marges.

IV Les sociétés transnationales et la mondialisation

Les sociétés transnationales (STN), ou firmes multinationales (FMN), sont des entreprises qui sont implantées dans plusieurs pays. L'internationalisation est l'une des stratégies des entreprises qui a pour conséquence la mondialisation des économies.

A Les étapes de l'internationalisation des firmes

1. L'exportation et la commercialisation

L'entreprise exporte son produit sur les marchés internationaux, et les produits sont distribués sur chaque marché par un distributeur local. Cependant, l'entreprise exportatrice peut aller plus loin en créant une **filiale de distribution** dans le pays d'accueil, réduisant ainsi ses coûts de distribution. Cette démarche inaugure une stratégie d'implantation à l'étranger.

2. Le stade productif et la délocalisation

L'entreprise peut poursuivre cette stratégie d'implantation à l'étranger en décidant de dépasser la simple distribution sur le marché étranger, et en y installant une activité productive, au sein d'une **filiale atelier**. Les pièces entrant dans la fabrication du produit sont exportées du pays d'origine, mais assemblées dans le pays d'accueil. Il y a **délocalisation**, c'est-à-dire qu'une partie des activités de production est transférée dans un autre pays que celui de la firme. Cette procédure a pour finalité de **réduire les coûts de production**. L'entreprise peut également assurer la totalité de la fabrication du produit dans le pays d'accueil, et faire ainsi un pas supplémentaire vers la mondialisation de ses activités.

> Les **délocalisations** détruisent des emplois dans le pays d'origine de la firme, et en créent de nouveaux dans le pays d'accueil.

B Les facteurs de l'internationalisation des firmes

■ La **localisation géographique des matières premières** est une première explication. Les entreprises dont les activités sont relatives à l'exploitation des matières premières (agriculture, extraction minière, hydrocarbure) sont obligées d'internationaliser leurs activités, et ce en fonction de la localisation de ce type de ressources au niveau mondial. Ainsi en est-il de l'industrie pétrolière, et par exemple de la société néerlandaise Royal Dutch Shell, créée en 1907, qui exploitait dès les années 1920 des gisements pétrolifères en Californie, en Indonésie et au Venezuela.

■ Les entreprises cherchent à **réduire leurs coûts de production**, notamment la **masse salariale**. L'installation d'unités de production dans les pays de la périphérie, notamment dans les pays asiatiques, permet la réduction des charges dans la mesure où le coût du travail ne représente qu'une petite fraction des dépenses qu'il peut occasionner dans les pays développés. Par ailleurs, un grand nombre d'États se pressent d'attirer les investissements étrangers par des **dispositions fiscales particulièrement favorables**. La réduction des coûts de production améliore ainsi la compétitivité-prix des produits dans un environnement concurrentiel, aujourd'hui mondial.

> Ne confondez pas les effectifs d'une entreprise (nombre de salariés) et la **masse salariale**, c'est-à-dire les salaires directs versés aux salariés auxquels s'ajoutent les cotisations sociales.

■ L'internationalisation des entreprises n'obéit pas seulement à une réduction des coûts de production, elle est aussi liée à la nécessité pour les grandes firmes d'être **présentes au sein des grands marchés mondiaux**. Les marchés solvables de la planète se situent certes en Amérique du Nord, en Europe ainsi qu'au Japon, mais également dans les pays émergents, qui représentent des marchés considérables et à haut potentiel de développement, comme c'est le cas en Chine. Par ailleurs, en dehors des « produits mondiaux » identiques pour tous les consommateurs, les multinationales doivent souvent **adapter leur production** aux spécificités socioculturelles des marchés. Il est alors utile d'être présent sur place afin de moduler la production aux goûts et aux aspirations des marchés locaux.

> Ainsi, le groupe agroalimentaire français Danone produit-il en Chine des yaourts **adaptés** aux préférences gustatives des populations locales.

C La mondialisation de la production

■ La **mondialisation** (en anglais *globalization*) est un phénomène qui tend à accroître l'intégration des économies nationales dans un système de **marché à dimension mondiale**. Elle se traduit par un élargissement du champ d'activité des agents économiques (grandes entreprises, banques, Bourses) du cadre national à la dimension mondiale. La mondialisation affecte la sphère réelle de l'économie, c'est-à-dire la production et la consommation des biens et des services, de même que la sphère financière, c'est-à-dire les monnaies et les capitaux.

> Ne confondez pas internationalisation et **mondialisation**. L'internationalisation est une stratégie d'entreprise (microéconomie), alors que la mondialisation est la résultante de l'agrégation de ces stratégies (macroéconomie).

■ Dans une économie mondiale, la grande entreprise adopte une stratégie planétaire de production et de distribution. La division du travail (DIT) est remplacée par la **division internationale du processus productif (DIPP)**. L'entreprise devient apatride, peu importe l'implantation du siège social. On parle alors d'entreprise ou de société globale. Les relations commerciales entre l'entreprise-mère et ses filiales relèvent de ce que l'on appelle le **commerce captif**. Celui-ci représente près du tiers du commerce mondial.

V Entreprises et compétitivité

La compétitivité désigne la **capacité d'une entreprise ou d'une économie nationale à accroître ses parts de marché** dans le cadre de l'économie domestique ou de l'économie mondiale. Ce terme peut s'entendre d'un point de vue microéconomique (compétitivité de l'entreprise), ou d'un point de vue macroéconomique (compétitivité des exportations nationales).

A Compétitivité-prix et compétitivité structurelle

■ La **compétitivité-prix** suppose de produire et de vendre à des prix plus faibles que l'étranger sur les marchés internationaux. La compétitivité-prix est déterminée par trois types de facteurs :
– le niveau des coûts salariaux (salaires directs, charges patronales, impôts et taxes) ;
– le taux d'inflation, qui renchérit le prix des exportations ;
– le taux de change de la monnaie nationale sur le marché des changes par rapport aux cours des autres devises.

■ La **compétitivité structurelle** ou **compétitivité « hors-prix »** est relative à certaines caractéristiques intrinsèques aux produits, telles que la qualité, la notoriété ou le degré d'**innovation** que renferme le produit. Ces données échappent partiellement au système des prix. On peut prendre l'exemple des produits de luxe français (haute-couture, parfums, maroquinerie).

> L'**innovation** de produit est l'une des formes de la recherche de la compétitivité structurelle. Ceci explique l'importance du poste recherche développement (R & D) dans les budgets des entreprises.

B Compétitivité structurelle et différenciation des produits

■ L'analyse traditionnelle du commerce international prend essentiellement en considération la dynamique des coûts en matière d'offre de produit. Cependant, on constate que plusieurs pays produisent les mêmes marchandises et les exportent sur les marchés internationaux. On parle alors de **com-

merce intrabranche. On peut constater par exemple qu'un grand nombre de constructeurs, appartenant à plusieurs pays, produisent des automobiles.

■ Le commerce intrabranche s'explique à la fois par le **développement à l'exportation** de produits ayant bénéficié d'une forte demande sur leur marché domestique, mais aussi par l'aspiration des consommateurs à s'affranchir de l'uniformisation de la demande nationale. Il existe alors une **demande de différence**.

RÉCAPITULONS

■ Le commerce international s'explique par les gains obtenus lors de l'échange entre les différents pays. Les performances à l'exportation découlent des dotations factorielles de chaque nation commerçante.

■ Le libre-échange repose sur la volonté de permettre la circulation des marchandises entre les pays. Le protectionnisme est une politique ayant pour objectif de protéger les intérêts économiques nationaux.

■ Les sociétés transnationales, par le biais des investissements directs, sont à l'origine de la mondialisation des économies. Les entreprises recherchent une amélioration de leur compétitivité sur des marchés aujourd'hui mondiaux.

ZOOM

Toyota, un groupe mondial

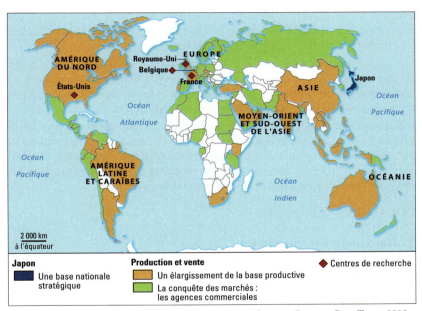

Source : *Corporate Data Toyota*, 2003.

▶ L'entreprise de construction automobile Toyota a été créée au Japon en 1937. Aujourd'hui, **l'activité du constructeur est mondiale** : 74 sites de production dans 26 pays dont 22 au Japon. Les véhicules de la marque sont commercialisés dans 170 pays.

▶ On peut remarquer sur la carte que l'implantation des filiales productives correspond géographiquement à un besoin de proximité par rapport aux **marchés attractifs** du point de vue de la demande, c'est-à-dire les marchés où il existe un pouvoir d'achat suffisant des consommateurs pour l'achat des automobiles de la marque.

▶ On constate également que les fonctions de recherches sont localisées dans des pays développés, où les **potentialités en termes de capital humain** sont réunies pour servir les intérêts stratégiques du groupe.

Calculer une moyenne

SAVOIR-FAIRE

Le calcul d'une moyenne permet de condenser une série statistique en une seule valeur. Ce mode de traitement de l'information autorise plus facilement des comparaisons dans le temps et dans l'espace.

■ Le **calcul de la moyenne simple** consiste à additionner les valeurs prises par une variable et à diviser le résultat obtenu par le nombre de valeurs. La moyenne générale des notes des élèves d'une classe en sciences économiques et sociales est l'exemple le plus explicite de ce type de calcul.

■ Le **calcul de la moyenne pondérée** a pour objectif de différencier le poids de certaines valeurs par rapport à d'autres. Il s'agit d'accorder à chaque valeur un coefficient et de diviser le nombre obtenu par le total des coefficients. On peut, pour un élève de terminale, calculer une moyenne pondérée en fonction des coefficients de chaque matière à l'examen du baccalauréat.

APPLICATION

■ **Calcul d'une moyenne simple**

Selon les données des services des Douanes, en 2014, les exportations françaises par trimestres ont représenté, en millions d'euros, les valeurs suivantes :

T1	108 832
T2	108 775
T3	109 117
T4	111 666

La moyenne simple des exportations françaises pour l'année 2014 a été :
$$\frac{108\ 832 + 108\ 775 + 109\ 117 + 111\ 666}{4} = 109\ 597$$

■ **Calcul d'une moyenne pondérée**

Un salarié travaille 35 heures par semaine dans une entreprise. L'heure de travail est rémunérée à hauteur de 20 euros. L'employeur lui demande d'effectuer 14 heures supplémentaires le week-end qui précède les fêtes de fin d'année. Les heures effectuées le week-end seront comptées double.
$$\frac{(35 \times 20) + (14 \times 40)}{49} = 25,71 \text{ euros}$$

La moyenne pondérée du salaire horaire durant cette semaine exceptionnelle sera de 25,71 euros.

COURS   **MÉTHODE**   EXERCICES   CORRIGÉS   **3**

Lire et interpréter une courbe chronologique

LA DÉMARCHE

Une courbe chronologique est une représentation graphique qui permet de rendre compte de l'évolution d'une grandeur dans le temps. Trois étapes sont nécessaires pour en tirer toutes les informations utiles.
- **Identifier** le titre, la source, la grandeur présentée et son mode de calcul.
- **Repérer** la tendance générale suggérée par la pente de la courbe.
- **Segmenter** l'analyse des inflexions de la courbe, c'est-à-dire repérer les différentes périodes par rapport à la tendance à long terme.

L'EXEMPLE COMMENTÉ

DOCUMENT L'ouverture de l'économie française

Source : Insee, Comptes nationaux, base 2005.

- **Identifier.** Les deux courbes ci-dessus sont relatives à l'ouverture de l'économie française sur la période 1949-2012. Les deux valeurs présentées sont la part des exportations et des importations par rapport au PIB.

- **Repérer.** La tendance sur le long terme (1948-2012) permet de constater une augmentation de l'ouverture de l'économie française sur le reste du monde.

- **Segmenter.** On peut distinguer trois périodes dans le tracé des deux courbes. De 1949 à 1970 : stagnation de notre ouverture sur l'extérieur, autour de 15 % du PIB. De 1978 à 1984 : nos échanges avec le reste du monde s'amplifient ; importations et exportations passent de 15 % à près de 24 % du PIB. De 1984 à 2012 : poursuite de l'ouverture de notre économie. On remarque cependant une contraction de notre commerce extérieur due à la récession de 2008-2009 et une augmentation de nos importations par rapport à nos exportations à partir de 2005.

SE TESTER — QUIZ

1 Vrai ou faux ?

Cochez la bonne réponse.	V	F
a. La spécialisation internationale découle du principe des avantages comparatifs.	☐	☐
b. Le protectionnisme non tarifaire repose sur l'augmentation des droits de douane.	☐	☐
c. L'innovation est facteur de compétitivité structurelle.	☐	☐
d. Commerce international et mondialisation sont deux termes synonymes.	☐	☐
e. L'internationalisation de la production a pour origine la recherche d'une réduction des coûts de production.	☐	☐

S'ENTRAÎNER

2 QCM

Observez le document puis choisissez la ou les propositions exactes.

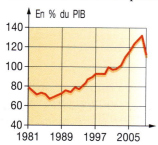

DOCUMENT **Ratio des exportations mondiales de biens et de services rapportées au PIB**

Source : FMI pour le PIB mondial et Secrétariat de l'OMC pour le commerce mondial des biens et des services.

☐ **a.** Le commerce extérieur des nations devient de plus en plus négligeable pour leur économie.

☐ **b.** Les exportations ont progressé plus vite que la production de 1981 à 1985.

☐ **c.** Après avoir augmenté régulièrement depuis 1985, le ratio a fait un bond de près d'un tiers entre 2000 et 2008.

☐ **d.** En 2009, les exportations mondiales ont chuté plus rapidement que le PIB mondial.

3 Le vocabulaire des échanges internationaux

Complétez le texte ci-dessous avec les mots suivants.
avantage comparatif • compétitivité • délocalisations • dotations factorielles • droits de douane • filiales ateliers • firmes multinationales • libre-échange • protectionnisme

■ L'échange international s'est considérablement développé depuis la fin de la Seconde Guerre mondiale avec l'ouverture des économies. Les entreprises de chaque nation choisissent de produire les produits pour lesquelles elles disposent d'un ... par rapport aux entreprises étrangères. Chaque pays se caractérise par des ... qui assurent la ... des produits sur les marchés internationaux.

■ L'Organisation mondiale du commerce est considérée comme le gendarme du commerce mondial. Elle a pour finalité de faire respecter les règles du ... et d'éviter le recours au ... . Les ... n'étant plus suffisamment persuasifs en raison de leur modicité, certains États ont recours à des pratiques néoprotectionnistes pour protéger leur économie nationale.

■ Il existe un grand nombre de firmes présentes dans plusieurs pays, ce sont des ... . Afin de réduire leurs coûts de production, elles procèdent à la création de ... dans les pays où la main-d'œuvre est bon marché, ce qui se traduit par des ... qui ont souvent pour conséquence d'amplifier le taux de chômage des pays du Nord.

OBJECTIF BAC

Mobilisation des connaissances

4 *Voici trois questions de mobilisation des connaissances sur le thème du chapitre. Lors de l'épreuve, vous devrez répondre à deux questions portant sur deux parties différentes du programme.*

a. Que nous enseigne le paradoxe de Léontieff ?

b. Que peut-on entendre par protectionnisme éducateur ?

c. Quelle distinction peut-on faire entre l'échange international et la mondialisation ?

> **POUR VOUS AIDER**
>
> **a.** Pensez à la fois au prix du travail et à ses **caractéristiques qualitatives** (capital humain).
> **b.** Réfléchissez aux **conditions d'insertion** d'un pays dans l'échange international en fonction de son niveau de développement économique et social.
> **c.** Afin de bien distinguer les deux notions, pensez à **la mobilité ou l'immobilité** des facteurs de production.

Étude d'un document

5 Production industrielle et délocalisation

Vous présenterez le document ci-dessous et décrirez la stratégie productive du groupe Renault.

DOCUMENT **Part de production de véhicules Renault en France**

Source : *Challenges*, n° 239 du 13/01/2011.

> **POUR VOUS AIDER**
>
> L'étude de document de l'épreuve composée du baccalauréat repose sur une lecture et une **analyse du document** (ici une courbe), mais aussi sur les **connaissances** que vous avez pu assimiler en termes de notions et de mécanismes (stratégie d'internationalisation, délocalisations, coûts salariaux, recherche de la rentabilité du capital investi).

SE TESTER

1 Vrai ou faux ?

a. Vrai. b. Faux. Le protectionnisme non tarifaire s'oppose au protectionnisme tarifaire fondé sur le recours aux droits de douane. **c. Vrai. d. Faux.** Dans le cadre du commerce international, les marchandises circulent entre les nations mais les facteurs de production restent attachés au cadre national. La mondialisation se caractérise par la libre circulation du capital financier, des biens d'équipement et des travailleurs. **e. Vrai.**

S'ENTRAÎNER

2 QCM

Réponse **c.** Cette augmentation des exportations peut-être associée à la mondialisation des économies dans les années 1980. Réponse **d.** Cette chute s'explique avec la crise des *subprimes*, qui a ralenti l'activité économique internationale.

3 Le vocabulaire des échanges internationaux

■ L'échange international s'est considérablement développé depuis la fin de la Seconde Guerre mondiale avec l'ouverture des économies. Les entreprises de chaque nation choisissent de produire les produits pour lesquelles elles disposent d'un **avantage comparatif** par rapport aux entreprises étrangères. Chaque pays se caractérise par des **dotations factorielles** qui assurent la **compétitivité** des produits sur les marchés internationaux.

■ L'Organisation mondiale du commerce est considérée comme le gendarme du commerce mondial. Elle a pour finalité de faire respecter les règles du **libre-échange** et d'éviter le recours au **protectionnisme**. Les **droits de douane** n'étant plus suffisamment persuasifs en raison de leur modicité, certains États ont recours à des pratiques néoprotectionnistes pour protéger leur économie nationale.

■ Il existe un grand nombre de firmes présente dans plusieurs pays, ce sont des **firmes multinationales**. Afin de réduire leurs coûts de production, elles procèdent à la création de **filiales ateliers** dans les pays où la main-d'œuvre est bon marché, ce qui se traduit par des **délocalisations**, qui ont souvent pour conséquence d'amplifier le taux de chômage des pays du Nord.

OBJECTIF BAC

4. Mobilisation des connaissances

a. Le paradoxe de Léontieff souligne l'importance du **capital humain** dans les performances du commerce extérieur d'une nation. L'échange international s'expliquerait moins par le prix des facteurs de production disponibles au sein d'un pays que par les **caractéristiques qualitatives attachées à la main-d'œuvre**. Les compétences des actifs en termes de savoirs et de savoir-faire, leurs motivations à l'endroit de l'activité professionnelle sont autant d'atouts dans la compétition économique. En effet, le prix n'est que l'une des variables de la compétitivité. L'idée d'une **compétitivité structurelle** dite « hors-prix » montre bien, notamment pour les produits de luxe, l'importance des variables qualitatives du facteur travail.

> Les **aspects qualitatifs** du travail relèvent du « capital humain », concept développé par l'économiste américain Gary Becker, dans son ouvrage *Le Capital humain*, en 1964.

b. Le « protectionnisme éducateur » est une théorie développée par l'Allemand Friedrich List qui consiste à souligner les **effets de domination** entre partenaires commerciaux dont les niveaux de développement économique seraient inégaux. Le libre-échange pourrait s'avérer dangereux pour un pays émergent. Afin d'atteindre la **maturité de son système économique**, il doit d'abord se doter de **tarifs douaniers** qui puissent le protéger de la concurrence des nations plus avancées économiquement. Selon cette théorie, ce n'est que dans un second temps que le pays en question pourra s'ouvrir sur l'extérieur.

> Le **niveau des droits de douane** est réglementé par l'Organisation mondiale du commerce (OMC).

c. L'échange international, tel qu'il est développé par la théorie classique, et notamment la loi des **avantages comparatifs** de Ricardo, suppose la **mobilité des produits** entre les nations, associée à l'**immobilité des facteurs de production**. Le capital financier, les hommes, les machines restent attachées au territoire national. Comme le souligne le théorème Hecksher-Ohlin, la mobilité des produits vient compenser l'immobilité des facteurs de production.

Le processus de mondialisation est quant à lui d'une autre nature. Il est relatif à la **mobilité des produits** mais aussi à la **mobilité des facteurs de production** (capitaux, biens d'équipement, ressources humaines).

5 Étude d'un document. Production industrielle et délocalisation

Le graphique présenté est relatif à la part de la production de véhicules Renault fabriqués en France sur la période 2000-2010, exprimée en pourcentage. Les sources évoquées sont Renault et le magazine économique *Challenges*. On peut constater une forte **diminution de la production** nationale de véhicules Renault qui passe de 55 % en 2000 à un peu plus de 20 % en 2010.

Bien que Renault reste, avec PSA Peugeot-Citroën, l'un des deux constructeurs historiques de l'automobile française, on peut constater que le groupe a entamé une stratégie d'**internationalisation de sa production**. Cette évolution perceptible à partir du début de l'année 2000 amène à une production hexagonale qui n'atteint pas, en 2010, le quart de la production de véhicules du Groupe. Ces **délocalisations** ont pour explication la réduction des coûts salariaux. Ils seraient en France d'un niveau trop élevé par rapport à ceux pratiqués dans les pays d'Europe centrale ou au Maghreb.

> Vous devez replacer la stratégie productive de Renault dans le contexte plus général de la stratégie des FMN.

Ainsi, le constructeur français s'est-il installé au Maroc, notamment à Tanger (2012) et Casablanca (2013). Sur le site de Casablanca, Renault produit 60 000 véhicules par an dont 50 % sont exportés et 50 % sont destinés au marché intérieur. Ces délocalisations s'expliquent par trois raisons différentes. Tout d'abord la **réduction des coûts salariaux** : un ouvrier marocain est rémunéré sur la base de 250 euros net par mois. Par ailleurs, la **conquête du marché d'implantation** : Renault représente 39 % du marché de l'automobile au Maroc en 2013. Enfin, le Groupe français a bénéficié d'un **régime fiscal attractif** en ce qui concerne l'impôt sur les sociétés (exonération fiscale pendant trois ans).

Le Groupe Renault, comme n'importe quelle entreprise, est à la recherche du maximum de rentabilité. Pour ce faire, il convient d'accroître les ventes et de diminuer les coûts de production.

CHAPITRE 4

Quelle est la place de l'Union européenne dans l'économie globale?

www.annabac.com

Forte d'une population de 508,2 millions d'habitants (au 1er janvier 2015), l'Union européenne (UE) est le premier exportateur mondial et la première terre d'accueil des investissements directs étrangers. C'est l'espace d'intégration économique le plus évolué avec l'existence d'un marché intérieur et d'une monnaie unique. Quelles sont ses caractéristiques ? Quelles sont ses politiques monétaire et budgétaire ? Quelles sont les avantages et les limites de l'intégration européenne ?

I L'Union européenne, zone d'intégration économique

L'**intégration économique** est un processus de développement des relations commerciales entre plusieurs États, auxquelles peuvent s'ajouter un certain nombre de politiques communes. On parle également de **régionalisme** pour évoquer la constitution de blocs régionaux tels que l'Union européenne, qui découlent de la volonté politique de rapprocher les potentialités économiques des États membres.

A Les cinq étapes de l'intégration économique

La théorie de l'intégration économique a été développée par l'économiste hongrois Bela Balassa (1928-1991). L'intégration apparaît comme un processus linéaire. On ne peut accéder à une étape qu'après avoir satisfait aux obligations découlant de l'étape précédente.

■ L'**association de libre-échange** ou zone de libre-échange suppose la disparition des droits de douane entre les pays membres. Chaque nation conserve cependant ses propres tarifs douaniers vis-à-vis des pays tiers (hors de la zone).

■ L'**union douanière** est fondée sur la suppression des tarifs douaniers entre pays membres à laquelle s'ajoute la mise en place d'un tarif extérieur commun (TEC). Il n'existe plus qu'un seul tarif douanier vis-à-vis de l'extérieur.

■ Le **marché commun** prend comme base l'union douanière (politique douanière commune) à laquelle s'ajoute, dans la perspective d'un espace économique unique, la libre circulation des biens, des services, des capitaux et des personnes.

■ L'**union économique** est fondée sur un marché commun et une harmonisation des politiques économiques des États membres.

■ L'**union économique et monétaire** (UEM) repose sur l'union économique à laquelle s'ajoute une monnaie commune ou une monnaie unique.

À la circulation des monnaies nationales, on ajoute une monnaie additionnelle permettant l'échange entre les différents pays membres : une **monnaie commune**. Les autorités européennes et nationales ont choisi une seule et même monnaie, une **monnaie unique**.

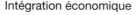

Intégration économique

B Les caractéristiques de l'intégration européenne

L'Union européenne, créée par les accords de Maastricht en 1992, se compose de 28 États membres. Elle repose sur les bases d'une union douanière, d'un grand marché, d'une monnaie unique et de l'élaboration de politiques communes.

■ Les Européens ont adopté la formule de l'**union douanière** fondée sur la suppression des tarifs douaniers entre pays membres, à laquelle s'ajoute la mise en place d'un tarif extérieur commun (TEC). Il n'existe plus qu'un seul tarif douanier vis-à-vis de l'extérieur. L'union douanière européenne existe depuis la création de la CECA (Communauté européenne du charbon et de l'acier) en 1951. La CEE (Communauté économique européenne) de 1957 apparaît comme le prolongement de la CECA.

■ Le **marché intérieur européen** consiste en un espace économique unique assurant la libre circulation des biens, des services, des capitaux et des personnes. Ce marché commun s'est mis en place à la suite de l'Acte unique européen de 1986.

ZOOM

La construction européenne depuis 1951

Signature du traité de Paris, 1951.

▶ Le 18 avril 1951, le **traité de Paris** donne naissance à la Communauté européenne du charbon et de l'acier (CECA). Il est ratifié par six pays : l'Allemagne, la Belgique, la France, l'Italie, le Luxembourg et les Pays-Bas. Il s'agit de constituer une union douanière relative aux produits de base nécessaires à la reconstruction de l'Europe et à son développement économique.

▶ Le 21 mars 1957 est signé le **traité de Rome** : la CECA devient la création de la Communauté économique européenne (CEE). Son objectif est d'étendre à tous les produits le bénéfice de l'union douanière, qui devient effective le 1er juillet 1968.

▶ Le 17 février 1986 est ratifié l'**Acte unique européen** (AUE) dans le but de réaliser le grand marché (libre circulation des marchandises, des hommes et des capitaux).

▶ Le 7 février 1992 est ratifié le **traité de Maastricht** créant une Union économique et monétaire (UEM). Le traité prévoit également la réalisation d'une union politique (politique étrangère et politique de défense commune).

▶ Le 1er novembre 1993, la CEE devient officiellement l'**Union européenne**.

▶ Le 1er juillet 1998 est créée la **Banque centrale européenne** (BCE) basée à Francfort. Le 1er janvier 2002, l'euro est distribué sous forme fiduciaire (billets de banque et pièces métalliques). Il est aujourd'hui la monnaie unique de 19 pays européens.

■ L'**Union économique et monétaire** (UEM) est le résultat de la création d'un marché commun et d'une volonté d'harmoniser les politiques économiques des États membres. Les Européens se sont engagés sur la voie de l'UEM en 1992, avec la signature du traité de Maastricht.

II Politique monétaire et politique budgétaire de l'Union européenne

A L'euro et la politique monétaire

■ Adopté en 1999, l'**euro** est aujourd'hui la monnaie unique de 19 pays membres de l'Union européenne (zone euro). Bien que le traité de Rome ne prévoyait pas la création d'une monnaie européenne, les difficultés de maintenir des changes fixes dans les années 1970 furent à l'origine de plusieurs tentatives d'**harmonisation des taux de change** entre les pays européens, afin de sauvegarder les bénéfices du commerce intracommunautaire et la poursuite du processus d'intégration européen. L'euro est avec le dollar, le yen et le yuan l'une des clefs de voûte du système des paiements internationaux.

■ La **Banque centrale européenne** est à l'origine de la politique monétaire de la zone euro. Le traité de Maastricht a transféré la conduite de la politique monétaire des nations membres de l'UEM à l'**Eurosystème**. Cette organisation communautaire regroupe la Banque centrale européenne (BCE), créée en 1999 et dont le siège se trouve à Francfort, et les banques centrales nationales qui ont adopté l'euro comme monnaie unique. L'organe décisionnel de la BCE est le **conseil des gouverneurs** qui réunit les 19 gouverneurs des banques centrales nationales et les six membres du directoire. Le traité de Maastricht a fixé comme mission à la Banque centrale européenne de maintenir la **stabilité des prix** dans la zone euro. Le conseil des gouverneurs annonce pour chaque année un seuil d'augmentation des prix à ne pas dépasser qui devient l'objectif à respecter pour l'ensemble de la zone euro. La monnaie étant un étalon des valeurs, on mesure l'inflation grâce à la variation de l'indice des prix à la consommation harmonisé (IPCH). Celui-ci ne doit pas être supérieur à 2 %.

> La recherche de la **stabilité des prix** consiste à empêcher l'émergence de tensions inflationnistes.

■ La politique monétaire repose sur le contrôle de la **création de monnaie**. Le conseil des gouverneurs de la Banque centrale européenne définit la progression annuelle d'un <mark>agrégat de monnaie</mark> normalisé au niveau européen, nommé M3. Parallèlement, les gouverneurs déterminent le niveau des taux d'intérêt directeurs pour l'ensemble de la zone euro. Plus les taux d'intérêt sont élevés, moins les agents économiques ont recours au crédit pour financer leurs activités. *A contrario*, la baisse des taux d'intérêt favorise le crédit. Dans la mesure où ce sont les crédits bancaires qui sont à l'origine de la création de monnaie, les autorités monétaires européennes règlent la quantité de monnaie par l'intermédiaire des taux d'intérêt avec comme objectif la stabilité des prix en Europe.

> Les **agrégats de monnaie** permettent de mesurer et de classer les différentes composantes de la masse monétaire, c'est-à-dire l'ensemble des moyens de paiement et d'épargne dans une économie donnée.

B L'encadrement européen des politiques budgétaires

Les politiques budgétaires des États membres relèvent de la seule autorité des gouvernements de chaque nation. Cependant, il existe un cadre européen qui limite les politiques budgétaires nationales. Celui-ci est défini par le traité de Maastricht (1992) et le Pacte de stabilité et de croissance (1997).

■ Le traité de Maastricht fixe un **plafond au déficit des finances publiques** et à la dimension de la dette publique. Les États membres doivent donc éviter les <mark>déficits publics</mark> excessifs définis par deux critères :
– le déficit des administrations publiques doit demeurer inférieur à la valeur de référence, soit 3 % du PIB ;
– la dette publique (cumul des déficits publics sur une longue période) doit rester inférieure à la valeur de référence, soit 60 % du PIB.

> Un **déficit des finances publiques** apparaît quand les dépenses publiques sont supérieures aux recettes fiscales.

■ Le **Pacte de stabilité et de croissance** (PSC), en 1997, a introduit l'objectif à moyen terme d'une situation budgétaire proche de l'équilibre ou en excédent. Un déficit budgétaire supérieur à 3 % du PIB ne peut être qu'exceptionnel. Un avertissement peut être notifié au pays qui ne respecterait pas les valeurs de référence. Celui-ci doit alors recourir à des mesures d'assainissement de ses finances publiques afin de respecter les engagements pris en commun.

■ Les retombées économiques de la **crise financière de 2008** ont incité les autorités européennes et nationales à revenir sur la « rigueur libérale » ayant présidé jusqu'alors à la définition des bases des politiques budgétaires des États membres. Il s'agissait de combattre la récession par la conduite d'un **plan de relance** estimé à la hauteur de 200 milliards d'euros, et financé, à titre individuel, par les États européens. Parallèlement, le Pacte de stabilité de 1997 fut assoupli : les États européens ont pu dépasser le seuil de 3 % de déficit de leurs finances publiques, toujours dans l'objectif de dynamiser les économies des États membres.

■ La **crise de la dette souveraine** incite aujourd'hui les gouvernements à revenir à des **politiques de rigueur** et à chercher à réduire les déficits des finances publiques.

III Avantages et limites de l'intégration européenne

Face à la puissance américaine, à la disparition du « bloc soviétique » et à la montée des pays émergents, l'Europe économique semble être une nécessité. Cependant, l'intégration européenne véhicule un certain nombre d'effets pervers et de contradictions qui posent problème aux Européens.

A Les avantages de l'intégration

■ Une **monnaie unique** est nécessaire dans l'optique du grand marché européen. Il est difficile de concilier la libre circulation (des marchandises, des hommes et des capitaux) et l'existence de monnaies différentes. De surcroît, l'euro supprime les **risques de change** pour les entreprises et accélère ainsi le commerce intracommunautaire. Les entreprises bénéficient d'une réduction de leurs coûts et d'une meilleure transparence du marché.

> Les **risques de change** sont liés à la hausse du cours d'une devise sur le marché des changes, entre la signature d'un contrat à l'importation et le règlement ultérieur.

■ La formation progressive de **prix européens** évite les distorsions entre les prix de vente dans les différentes nations de l'Union européenne. Ce processus ne peut que comprimer les prix à la consommation, ce qui est favorable au pouvoir d'achat des consommateurs.

■ L'existence de **taux d'intérêt directeurs**, définis par la BCE et relayés par les banques centrales nationales (BCN), s'impose à l'ensemble des banques de la zone euro et ne peut que clarifier les conditions du crédit bancaire pour les entreprises et pour les particuliers.

■ Une **devise européenne** est nécessaire pour appuyer l'économie de l'Union et contrebalancer la suprématie du dollar et des États-Unis dans le cadre du système des paiements internationaux. En effet, la part du dollar représente 60 % des réserves de change des banques centrales.

■ La **rigueur communautaire**, par l'harmonisation des politiques monétaires et budgétaires, enlève aux gouvernements nationaux la capacité conjoncturelle de création monétaire et de manipulation discrétionnaire des finances

ZOOM

L'UE, un acteur mondial de premier plan

▲ Le Berlaymont, siège de la Commission européenne à Bruxelles.

▶ L'Union européenne est l'un des **grands acteurs** de l'économie mondiale. La crise de la dette souveraine et les difficultés rencontrées par la Grèce ont mis sur le devant de la scène internationale l'intervention de la *troïka*, à savoir la Commission européenne, la Banque centrale européenne (BCE) et le Fonds monétaire international (FMI).

▶ La **Commission européenne** est composée de 28 commissaires (un par État membre). Elle est dirigée par le président de la Commission européenne, choisi par les chefs d'État ou de gouvernement. La Commission, instance exécutive de l'Union, a pour fonction de concevoir le développement des politiques communautaires. Elle veille au respect des traités et représente l'UE dans les négociations avec les pays tiers. Ainsi, le président de la Commission assiste aux sommets du **G8**, système de gouvernance mondiale qui réunit les chefs d'État des pays les plus développés de la planète.

publiques. Les gouvernements ne peuvent plus distribuer des crédits aux groupes de pression, ou à certaines catégories d'électeurs, dans un but démagogique. À la transparence économique et monétaire correspond davantage de transparence politique.

> Dans un cadre de démocratie politique, les gouvernements peuvent, par souci électoraliste, être amenés à distribuer des ressources afin de satisfaire certaines **catégories de la population** au détriment de la stabilité des finances publiques.

B Les effets pervers de l'intégration

■ Les marges de manœuvre des gouvernements nationaux sont réduites. En effet, il ne leur est plus possible d'agir sur leurs propres fondamentaux économiques (croissance, emploi, stabilité des prix et échanges extérieurs). Les singularités nationales sont évacuées au profit de la logique et de la cohérence collective. Un pays connaissant un taux de chômage élevé n'a plus les moyens d'utiliser une politique monétaire et budgétaire contracyclique (relance de la consommation ou de l'investissement) dans le but de réduire le sous-emploi.

■ Un recul du « social » est inévitable, dans la mesure où les politiques d'harmonisation européenne sont d'inspiration libérale. Les politiques sociales, la recherche de la réduction des inégalités semblent écartées des dispositifs de régulation macroéconomique. Il s'ensuit un accroissement des écarts entre les différentes catégories sociales à l'intérieur de chaque nation, et entre chacune des nations constituant l'Union européenne.

■ Les politiques communautaires s'inscrivent dans le cadre de la mondialisation. En effet, elles relèvent d'une logique de concurrence et de recherche de la compétitivité face aux autres grandes puissances (États-Unis, Japon et Asie émergente). L'intégration européenne apparaît alors comme l'un des ressorts de la globalisation des économies, au service des grandes entreprises et des grandes banques mondiales. Les contestataires de l'intégration politique européenne déplorent la disparition des souverainetés nationales et des citoyennetés au bénéfice du seul profit des grands acteurs de l'économie mondiale.

C La difficile coordination des politiques économiques

■ L'intégration économique est d'autant plus constructive et efficace qu'elle rassemble des pays ayant un niveau de développement économique relativement similaire. Les différences structurelles de ressources, de potentialités des 19 membres de la zone euro rendent particulièrement délicate la coordination des politiques économiques.

Le commerce extérieur de l'Union européenne (2008)

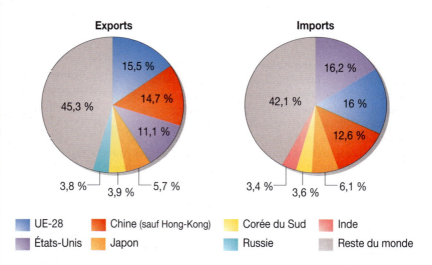

Source : Eurostat.

▶ L'UE est le **premier importateur et le premier exportateur mondial**. Elle commerce avec l'ensemble des pays du monde, mais 50 % de ses échanges se réalisent avec d'autres pays développés et les pays émergents.

▶ 16 % des importations et 15,5 % des exportations relèvent du **commerce intracommunautaire**, c'est-à-dire au sein de l'Union. Ces données reflètent le dynamisme du grand marché intérieur, stimulé à la fois par la proximité culturelle et géographique, l'absence de droits de douane, mais aussi par l'existence d'une monnaie unique : l'euro.

▶ Selon les chiffres de l'OMC, l'**ALENA** (l'accord de libre-échange nord-américain qui créé une zone de libre-échange entre les États-Unis, le Canada et le Mexique) réalisait la même année 50 % d'exportations intracommunautaires, et 50 % avec le reste du monde. On peut ainsi dire que l'UE est plus ouverte sur le reste du monde que l'ALENA.

■ Parallèlement, le budget de l'Union ne représente que 1,24 % du revenu national brut de la zone. L'**absence d'un budget fédéral** empêche l'UE d'exercer une action contracyclique dans un pays de la zone qui connaîtrait d'éventuelles **difficultés**. Ainsi peut-on évoquer une *policy mix* très limitée, voire impossible, au sein de l'Union européenne.

■ La **crise de la dette souveraine** met en avant la difficulté de certains pays à maîtriser leurs finances publiques (Grèce, Italie, Irlande). Les doutes nourris à leur endroit par la finance internationale sur le remboursement de leur dette remettent en cause la pérennité de la zone euro. Les « notes » accordées à chaque pays membre par les **agences de notations** viennent réduire la cohésion de l'espace économique européen, complexifiant encore l'élaboration de politiques communes.

■ Il semble difficile d'instaurer une politique monétaire commune couplée à une simple « volonté d'harmonisation » budgétaire. Or, l'existence d'un **système fiscal particulier** à chaque pays de la zone euro (taux de TVA, impôt sur le revenu, impôt sur les sociétés) rend caduque toute harmonisation budgétaire. Selon Bela Balassa, le processus d'intégration suppose d'en **réussir chaque étape**. La cinquième, l'UEM, ne peut être atteinte que si l'union économique est réalisée.

> Le Fonds européen de stabilité financière (FESF), créé en 2010, a pour vocation d'aider les pays de la zone connaissant des **difficultés** en « rachetant » des titres de la dette de ces pays.

> Les **agences de notations**, comme Moodys ou Standard and Poor's, mesurent la solvabilité des États et leur capacité à rembourser leurs dettes.

RÉCAPITULONS

■ L'Union européenne est une zone d'intégration économique caractérisée par un grand marché intérieur et une zone monétaire de 19 pays autour d'une monnaie unique : l'euro.

■ L'existence et la pérennité de la zone euro sont attachées à une politique monétaire commune définie par la Banque centrale européenne. Parallèlement, une volonté d'harmonisation budgétaire est apparue indispensable afin de parvenir à un équilibre des finances publiques des pays membres.

■ L'Union européenne rencontre cependant un certain nombre de difficultés à coordonner les différentes politiques des États membres sur le plan budgétaire.

Analyser un sujet de raisonnement s'appuyant sur un dossier documentaire

LA DÉMARCHE

1 Lire et étudier l'intitulé du sujet

- **Lire et réfléchir à partir de l'intitulé du sujet** qui peut éventuellement se présenter sous la forme d'une question.
- **Encadrer le ou les mots déterminants** dans l'énoncé du sujet, puis **les définir** au brouillon.
- **Noter les différentes idées** qui peuvent vous venir à l'esprit à partir des connaissances que vous avez assimilées.
- **Classer ces différentes idées**, par exemple sous la forme d'un tableau de quelques lignes.

2 Étudier le dossier documentaire

Ce n'est que dans un deuxième temps que vous prenez connaissance des documents. Le dossier documentaire comprend deux à trois documents de natures différentes : textes et documents statistiques.

- **Repérer quelle est la nature du (ou des) texte(s)**. S'agit-il d'un article de presse, d'un extrait d'ouvrage ou d'un témoignage ? Remarquer la source et la date : qui en est l'auteur ? Quand est-il écrit ? Surligner les phrases clés du texte que vous pourrez reproduire dans votre commentaire.
- **Lire et analyser les documents statistiques** (tableaux de données, représentations graphiques). Faire attention au titre du document, à la source (Insee, FMI, OCDE). Repérer quelques données particulièrement significatives quant au problème soulevé dans l'énoncé du sujet. Effectuer, si cela est utile, un calcul rapide sur l'évolution d'une grandeur dans le temps ou dans l'espace.

3 Construire la problématique

Cette étape est primordiale. Vous devez **construire un raisonnement**, une démarche intellectuelle qui puisse rendre compte de la question sous-jacente à l'intitulé du sujet. Demandez-vous toujours, en relisant fréquemment l'intitulé, si vous « collez » bien au sujet. Il est important d'éviter les digressions et les considérations inutiles considérées comme « hors-sujet ».

L'EXEMPLE COMMENTÉ

Voici comment vous pourriez analyser le sujet de raisonnement suivant :
« À l'aide du dossier documentaire et de vos connaissances, vous montrerez l'évolution du rôle de la BCE. »

DOCUMENT 1 Taux d'intérêt américain et européen de long terme (Fed et BCE)

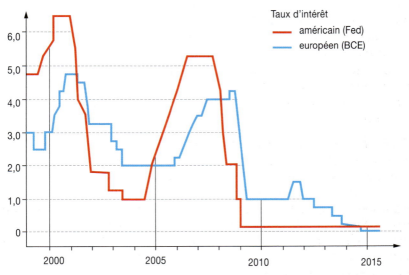

Source : global-rates.com

DOCUMENT 2

« La Banque centrale européenne (BCE) a décidé (…) de baisser son principal taux directeur à 1,25 % face aux menaces de récession économique (…). La BCE fait ainsi marche arrière cinq mois à peine après avoir augmenté le baromètre du crédit en zone euro de 25 points de base à 1,50 %, et ce alors que l'inflation pointe à 3 % en zone euro, bien au-delà de son objectif de maintenir la hausse des prix sous le seuil de 2 % à moyen terme. Le soulagement a été immédiat sur les Bourses européennes qui ont brusquement accéléré leurs gains après cette annonce. *"C'est un soulagement que la BCE semble avoir laissé tomber ses inquiétudes sur des pseudo-pressions inflationnistes"*, a commenté Jennifer McKeown, économiste chez Capital Economics. Son nouveau président depuis mardi, l'Italien Mario Draghi, s'est davantage montré alarmiste pour la croissance. Dans le même temps M. Draghi a dit que l'inflation en zone euro restait *"élevée"* mais qu'elle allait *"diminuer au cours de l'année 2012, sous les 2 %"* conformément à l'objectif de moyen terme de la BCE. *"Bien sûr que le principal objectif de la BCE est de maintenir la stabilité des prix et non de soutenir la croissance économique, mais actuellement la croissance semble être la principale préoccupation et l'inflation considérée comme un effet secondaire"*, a estimé Carsten Brzeski, économiste d'ING.

L'Express.fr, 14 novembre 2011

1 Lire et étudier l'intitulé du sujet

L'intitulé du sujet porte sur la politique monétaire de la BCE et les difficultés de son élaboration et de sa mise en œuvre. Il convient de définir au brouillon la politique monétaire et ses objectifs, et plus particulièrement celui de la BCE, conçue essentiellement pour limiter l'inflation à l'intérieur de la zone euro.

2 Étudier le dossier documentaire

■ Les deux courbes du document 1 sont relatives à la politique des taux directeurs de la BCE et de la Fed. Remarquez les similitudes des deux courbes, mais aussi la variation des taux entre l'Europe et les États-Unis.

■ Le document 2 est un article de presse, remarquez la source et la date. Recherchez les trois objectifs qui pourraient être ceux de la BCE à l'heure actuelle. Ne sont-ils pas contradictoires ? Quel est le choix de l'actuel président de la BCE ?

3 Construire la problématique

Demandez-vous si le rôle de la BCE ne tend pas à s'élargir. Créée comme simple gardienne de la stabilité des prix à l'intérieur de la zone euro, la BCE pourrait être appelée à soutenir l'activité économique, de la même façon que la Fed a comme objectif de soutenir la croissance américaine.

SE TESTER QUIZ

1 Vrai ou faux ?

Cochez la bonne réponse.

	V	F
a. Le marché intérieur repose sur la seule circulation des marchandises sans droits de douane au sein de l'Union.	❏	❏
b. Conformément au Pacte de stabilité et de croissance, le déficit budgétaire d'un pays membre ne doit pas dépasser 3 % de son PIB.	❏	❏
c. L'euro est la monnaie unique des 28 pays de l'Union européenne.	❏	❏
d. La Banque centrale européenne a comme objectif principal la stabilité des prix.	❏	❏
e. La BCE encadre la création monétaire par la définition de la hauteur de ses taux directeurs.	❏	❏

S'ENTRAÎNER

2 QCM

Observez le document (p. 73) puis choisissez la ou les propositions exactes.

❏ a. Les taux d'intérêt sur les emprunts d'État sont les mêmes pour tous les pays de la zone euro en 2011.

❏ b. En 2010, les taux ont baissé pour l'Allemagne et la France.

❏ c. À partir de 2009, les taux d'intérêt ont augmenté pour la Grèce, le Portugal et l'Irlande.

❏ d. Les taux d'intérêt peuvent être neuf fois plus élevés pour la Grèce que pour l'Allemagne.

DOCUMENT Les taux d'intérêt à 10 ans sur les emprunts d'État de la zone euro

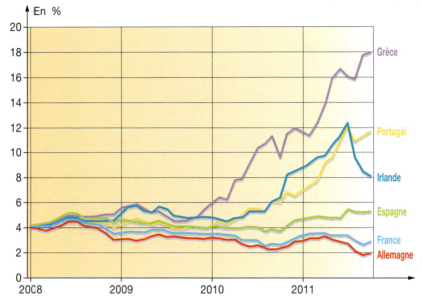

Source : Datastream, Natixis.

3 Le vocabulaire de l'euro

Complétez le texte ci-dessous avec les mots suivants.
BCE • BCN • commerce intracommunautaire • devise • dollar • Maastricht • marché intérieur • taux directeurs • union économique et monétaire • zone euro

■ L'euro est devenu la monnaie unique de dix-sept pays européens qui constituent la … . Même si le traité de Rome ne fait pas allusion à une politique monétaire commune, l'euro est apparu indispensable pour faciliter le … . Par ailleurs, l'euro, avec près de dix ans d'existence, est devenu une … forte pouvant rivaliser avec le … .

■ Ce sont les accords de …, en 1992, qui ont permis la création d'une … . L'euro est avec le … la pierre angulaire du processus d'intégration européen. La zone euro est une zone d'intégration de 502 millions d'habitants à la fois producteurs mais aussi consommateurs.

■ La politique monétaire européenne est élaborée de façon collégiale par la …, basée à Francfort. Les …, décidés par les membres du système européen des banques centrales, s'imposent aux … puis aux banques commerciales.

OBJECTIF BAC

Mobilisation des connaissances

4 *Voici deux questions de mobilisation des connaissances sur le thème du chapitre. Lors de l'épreuve, vous devrez répondre à deux questions portant sur deux parties différentes du programme.*

a. Quelles sont les fonctions d'une banque centrale ?

b. En quoi les accords de Maastricht peuvent-ils se traduire par un recul des souverainetés nationales des pays membres ?

> **POUR VOUS AIDER**
> **a.** Les **principales banques centrales** sont la Fed, la BCE, la Banque d'Angleterre, la Banque du Japon et la Banque populaire de Chine.
> **b.** Une politique de relance consiste, du point de vue de la politique monétaire, à réduire les taux d'intérêt et, d'un point de vue budgétaire, à accepter un déficit public afin de dynamiser la demande des ménages et des entreprises. On parle dans les deux cas de **politiques conjoncturelles**.

Raisonnement s'appuyant sur un dossier documentaire

5 Les limites de l'intégration européenne

Quelles sont les limites de l'intégration européenne ? Vous répondrez à cette question à l'aide du dossier documentaire et de vos connaissances.

DOCUMENT 1

« L'Europe est-elle une grande puissance ? En mesurant les atouts de l'Union européenne à l'aune du modèle américain, on ne peut que souligner l'extrême fragilité de sa construction et de son devenir. Les États-Unis constituent un État fédéral depuis la Constitution de 1787. En revanche, la Communauté économique européenne créée par le traité de Rome en 1957, puis l'Union européenne depuis le traité de Maastricht, réunissent des nations, relativement hétérogènes, dans un processus d'intégration économique. Il s'agit d'un vaste marché sans frontières auquel s'ajoute une monnaie unique, l'euro. Encore que ni le Royaume-Uni, ni le Danemark, ni la Suède ne l'ont adopté préférant conserver leur indépendance monétaire à l'endroit de la discipline commune. Les États-Unis sont une nation, rangée derrière la bannière étoilée, qui dispose d'un président, d'un appareil étatique, d'une diplomatie et de forces militaires sans aucune commune mesure avec les institutions européennes. […] Mais l'obstacle principal à la réalisation du fait européen est d'ordre culturel. Les barrières linguistiques handicapent l'union car il n'existe pas de langue européenne. On peut ajouter l'absence de conscience européenne, de vouloir-vivre européen dans la mesure où les 499 millions d'Européens sont d'abord britanniques, allemands, français, néerlandais, espagnols ou italiens. Les représentations collectives sont encore trop teintées de couleurs nationales pour permettre l'émergence d'un bloc économique suffisamment étayé par une assise politique et culturelle.

Jean-Claude Drouin, *Les maîtres de l'économie. Crises et régulations*, Petite Encyclopédie Larousse, Paris, 2009.

DOCUMENT 2 **La dette publique en 2014**

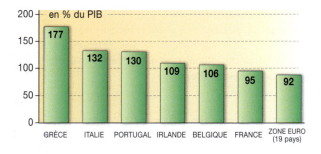

Source : Eurostat, 2015.

POUR VOUS AIDER

■ Le raisonnement s'appuyant sur un dossier documentaire suppose une **construction classique** (introduction, développement et conclusion).

■ Ce segment de l'épreuve composée a comme support les documents présentés mais aussi vos **connaissances personnelles**, qu'il s'agisse de l'actualité économique, des grands débats actuels ou d'une théorie économique (ici la théorie de l'intégration définie par Bela Balassa).

■ Le raisonnement souligne que les problèmes de la dette souveraine renvoient à des **explications structurelles** concernant la logique de l'intégration européenne et du calendrier adopté lors des accords de Maastricht. Vous pourrez évoquer les difficultés de la gouvernance européenne.

SE TESTER

1 Vrai ou faux ?

a. Faux. Le marché intérieur (ou Grand marché) repose certes sur la libre circulation des marchandises, mais aussi des capitaux et des hommes. **b. Vrai. c. Faux.** L'euro est la monnaie unique de dix-sept pays de l'Union européenne qui répondaient aux critères de Maastricht. **d. Vrai. e. Vrai.**

S'ENTRAÎNER

2 QCM

Réponse **b.** Les taux d'intérêt sur les emprunts d'État ont baissé pour les deux pays à partir de 2010. Réponse **d.** Les taux d'intérêt restent faibles pour l'Allemagne, alors qu'ils s'envolent en Grèce en raison du risque pris par les investisseurs (risque d'insolvabilité).

3 Le vocabulaire de l'euro

■ L'euro est devenu la monnaie unique de 19 pays européens qui constituent la **zone euro**. Même si le traité de Rome ne fait pas allusion à une politique monétaire commune, l'euro est apparu indispensable pour faciliter le **commerce intracommunautaire**. Par ailleurs, l'euro, avec près de dix ans d'existence, est devenu une devise forte pouvant rivaliser avec le **dollar**.

■ Ce sont les accords de **Maastricht**, en 1992, qui ont permis la création d'une **union économique et monétaire**. L'euro est avec le **marché intérieur** la pierre angulaire du processus d'intégration européen. La zone euro est une zone d'intégration de plus de 338 millions d'habitants à la fois producteurs mais aussi consommateurs.

■ La politique monétaire européenne est élaborée de façon collégiale par la **BCE**, basée à Francfort. Les **taux directeurs**, décidés par les membres du système européen des banques centrales, s'imposent aux **BCN**, puis aux banques commerciales.

OBJECTIF BAC

4 Mobilisation des connaissances

a. Une banque centrale est une banque d'État qui exerce plusieurs fonctions. Elle est dite banque « de premier rang » par rapport aux banques « de second rang » qui sont les banques commerciales. Les banques centrales définissent, de façon indépendante des pouvoirs publics, la **politique monétaire nationale**. Au sein de la zone euro, elles servent de relai à la BCE. Elles assurent le **refinancement des banques** sur le marché monétaire. Leur mission est de permettre la stabilité des prix et, indirectement, de favoriser la croissance économique. Elles servent de prêteur en dernier recours à l'intérieur du système bancaire lors d'une crise financière.

b. Les accords de Maastricht se traduisent inévitablement par un recul des souverainetés nationales dans la mesure où ils ont conduit à la création d'une union économique et monétaire (UEM), articulée autour d'une monnaie unique et fondée sur le respect du Pacte de stabilité et de croissance. La **politique monétaire** échappe alors aux instances politiques nationales pour être **transférée aux institutions européennes** (Eurosystème).

De même, les politiques budgétaires nationales doivent limiter le déficit des finances publiques des États membres. Dans cette perspective, il apparaît impossible pour un pays d'opter pour une politique de relance autonome afin de réduire le chômage. Une politique de relance ne peut être que concertée au niveau européen ou au niveau des grands pays développés.

5 Raisonnement. Les limites de l'intégration européenne

Les titres de parties ne doivent pas figurer sur votre copie.

[Introduction] La naissance d'une zone d'intégration économique en Europe a succédé historiquement à une politique de réconciliation franco-allemande après la Seconde Guerre mondiale. Le point de départ de l'Europe économique est le traité de Paris (1951) et la création de la Communauté européenne du charbon et de l'acier (CECA). Elle instaurait une union douanière relative à la libre circulation des produits de base industriels entre six pays européens. Par la suite, le principe de l'union douanière a été élargi à tous les produits avec la création de la Communauté économique européenne en 1957 (CEE). L'effort d'intégration s'est poursuivi, notamment par la création d'une union économique européenne, avec les accords de Maastricht en 1992. Vingt ans plus tard, la crise de la dette souveraine amène à s'interroger sur les limites de l'intégration en Europe.

I. La crise de la dette souveraine souligne les limites de la zone euro

■ La zone euro est affectée par la **crise de la dette souveraine**, comme l'attestent les données statistiques réunies dans le document 1, qui mettent l'accent sur le niveau de la dette publique de certains membres de la zone. On peut constater qu'en moyenne, la dette des pays de la zone euro atteint 92 %. Si la France a une dette publique proche de cette moyenne, certains pays, tels que l'Italie (132 %) et la Grèce (177 %), sont dans une position très difficile par rapport à leurs créanciers. Les difficultés rencontrées par la Grèce dans le remboursement de la dette fragilisent la pertinence de la construction monétaire européenne qui est l'un des piliers de l'Union, avec le marché intérieur.

■ Les chiffres de la dette du **document 2** consacrent l'**échec de l'harmonisation budgétaire** conçue dans le cadre du Pacte de stabilité et de croissance (PSC) de 1997. Chaque membre de la zone euro devait limiter son déficit budgétaire à la hauteur de 3 % du PIB, et sa dette à 60 % du PIB. Les écarts constatés aujourd'hui tiennent à une relative hétérogénéité des pays qui constituent la zone euro, notamment en termes de niveau de développement et de structures socio-économiques.

> Dès lors que vous disposez d'un dossier documentaire en sciences économiques et sociales, il est essentiel de **faire référence aux documents** dans votre commentaire pour étayer vos arguments.

II. Les difficultés monétaires renvoient aux limites de l'intégration

■ La construction européenne « par la monnaie » s'est réalisée sans un effort suffisant des Européens en matière d'approfondissement des politiques communes. La phase de l'union économique, telle qu'elle est développée par l'économiste Bela Balassa, n'est pas réalisée de façon achevée. Ainsi, il n'existe **pas de réelle harmonisation fiscale** à l'intérieur de la zone euro. Il est difficile d'imaginer une monnaie unique et des fiscalités propres à chaque État.

■ Le document 1 recense les faiblesses de l'Union européenne, et compare sa situation avec celle des États-Unis. Les États-Unis constituent un **État fédéral** depuis leur création. L'Union, quant à elle, relève d'une **volonté politique de coopération**. En dépit d'institutions européennes comme la Commission et le Parlement de Strasbourg, il n'existe pas vraiment d'exécutif européen. La monnaie nécessite l'existence d'une autorité souveraine, alors que les États européens souhaitent conserver chacun leur indépendance et leurs prérogatives nationales.

[Conclusion] L'Union européenne bénéficie de larges atouts dans le champ d'une économie mondialisée, comme l'atteste la réussite d'Airbus, premier constructeur aéronautique mondial. L'Europe est l'un des grands du concert des nations. Cependant, les ratés de l'intégration ralentissent les performances européennes. Il apparaît indispensable de relancer l'idée d'une gouvernance européenne pour triompher des difficultés liées à la crise de la dette souveraine.

CHAPITRE 5
La croissance économique est-elle compatible avec la préservation de l'environnement ?

Depuis le milieu des années 1980, les modes de consommation de l'humanité dépassent ce que la nature est en capacité de produire. Selon les estimations du Fonds mondial pour la nature (WWF), il faudrait entre 1,2 et 1,5 terre pour assurer les besoins d'une population mondiale toujours croissante. Si l'on considère également le réchauffement climatique et la dégradation de la biodiversité, se pose la question de la capacité de nos économies à répondre aux défis écologiques. Quelle est l'analyse économique du développement durable ? Quels sont les instruments économiques des politiques environnementales et climatiques ?

I L'analyse économique du développement durable

A Les limites écologiques de la croissance

■ La question du changement climatique témoigne des **risques liés à la pollution engendrée par l'activité humaine**. En effet, le rejet des gaz à effet de serre, particulièrement important dans les pays les plus riches, réchauffe le climat et s'accentue avec la production intense qu'implique l'augmentation des niveaux de vie et de la consommation des pays émergents. Cette pollution prend également d'autres formes : déversement de produits chimiques dans les cours d'eau, enfouissement de déchets, etc.

■ Le graphique ci-après montre que globalement, depuis trente ans, les émissions de CO_2 progressent dans le monde. Cette progression est imputable aux pays en développement et émergents. Les pays riches, eux, réduisent légèrement leurs émissions depuis 2007, mais représentent toujours près de 12 gigatonnes de CO_2 (un tiers des émissions en 2013).

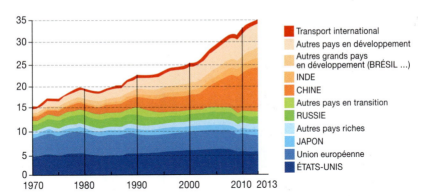

Source : « Émissions de CO$_2$ provenant de la combustion de l'énergie, en gigatonnes », *Alternatives économiques*, hors série n° 104, février 2015.

▪ Parallèlement, la flambée des prix du pétrole, depuis le début des années 2000, souligne les risques liés à l'épuisement des <u>ressources naturelles</u> engendré par l'activité humaine. Selon l'ONU, si l'humanité continue sur sa lancée, elle consommera en 2050 trois fois plus de matières premières qu'aujourd'hui, bien au-delà donc de ce qui est supportable.

> La consommation annuelle de chaque individu s'élève à 16 tonnes de **ressources naturelles** : minerais, hydrocarbures et biomasse.

B Les origines du concept de développement durable

▪ En 1968 se crée le Club de Rome, réunissant des personnalités des mondes politique, économique et scientifique, qui publieront en 1972 le **rapport Meadows**, intitulé *Halte à la croissance*. Ce rapport, qui appelle à une « croissance zéro », fait aujourd'hui figure de précurseur dans la dénonciation des risques environnementaux de la croissance.

▪ C'est en 1987 que la Commission mondiale sur l'environnement et le développement (créée par l'ONU en 1983) publie le **rapport Brundtland**, du nom de sa présidente, donnant naissance au concept de développement durable défini comme « le développement qui répond aux besoins du présent sans compromettre la capacité des générations futures de répondre aux leurs ».

▪ La notion de développement durable se fixe comme objectif d'apporter une réponse aux **deux grands déséquilibres planétaires** : la répartition inégale des richesses et la dégradation de la biosphère.

ZOOM

L'empreinte écologique selon l'IDH

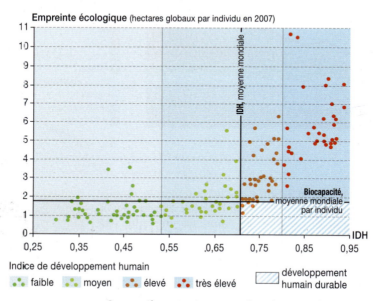

Source : *Alternatives économiques*, décembre 2005, données de 2000.

▶ L'**empreinte écologique** représente la surface de la planète (exprimée en hectares ; 1 ha = 10 000 m²) dont une population dépend pour satisfaire ses besoins de consommation et absorber ses déchets.

▶ Il existe une **corrélation évidente entre l'IDH et l'empreinte écologique**. En effet, l'IDH a entre autres composantes le niveau de vie, dont l'élévation favorise celle de la consommation et donc de la surface nécessaire à la production.

▶ L'empreinte écologique a un « **équivalent planète** ». Elle peut être exprimée en nombre de planètes nécessaires pour satisfaire les besoins de l'ensemble de l'humanité à un moment donné, sans détériorer la capacité de la terre à produire la matière biologique dont elle a besoin. Selon l'organisation écologiste World Wildlife Fund (WWF), l'humanité utilise aujourd'hui « l'équivalent d'une planète et demie » pour subvenir à ses besoins.

C La gestion des ressources naturelles

La notion de développement durable pose la question des modalités de gestion des ressources naturelles. Deux approches économiques se distinguent : celle de la « soutenabilité faible » et celle de la « soutenabilité forte ».

■ Pour les tenants de la « **soutenabilité faible** », le **capital naturel** et les autres formes de capitaux (physique produit, humain, social et institutionnel) sont substituables. La réduction du capital naturel est alors acceptable à condition qu'elle soit compensée par le développement des autres capitaux. Le progrès technique pourrait alors permettre à l'homme de se passer de la nature.

> Le **capital naturel** correspond aux ressources environnementales et naturelles, telles que l'eau ou les forêts.

■ Pour les tenants de la « **soutenabilité forte** », le capital naturel et les autres formes de capitaux ne sont pas substituables. Ils seraient plutôt complémentaires et, pour cette raison, chacun doit être préservé.

II Les instruments économiques de la politique environnementale et climatique

A Les instruments visant à rétablir la « vérité » des prix

1. La taxation comme solution aux externalités négatives

■ En 1920, Arthur Cecil Pigou définit ainsi les **externalités** : « L'essence du phénomène est qu'une personne A, en même temps qu'elle fournit à une autre personne B un service déterminé pour lequel elle reçoit un paiement, procure par là-même des avantages ou des inconvénients d'une nature telle qu'un paiement ne puisse être imposé à ceux qui en bénéficient ni une compensation prélevée au profit de ceux qui en souffrent. »

■ La pollution générée par une activité productive se range dans la seconde catégorie, celle des externalités négatives (par exemple, lorsqu'une industrie déverse ses déchets chimiques dans un cours d'eau sans verser de compensation aux riverains). Dans une telle situation, le **coût privé** est inférieur au **coût social** et amène l'entreprise à réaliser un niveau de production supérieur à celui qu'elle réaliserait si elle devait en supporter l'ensemble des coûts.

> Le **coût privé** est le coût de production pour l'entreprise ; le coût social désigne les coûts privés et les coûts que cette production induit pour la collectivité (pour réduire la pollution par exemple).

■ Pour revenir à une situation de production optimale, il est nécessaire de combler l'écart entre coût privé et coût social, c'est-à-dire d'**internaliser les externalités**. Pigou considère que les mécanismes du marché seuls ne permettraient pas d'y parvenir, et préconise donc une **solution fiscale** : faire payer à l'émetteur de la nuisance une taxe prélevée par l'État (principe « pollueur-payeur »).

■ C'est dans cette logique qu'une **taxe générale sur les activités polluantes (TGAP)** a été mise en place en France en 2000 ; elle est due par les entreprises dont les activités ou les produits sont considérés comme polluants (déchets, émissions polluantes, etc.). De même, le gouvernement français a mis en place en 2014 une « taxe carbone » (*la contribution énergie climat*, CCE) renchérissant le prix de tous les carburants et combustibles fossiles émetteurs de dioxyde de carbone (CO_2) : essence, gazole, fioul, gaz et charbon.

■ La taxation rencontre plusieurs difficultés : tout d'abord, elle ne fixe pas de limites à la pollution et représente une faible désincitation pour ceux qui ont les moyens de la payer ; ensuite, il peut être difficile de déterminer avec précision la taxe à appliquer pour internaliser une externalité parfois difficile à mesurer (trop élevée, elle découragerait ou entraînerait la délocalisation de certaines activités ; trop faible, elle ne serait pas suffisamment incitative). La logique des quotas peut alors apparaître comme une solution de substitution ou complémentaire.

2. Les marchés de quotas d'émission

■ À l'inverse de Pigou, Ronald Coase (1960) considère que l'internalisation doit procéder d'une logique de marché. En effet, empêcher un individu A de léser un individu B revient à léser A. Dès lors, la question qui se pose est de savoir qui l'on doit autoriser à léser l'autre. Pour Coase, la détermination de **droits de propriété** échangeables sur les marchés permettrait de répondre à cette question.

■ En matière environnementale, il s'agit de mettre en place des droits de propriété sur le capital naturel, qui sont alloués avant de pouvoir être échangés sur un marché. C'est dans cette logique qu'ont été mis en place les **marchés de quotas d'émission** de gaz à effet de serre.

■ Le **protocole de Kyoto**, signé en 1997 et entré en vigueur en 2005, a été le point de départ du développement de marchés régionaux de quotas d'émission, notamment le marché européen du carbone. Il engageait 36 pays à réduire, entre 2008 et 2012, d'environ 5 % en moyenne leurs émissions de CO_2 par rapport à 1990.

> À sa signature, le **protocole de Kyoto** ne fixait d'objectifs contraignants qu'aux pays développés, les plus pollueurs. L'accélération de la croissance dans les pays émergents remet en cause cette situation.

■ Les quotas présentent aussi des inconvénients : les prix d'échange sur les marchés de quotas peuvent être trop faibles pour être dissuasifs (soit que le volume de quotas alloués est trop important par rapport aux besoins, soit que le prix d'attribution ait été initialement trop faible). De surcroît, le protocole de Kyoto a été reconduit en 2012 pour huit ans ; mais en l'absence de l'engagement des États-Unis et de la Chine, et suite au retrait du Japon, de la Russie et du Canada, les pays signataires ne représentent plus que 15 % des émissions de gaz à effet de serre mondiales.

B La réglementation, ou internalisation institutionnelle

Devant le risque que les mesures de régulation par les prix (taxe pigouvienne et marchés de quotas) soient insuffisamment incitatives, la réglementation apparaît comme une solution à la préservation du capital naturel. Celle-ci consiste en effet à fixer des règles dont le non-respect entraîne des sanctions pénales.

1. La réglementation, une réponse alternative aux mécanismes de régulation par les prix

■ En matière environnementale, la réglementation peut prendre différentes formes : la fixation de limites à ne pas dépasser pour les émissions de polluants, pour l'extraction des ressources naturelles, ou l'obligation à choisir tel type de processus productif plutôt qu'un autre.

■ En France, il existe depuis près de deux siècles (décret impérial du 15 oct. 1810) une classification des installations susceptibles de provoquer des nuisances au voisinage, auxquelles a été intégrée la pollution en 1917. Les entreprises concernées relèvent aujourd'hui du droit des Installations classées pour la protection de l'environnement (ICPE) qui les soumet à un régime d'autorisation. Plus récemment, en 2007, s'est tenu en France le **Grenelle de l'environnement** qui a abouti à de nouvelles réglementations : réglementation thermique 2012, obligation d'affichage de la performance énergétique de biens immobiliers, élévation des objectifs de recyclage des déchets et emballages ménagers, etc.

■ Comme les deux mesures précédentes (taxation et quotas), la réglementation présente des inconvénients : elle n'incite pas les agents économiques à aller « plus loin » que la norme prescrite ; elle peut avoir du mal à s'imposer, particulièrement dans un contexte économique mondialisé dans lequel les firmes transnationales pratiquent le *dumping environnemental*.

L'efficacité des politiques climatiques dépend non seulement de la combinaison opportune de ces différentes mesures, mais également de leur coordination au niveau régional et mondial.

zOOM

L'évolution du prix du carbone

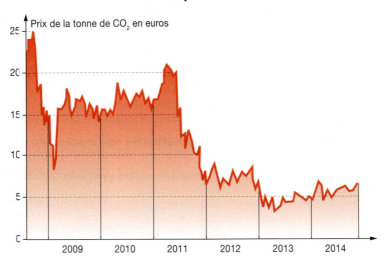

Source : Antoine de Ravignan, « L'Europe en retrait », *Alternatives économiques*, n° 341, décembre 2014.

▶ Ce graphique présente l'évolution du cours du quota de CO_2 sur le marché européen d'échange de quotas. Le cours du quota a oscillé autour de 25 € jusqu'en septembre 2008, puis a subi une **baisse importante** (− 65 % d'octobre 2008 à février 2009) en conséquence directe de la crise économique.

▶ En effet, le **ralentissement de l'activité économique** a réduit les émissions de CO_2 et donc les besoins de droits d'émission.

▶ Au ralentissement économique s'ajoute une seconde raison : dans les premiers temps, les attributions de quotas se sont avérées relativement généreuses et le **marchandage des surplus** s'est traduit par une chute de leur cours sur le marché (en effet, l'offre de quotas s'est révélée bien plus importante que la demande).

2. La préservation de l'environnement, un bien collectif

■ L'environnement peut être considéré comme un **bien collectif** international dans la mesure où toute politique nationale visant à le préserver bénéficie à l'ensemble des pays sans qu'il ne puisse leur être imposé d'en payer le prix.

■ La qualité de l'air, de l'eau, ou encore la préservation de la couche d'ozone ou de la biodiversité sont autant d'exemples illustrant l'interdépendance des pays en matière environnementale. Dès lors, seule une **coopération mondiale** semble pouvoir assurer la préservation de l'environnement.

> Un **bien collectif** se caractérise par l'impossibilité d'obliger ses bénéficiaires à payer, ce qui rend toute rentabilité impossible. L'État semble alors indispensable à sa production (ex. : dépollution).

■ Dans cette logique, l'Union européenne s'est dotée en 2006 du **règlement Reach** confiant la responsabilité de l'évaluation et de la gestion des risques des substances aux entreprises productrices et importatrices et non plus aux autorités administratives. S'appliquant de manière identique à tous les pays membres de l'Union européenne, il permet d'éviter les risques de distorsion de concurrence qui, en l'absence de règlement et dans une logique non coopérative, auraient résulté du choix de certains pays de ne pas en faire payer le coût à leurs entreprises.

RÉCAPITULONS

■ La notion de soutenabilité est apparue afin de mettre en évidence la multiplicité des capitaux dont l'interaction garantit le bien-être (capital naturel, capital physique produit, capital humain, capital social et institutionnel). Selon les approches économiques, ces capitaux sont réputés plus ou moins substituables, ce qui implique des politiques environnementales différentes.

■ Trois grandes orientations inspirent aujourd'hui les politiques environnementales : la taxation, les marchés de quotas et la réglementation. Mais quelle que soit la voie choisie, il semble qu'une coopération internationale soit indispensable pour répondre aux défis environnementaux auxquels l'humanité doit faire face dès aujourd'hui.

ZOOM

Dix grandes dates de la lutte contre le changement climatique

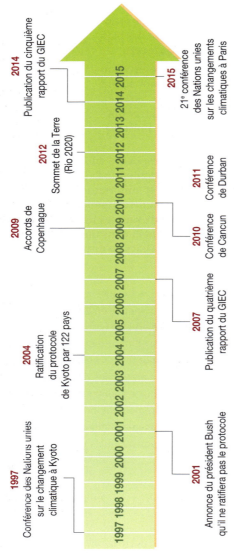

1997 Conférence des Nations unies sur le changement climatique à Kyoto

2001 Annonce du président Bush qu'il ne ratifiera pas le protocole

2004 Ratification du protocole de Kyoto par 122 pays

2007 Publication du quatrième rapport du GIEC

2009 Accords de Copenhague

2010 Conférence de Cancun

2011 Conférence de Durban

2012 Sommet de la Terre (Rio 2020)

2014 Publication du cinquième rapport du GIEC

2015 21e conférence des Nations unies sur les changements climatiques à Paris

▶ Le **protocole de Kyoto** a été ratifié par 168 pays, dont la Russie et la France (l'absence des États-Unis et le départ du Canada en novembre 2011 sont à noter), qui s'étaient engagés à réduire d'ici 2012 les émissions de gaz à effet de serre de 5,2 % en moyenne par rapport à 1990.

▶ La publication du **5e rapport du Groupe d'experts intergouvernemental sur l'évolution du climat (GIEC)** confirme son diagnostic de 2007 selon lequel les changements climatiques sont provoqués essentiellement par les activités humaines.

▶ Fin 2015, Paris accueille la **21e Conférence des parties de la Convention-cadre des Nations unies sur les changements climatiques (CCNUCC)**. Considérée comme l'une des plus grandes conférences climatiques jamais organisées, elle a pour objectif d'aboutir à un nouvel accord international sur le climat, applicable à tous les pays, dans l'objectif de maintenir le réchauffement mondial en deçà de 2 °C.

COURS **MÉTHODE** EXERCICES CORRIGÉS **5**

Construire un plan

LA DÉMARCHE

■ Pour répondre à la problématique du sujet, vous devez être en mesure de proposer un plan équilibré, qui peut comporter **de deux à cinq parties**, sachant que les plans en deux ou trois parties sont les plus fréquents.

■ Pour élaborer votre plan, considérez-le comme provisoire, et essayez de trouver un titre explicite à chaque partie et sous-partie. Puis, vous devez répartir dans ce plan vos connaissances de cours et les informations contenues dans les documents. Ceci vous permettra éventuellement de **modifier votre plan** et d'en vérifier la pertinence (équilibre, logique, etc.).

■ Il existe quelques **plans classiques** sur lesquels vous pourrez vous appuyer.
– Plan interactif :   I. Compatibilité de X et Y   II. Incompatibilité de X et Y
– Plan dialectique : I. Thèse   II. Antithèse   (III. Synthèse)
– Plan inventaire : I. Caractéristiques   II. Causes   III. Conséquences
             ou   I. Objectifs   II. Moyens   III. Résultats

L'EXEMPLE COMMENTÉ

Voici un plan possible pour le sujet de raisonnement : « Dans quelle mesure le marché suffit-il à réguler les effets négatifs de la croissance sur l'environnement ? »

Problématique : les mécanismes d'ajustement de l'offre et de la demande permettent-ils la mise en place du développement durable ? Quels sont les autres agents concernés ?

I La régulation par le marché permet une allocation optimale des ressources

1. Le marché est capable de fixer le prix des externalités négatives et de sélectionner les meilleurs choix des agents économiques.

2. L'exemple des droits à polluer et du protocole de Kyoto.

II Mais il ne faut pas négliger le rôle des États et des ménages

1. Au niveau international : les États peuvent contraindre par la loi ou créer des incitations en faveur du développement durable.

2. Au niveau national : les services publics doivent promouvoir par la citoyenneté le développement durable, et montrer l'exemple en étant consommateurs d'énergies renouvelables, etc.

3. Les ménages : le changement social est nécessaire et ils peuvent participer au recyclage ou adopter une consommation « responsable ».

SE TESTER — QUIZ

1 Vrai ou faux ?

Cochez la bonne réponse.

	V	F
a. L'accélération de la progression des émissions de CO_2 depuis 10 ans résulte notamment du développement de la Chine.	☐	☐
b. L'empreinte écologique correspond au nombre d'hectares nécessaires à une population pour assurer sa consommation.	☐	☐
c. Le rapport sur l'état de la planète et la nécessité d'un développement durable est le rapport Brundtland.	☐	☐
d. Une externalité négative correspond à une relation marchande entre deux agents ayant un effet positif sur un troisième, sans compensation monétaire.	☐	☐
e. Lorsqu'une entreprise produit, le coût social est en général plus élevé que le coût privé.	☐	☐

S'ENTRAÎNER

2 QCM

Observez le document du « Zoom » p. 80, puis choisissez la ou les propositions exactes.

☐ **a.** Le développement s'accompagne d'une progression de l'empreinte écologique.

☐ **b.** La taille de la population est le critère principal de l'empreinte écologique.

☐ **c.** L'empreinte écologique mesure la quantité en hectares de terres en culture par pays.

☐ **d.** Les pays les plus peuplés n'ont pas toujours l'empreinte écologique la plus forte.

☐ **e.** On constate ici qu'il est impossible d'avoir une empreinte écologique inférieure à 2,5 tout en ayant un IDH supérieur à 0,8.

3 Le vocabulaire du développement durable

Complétez le texte ci-dessous avec les mots suivants.

recyclage • externalités négatives • réglementation • taxe • quotas

■ En produisant, les entreprises génèrent des ... , en général à cause de la pollution. Pour préserver l'environnement, on peut soit imposer une ... sur les activités polluantes pour les limiter et disposer de fonds en faveur du développement durable, soit privilégier la logique de marché grâce au marché des ... d'émissions de gaz à effet de serre, c'est-à-dire que chaque pays aurait le droit à un niveau de pollution.

■ Enfin, il est possible d'utiliser la ... en interdisant certaines pratiques trop polluantes. En effet, on peut imposer le ... de certains biens, ou au niveau européen, créer des instances de contrôle indépendantes pour surveiller la pollution des entreprises.

Mobilisation des connaissances

4 *Voici deux questions de mobilisation des connaissances sur le thème du chapitre. Lors de l'épreuve, vous devrez répondre à deux questions portant sur deux parties différentes du programme.*

a. Quelles solutions permettraient de modifier le comportement des agents économiques en faveur d'un développement durable ?

b. Comparez la théorie de la soutenabilité faible et celle de la soutenabilité forte.

> **POUR VOUS AIDER**
> **a.** Identifiez tout d'abord les **agents économiques** et considérez que l'action de l'État peut se faire par **contrainte** ou par **incitation**.
> **b.** Vous devez comparer les deux théories, c'est-à-dire qu'il faut dégager leurs différences et leurs points communs, et non les présenter l'une après l'autre.

Raisonnement s'appuyant sur un dossier documentaire

5 Croissance et développement durable

À l'aide du dossier documentaire et de vos connaissances, vous vous demanderez si la croissance est compatible avec le développement durable.

DOCUMENT 1

« On peut identifier deux grandes catégories de retours possibles de l'investissement en développement durable.

1. *Des opportunités économiques de création de valeur*

Le développement durable peut permettre une meilleure valorisation des produits, si les consommateurs acceptent de payer plus cher un produit répondant à certaines caractéristiques de durabilité. C'est ce qu'expérimentent des distributeurs comme Monoprix en France ou Migros en Suisse avec les produits issus du commerce équitable. Comme le rappelle l'exemple du fabricant de microprocesseurs STMicroelectronics, la recherche d'une plus grande sobriété dans les usages des matières premières peut être un levier significatif de réduction des coûts et d'amélioration de la compétitivité.

2. *Une réduction de l'exposition aux risques de l'entreprise*

Ces risques peuvent concerner la réputation de la firme comme le rappellent les exemples de Shell ou de Nike, qui ont été sévèrement mis en cause par des organisations citoyennes. Ils prennent de plus en plus souvent la forme de menaces de poursuites judiciaires associées à des demandes d'indemnisation. Aux États-Unis, les indemnisations à verser par les assureurs au titre des préjudices liés à l'amiante devraient par exemple atteindre 304 milliards de dollars.

E. Arnaud, A. Berger, et C. de Perthuis, *Le Développement durable*,
Nathan, coll. « Repères pratiques », 2006.

DOCUMENT 2 Classement des pays en fonction de performances économiques, sociales et environnementales

Classement des pays selon l'IDH	PIB/hab. en dollars PPA* en 2014	Évolution moyenne annuelle du PIB par habitant en (%)		Indice de Gini** 2010 (sauf indication)	Consommation d'électricité par habitant (kilowatts-heure)	
		2000-2013	2014		1980	2011
Norvège	64 893	0,7	1,1	26,8	22 400	23 174
États-Unis	54 630	1	1,6	41,1	10 336	13 240
France	38 851	0,7	– 0,2	27,8	4 633	7 293
Brésil	16 155	2,4	– 0,7	52,7 (2012)	1 145	2 438
Chine	13 217	9,3	6,8	37 (2011)	307	3 298

Source : Banque mondiale.

* PPA : parité de pouvoir d'achat.
** L'indice de Gini mesure les inégalités d'ensemble dans la répartition du revenu ou de la consommation. Le chiffre 0 correspond à l'égalité parfaite, et 100 à l'inégalité parfaite. Ici, la mesure des inégalités porte sur la répartition des revenus pour la Norvège, les États-Unis, la France, le Brésil et sur celle de la consommation pour la Chine.

> **POUR VOUS AIDER**
> ■ Le **document 1** montre que l'intégration des normes du développement durable permet de développer la compétitivité-prix et la compétitivité structurelle des entreprises.
> ■ Le **document 2** met en relation des niveaux de richesse, de développement et de consommation d'une ressource énergétique dans le but d'y trouver une corrélation, sous conditions de faibles inégalités par exemple.

SE TESTER

1 Vrai ou faux ?

a. Vrai. b. Vrai. c. Vrai. Il date de 1987. **d. Faux.** L'effet doit être négatif et non positif, comme c'est le cas pour la pollution. **e. Vrai.** Car le coût social représente le coût d'une production pour la société entière, alors que le coût privé ne représente que le coût pour l'entreprise qui produit.

S'ENTRAÎNER

2 QCM

Réponse **a**. Il y a une corrélation positive entre l'IDH (indicateur de développement) et l'empreinte écologique, concrétisée par une droite croissante. Réponse **d**. C'est le cas pour l'Inde et la Chine qui ont une empreinte écologique moindre que la France par exemple. Réponse **e**. En effet, on observe dans ce graphique qu'aucun pays ne répond à ces critères.

3 Le vocabulaire du développement durable

■ En produisant, les entreprises génèrent des **externalités négatives**, en général à cause de la pollution. Pour préserver l'environnement, on peut soit imposer une **taxe** sur les activités polluantes pour les limiter et disposer de fonds en faveur du développement durable, soit privilégier la logique de marché grâce au marché des **quotas** d'émissions de gaz à effet de serre, c'est-à-dire que chaque pays aurait le droit à un niveau de pollution.

■ Enfin, il est possible d'utiliser la **réglementation** en interdisant certaines pratiques trop polluantes. En effet, on peut imposer le **recyclage** de certains biens, ou au niveau européen, créer des instances de contrôle indépendantes pour surveiller la pollution des entreprises.

OBJECTIF BAC

4 Mobilisation des connaissances

a. L'État tient une place centrale dans la modification des comportements des ménages, des entreprises et du fonctionnement de l'État lui-même. En effet, l'État dispose d'un dispositif juridique pour contraindre, d'un budget pour inciter et de services publics pour éduquer.

En premier lieu, l'État pourrait avoir **recours à la loi** pour interdire certaines pratiques désastreuses pour l'environnement. Par exemple, l'interdiction de matériaux dangereux pour la santé et l'environnement, comme l'amiante, pourrait aussi concerner l'interdiction des véhicules les plus polluants. Deuxièmement, l'État peut mettre en place un **système incitatif**, voire désincitatif, afin de récompenser monétairement les comportements non polluants tout en taxant les plus polluants. Un exemple serait les bonus et malus applicables sur l'achat de voitures en fonction de leur niveau de pollution. Troisièmement, l'État peut **éduquer et informer les ménages** pour que leur citoyenneté intègre le respect de l'environnement. Enfin, l'État peut favoriser le développement durable en devenant **consommateur d'énergies renouvelables**, en équipant les administrations de panneaux solaires par exemple.

b. Dans ces deux théories, on admet l'existence de quatre types de capital : naturel, physique, humain, et **social et institutionnel**.

Cependant, la théorie de la **soutenabilité faible** postule que ces capitaux sont substituables entre eux et qu'il suffit de pouvoir maintenir un certain niveau de capital total. Le progrès technique est ici central puisqu'il permet le remplacement du capital naturel (un lac naturel) par du capital construit (un lac artificiel). C'est pour cela que l'économiste américain Robert Solow affirmera que la croissance n'est pas le problème mais la solution pour assurer la soutenabilité. En revanche, les partisans de la théorie de la **soutenabilité forte** contestent la substituabilité des différents capitaux et considèrent que le capital naturel est si spécifique qu'il doit être préservé pour lui-même (les arbres ne peuvent être coupés que si d'autres sont replantés).

> Le **capital social et institutionnel** correspond aux modalités de résolution des conflits liés au partage des ressources, telles que les droits de propriété ou les politiques de redistribution.

La soutenabilité faible s'inscrira donc davantage dans une logique de **marché** (modification des prix relatifs par la taxe carbone pour créer des effets incitatifs) alors que la soutenabilité forte s'inscrira davantage dans des logiques de **réglementation** (interdiction de pêcher certains poissons en voie de disparition).

5 Raisonnement. Croissance et développement durable

Les titres de parties ne doivent pas figurer sur votre copie.

[Introduction] En vingt ans, les programmes politiques ont tous intégré une dimension écologique, et dans certains pays comme l'Allemagne, les partis écologiques sont largement représentés.

Pendant les Trente Glorieuses, il était clairement question d'atteindre un fort niveau de croissance sans souci de l'environnement ou bien des générations futures, car la croissance était synonyme de bien-être, de développement. Mais dès les années 1960, les premières contestations d'une croissance destructrice sont mises au jour. En effet, on se demande comment la croissance, c'est-à-dire l'augmentation sur une longue période du PIB et des valeurs ajoutées, pourrait permettre un développement durable, donc une augmentation du niveau de santé et d'éducation de la population, accompagné d'un respect de l'environnement inscrit dans le temps.

Le document 1 nous expose les avantages du développement durable pour la compétitivité-prix et la compétitivité structurelle, tandis que le document 2 met en évidence l'interdépendance entre les facteurs économiques, sociaux et environnementaux.

Nous nous demanderons si la hausse de la valeur ajoutée suffit à améliorer le développement humain et durable. Nous analyserons dans une première partie l'incompatibilité entre croissance actuelle et développement durable, pour ensuite constater dans une seconde partie que cette compatibilité est réalisable sous certaines conditions.

> L'**annonce du plan** est toujours classique, il faut que le correcteur puisse se repérer sans ambiguïté.

I. La croissance actuelle n'est pas compatible avec le développement durable

1. Une croissance qui n'assure pas le développement actuel

■ Les inégalités de répartition entre les pays persistent : les **pays les moins avancés** ne profitent pas de la croissance mondiale et sont les grands perdants de la mondialisation (document 2).

■ Il existe aussi des inégalités de répartition au sein même des **pays développés** : les pays à forte croissance ne sont pas toujours capables de redistribuer suffisamment leurs richesses, et certains pays riches voient la situation des plus pauvres se dégrader (l'accès au soin pour les plus pauvres au États-Unis, par exemple).

2. Une croissance qui n'assure pas le développement des générations futures

■ Les **externalités négatives** de la croissance nuisent à l'environnement (document 2) : le niveau de pollution atteint des records dans les pays développés (les déchets nucléaires) comme dans les pays émergents (le charbon en Chine).

■ La croissance épuise les **ressources naturelles** : la consommation d'énergie fossile dépasse les capacités de production, et il faudra trouver des solutions alternatives sous quelques décennies.

■ La croissance nécessite de fortes sources d'énergies comme le nucléaire, qui impliquent le risque d'**accidents graves** (Fukushima) qui peuvent aussi être d'ordre industriels (pollutions involontaires).

II. Une croissance durable et équitable est compatible avec un développement durable

1. Une croissance mieux répartie au service du développement

▪ Une croissance mieux répartie permet de financer un accès à tous à la **santé** et à l'**éducation**, et on constate qu'en retour, cela augmente le **capital humain** qui favorise le développement (document 2).

▪ Il faut que la **croissance mondiale** serve le développement des **pays du Sud** : certains pays en développement ont des taux de croissance si forts qu'ils risquent de reproduire l'erreur des pays occidentaux en termes de respect de l'environnement, alors qu'ils ont une population beaucoup plus importante (document 2).

> Le **document 2** met en évidence qu'un fort PIB par habitant ne suffit pas à obtenir un bon niveau de santé et d'éducation mesurés par l'IDH. Par exemple, la Norvège et les États-Unis ont presque le même PIB par habitant, mais la Norvège, dont le coefficient de Gini montre une meilleure répartition des richesses, a un IDH bien supérieur.

2. Une croissance durable initie un cercle vertueux

▪ La « révolution verte » est porteuse d'**innovations majeures**, et donc de nouveaux cycles économiques : un nouveau cycle sera certainement provoqué par la découverte ou l'exploitation d'une énergie alternative capable de remplacer le pétrole, ce qui créera des entreprises, des emplois, etc.

▪ Un meilleur environnement augmente la **productivité** des salariés et donc la croissance : l'environnement agit directement sur la santé (par exemple, la qualité de l'air) et le bien-être (par exemple, la présence de verdure) ce qui favorise l'implication et la productivité du salarié (document 2).

[Conclusion] Il s'avère que la croissance est productrice d'externalités qui nuisent à court et à long terme au développement sous toutes ses formes, surtout si elle est insuffisamment répartie entre les pays et au sein des différents groupes sociaux d'un même pays. Pourtant, un cercle vertueux est possible et permettrait un mieux-être social, environnemental et écologique.

La solution résiderait dans une croissance durable pour allier à la fois enrayement de la crise et respect de la planète. Cependant, la solution nationale ne semble pas suffisante. La crise mondiale ne serait-elle pas l'occasion de bâtir une Europe de l'écologie sociale et politique ?

> N'oubliez pas que la **forme** est très importante. Utilisez les alinéas, et sautez des lignes. Quel que soit le code adopté (sauter une ligne entre chaque partie, seulement des alinéas entre les sous parties, etc.), gardez le même pour toute la copie.

Enseignement spécifique
Sociologie

CHAPITRE 6

Comment analyser la structure sociale ?

www.annabac.com

En dépit de l'égalité proclamée dans la *Déclaration des droits de l'homme et du citoyen* de 1789, des différences récurrentes entre individus ou groupes d'individus remettent en cause le principe de démocratisation de la société. En outre, les sociétés dites démocratiques ont encore à lutter contre de multiples inégalités. L'analyse de la structure sociale rend compte de la répartition de la population en groupes sociaux différenciés. À quel moment ces différences deviennent-elles des inégalités ? Quelle est la pertinence des notions de classes sociales et de catégories socioprofessionnelles pour analyser la structure sociale ?

I La notion d'inégalité

Les inégalités se présentent de différentes façons en **fonction du type de société** où elles prennent forme. Les inégalités dans les sociétés traditionnelles, inscrites dans les structures sociales, étaient rarement remises en question. En revanche, les inégalités dans les sociétés démocratiques font l'objet de revendications sociales et politiques.

A Différences et inégalités

■ Évoquer les inégalités, c'est dresser un constat des différences entre les individus ou entre les groupes sociaux qui constituent la structure sociale. Les différences ne sont pas forcément inégalitaires. Elles ne le deviennent qu'à partir du moment où elles heurtent l'esprit d'égalité, c'est-à-dire qu'elles n'apparaissent pas tout à fait normales ou justifiées, qu'elles peuvent **perturber le consensus social** et constituer un frein à l'activité économique.

■ Les inégalités économiques et sociales sont **indissociables de leur perception**. La perception des inégalités est liée à un système de valeurs et de représentations collectives à l'intérieur d'une société donnée. Ainsi, les écarts de revenus entre les patrons des grands groupes du CAC 40 et leurs salariés ne manquent pas de choquer l'opinion publique.

B Les inégalités dans les sociétés traditionnelles

■ Dans les sociétés de castes ou d'ordres, les différences entre les individus et leurs groupes d'appartenance étaient légitimées par la loi ou la religion. Ainsi, dans la société française de l'Ancien Régime, les différences sociales reposaient sur la division des populations en ordres (clergé, noblesse, tiers état). Chaque ordre avait des devoirs et des privilèges en fonction des services qu'il rendait à l'ensemble du corps social. Les différences de droit et de devoir allaient de soi et trouvaient leurs sources dans la tradition et les coutumes de l'ancienne France.

■ Il faudra attendre le développement de la philosophie politique anglaise, et le recours au concept d'état de nature pour assister, dans le domaine des idées, à une remise en cause des structures sociopolitiques des sociétés traditionnelles. En « état de nature » les hommes sont libres et égaux, tel est l'argument défendu par Thomas Hobbes dans la seconde partie du *Léviathan* (1651).

> L'**état de nature** est une métaphore philosophique consistant à imaginer de façon hypothétique ce que pouvaient être les rapports sociaux avant la naissance de la propriété, de l'État et du droit.

C Les inégalités dans les sociétés modernes

■ Les révolutions libérales de la fin du XVIIIe siècle et du XIXe siècle ont été à l'origine de l'égalité juridique entre tous les individus. L'article premier de la *Déclaration des droits de l'homme et du citoyen* (1789) stipule que « les hommes naissent et demeurent libres et égaux en droits ; les distinctions sociales ne peuvent être fondées que sur l'utilité commune ». On assiste ainsi à la démocratisation des structures sociales, pour reprendre la formulation de Tocqueville.

■ La contradiction entre l'égalité juridique entre tous les individus et le maintien de différences économiques et sociales amène à constater les inégalités entre les individus et entre les diverses catégories sociales.

> **ALEXIS CLÉREL DE TOCQUEVILLE (1805-1859)**
> Tocqueville montre comment la société moderne issue des révolutions américaine et française se caractérise par la démocratisation des conditions sociales, qui associe l'égalité des conditions sociales et « l'esprit d'égalité », c'est-à-dire que tous les hommes se reconnaissent comme égaux entre eux. Si les inégalités ne choquent pas Tocqueville, elles peuvent cependant contrarier cet « esprit d'égalité » et altérer le consensus social.
> Ses deux ouvrages essentiels sont *De la démocratie en Amérique* (1835-1840) et *L'Ancien Régime et la Révolution* (1856).

II. Les différentes formes d'inégalités

L'espace des inégalités apparaît multidimensionnel. Il constitue un véritable système dans la mesure où, le plus souvent, les inégalités se cumulent entre elles.

A. Les inégalités économiques

■ **Les inégalités de patrimoine** reposent sur l'inégale détention de la propriété entre les individus et entre les catégories sociales. Le patrimoine se définit comme un stock de biens possédé par un individu, qu'il s'agisse du patrimoine foncier (terre, immeuble, appartement) ou du patrimoine financier (portefeuille de titres constitué d'actions ou d'obligations). Ainsi, en France, les 10 % des ménages aux patrimoines les plus élevés détiennent 48 % de l'ensemble du patrimoine national (Insee, 2010).

■ **Les inégalités de revenus** sont relatives à l'inégale répartition des ressources dans le cadre de la formation du produit intérieur brut. Elles sont consécutives à la répartition primaire des revenus qui découle de la participation directe (travail) ou indirecte (détention d'un patrimoine) des agents économiques à la production. Si, en matière de salaires, les inégalités se sont réduites durant les Trente Glorieuses, les années 1990 se sont caractérisées par un accroissement de l'éventail des salaires dû à l'extension du chômage et des formes particulières d'emploi.

■ **Les inégalités liées à la consommation et à l'épargne** découlent des inégalités de patrimoine et de revenu. Plus un ménage bénéficie de ressources économiques, plus son niveau de dépense est important. Ainsi, comme le montre Keynes, la consommation est une fonction croissante du revenu. Par ailleurs, si la consommation est déterminée par le niveau de revenu, il en est de même de l'épargne.

B. Les inégalités sociales

■ **Les inégalités face à l'espérance de vie.** Dans la plupart des pays développés, l'espérance de vie à 35 ans s'accroît. Ainsi, en France, elle est de 42,8 ans pour les hommes et de 49,4 pour les femmes (Insee, 2008). Cependant, on observe des différences en fonction de l'exercice professionnel. À 35 ans, les hommes cadres ont une espérance de vie de 47,2 ans contre 40,9 ans pour les ouvriers.

> L'**espérance de vie** à la naissance est très inégale en fonction des pays : elle est de 82 ans au Japon, 78 ans au sein de l'Union européenne et 49 ans en Afrique, selon l'ONU.

Courbe de Lorenz du patrimoine en France (2010)

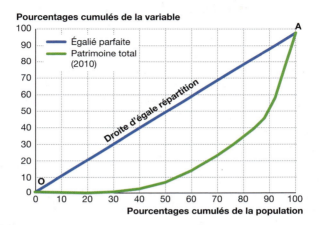

▶ La courbe de Lorenz est une représentation graphique souvent utilisée pour souligner les **inégalités de revenus et de patrimoine**. En abscisse apparaît la population étudiée en pourcentage cumulé des effectifs (10 % de la population, 20 %, 30 %, jusqu'à 100 % de la population étudiée). En ordonnée, on a le pourcentage cumulé du phénomène étudié, soit la répartition des revenus ou du patrimoine (10 % de la totalité des revenus, 20 %, etc., jusqu'à 100 % des revenus de la population étudiée).

▶ **La droite d'égale répartition** est géométriquement une bissectrice de l'angle formé par les ordonnées et les abscisses (diagonale OA sur le graphique). Elle suppose une distribution égale des revenus, ou du patrimoine, entre toutes les composantes de la population étudiée (10 % de la population perçoivent 10 % des revenus, 20 % de la population perçoivent 20 % des revenus, etc.).

▶ La courbe construite à partir de la **distribution réelle des revenus**, ou du patrimoine, permet de visualiser l'inégalité du processus de répartition des ressources économiques dans une société donnée. Plus la courbe de distribution des revenus s'éloigne de la diagonale (OA), plus la concentration des revenus ou du patrimoine est forte. Ainsi, on peut constater qu'en 2010, 10 % des ménages les plus dotés en patrimoine détiennent 48 % de la masse totale du patrimoine.

■ **Les inégalités face à la santé** restent prégnantes en dépit du système de protection sociale. On évoque parfois l'existence d'un système de santé à deux vitesses. Le coût du diagnostic médical, les remboursements partiels des organismes de sécurité sociale, la hauteur des forfaits d'adhésion à une assurance-santé privée accroissent les inégalités en fonction des revenus des ménages et de la stabilité de l'emploi.

■ **Les inégalités face à l'enseignement** reproduisent très souvent l'immobilité sociale entre les générations. En dépit des politiques étatiques d'égalité des chances, on constate que la réussite scolaire et universitaire est souvent affaire de naissance. Ainsi, lors de la rentrée 2012-2013, selon le ministère de l'Éducation nationale, 49,8 % des élèves des classes préparatoires aux grandes écoles (CPGE) étaient filles ou fils de cadres et professions intellectuelles supérieures contre 6,3 % de filles et de fils d'ouvriers.

■ **Les inégalités dans les pratiques de loisirs** sont également facteurs de différenciation sociale. Selon les données de juin 2014 du Credoc (Centre de recherche pour l'étude et l'observation des conditions de vie), 60 % des Français partent en vacances. On note cependant que le taux de départ en vacances a été de 82 % pour les cadres et professions intellectuelles supérieures contre 47 % pour le groupe socioprofessionnel ouvrier. Il en est de même en ce qui concerne la pratique des sports. On constate une surreprésentation des hommes et des cadres par rapport aux groupes socioprofessionnels moins favorisés. Par ailleurs, les pratiques ne sont pas identiques d'un milieu social à un autre. Pierre Bourdieu, dans *Questions de sociologie* (1981), oppose les sports populaires aux sports bourgeois. Le football et la boxe relèvent de la première catégorie. En revanche, le golf, le tennis ou l'escrime attirent un public plus favorisé au sein de clubs privés dont les tarifs sélectionnent les adhérents.

> Le taux de départ en **vacances** est calculé sur la base d'un départ pour au moins quatre nuitées consécutives hors de chez soi pour des raisons non professionnelles.

C Le processus cumulatif des inégalités

Les inégalités apparaissent, le plus souvent, comme liées entre elles. On évoque l'idée d'un cumul des inégalités économiques et sociales. Un faible niveau de qualification entraîne un faible revenu qui, à son tour, se traduit par un accès difficile au marché sous forme de dépenses de consommation, ou encore l'impossibilité de constituer une épargne.

Les inégalités de représentation

En %	Part dans la population totale	Représentation à la télévision*
Agriculteurs, exploitants	1	1
Artisans, commerçants, chefs d'entreprise	3	2
Cadres et professions intellectuelles supérieures	5	79
Professions intermédiaires	10	5
Employés	14	5
Ouvriers	12	2
Retraités	18	1
Sans activité professionnelle	37	5

* Dans la fiction française, les divertissements et les magazines produits en France et les programmes d'information sur les sujets français.

Source : IFOP, 2010.

▶ Les médias comme la télévision servent souvent de **miroir de la société**. Par une action en retour, ils sont générateurs d'opinions, d'attitudes et de pratiques qui viennent souvent conforter les structures économiques et sociales établies.

▶ On peut constater à travers la représentation des catégories socioprofessionnelles à la télévision une sous-représentation du groupe des ouvriers et des retraités dans les productions audiovisuelles, alors que ces catégories constituent près du tiers de la population française. En revanche, les cadres et professions intellectuelles supérieures bénéficient d'une surreprésentation en matière d'image sur les chaînes de télévision. Les inégalités de représentation à la télévision **redoublent symboliquement les différences sociales**.

▶ Par ailleurs, la faible représentation des groupes « ouvriers » et « retraités » à l'écran s'explique par leur moindre propension à consommer par rapport à d'autres catégories comme les cadres. Les chaînes de télévision privées, financées par les recettes publicitaires, cherchent surtout à **séduire les catégories dotées d'un pouvoir d'achat suffisant**.

III Stratification sociale et classes sociales

A Les classes sociales selon Karl Marx

Marx n'a pas découvert l'existence des classes sociales, ni la lutte des classes. Cependant, il a été le premier à montrer le rôle des classes sociales dans l'évolution historique. Les classes sociales sont définies par trois critères.

> **KARL MARX (1818-1883)**
> Lecteur critique des classiques anglais (Smith, Ricardo, Malthus), Marx remet en cause les fondements du libéralisme économique et les effets pervers attachés à la propriété privée des instruments de production. La lutte des classes doit mener à l'expropriation de la bourgeoisie et à l'avènement du socialisme.
> Karl Marx est l'auteur du *Manifeste du Parti communiste* (1848), de la *Contribution à la critique de l'économie politique* (1859), et du *Capital* (1867-1894).

■ **La place qu'elles occupent dans le mode de production**, notamment par rapport à la propriété privée des moyens de production.
Ainsi, dans le mode de production capitaliste, la classe bourgeoise, propriétaire des moyens de production, s'oppose au prolétariat, détenteur de sa seule force de travail. La position des uns et des autres dans le système de production crée des rapports de domination entre les individus. La classe bourgeoise exploite le prolétariat par le processus d'extorsion de la plus-value.

> La **plus-value** correspond au surtravail, c'est-à-dire à la différence entre la valeur créée par les ouvriers durant le temps de travail, et leur salaire.

■ **L'insertion dans la lutte des classes.** Pour Marx, toutes les luttes historiques, qu'elles soient politiques, religieuses ou philosophiques, ne sont que l'expression de la lutte des classes. Il montre comment la bourgeoisie est devenue une classe révolutionnaire en supprimant les obstacles qui empêchaient le développement du capitalisme (régime féodal, corporations, société d'ordres).
À la place du mode de production féodal, la bourgeoisie a instauré la libre concurrence et l'égalité juridique.
Ce bouleversement des cadres sociaux et politiques a permis un développement des forces productives.

■ **La conscience de classe**. Elle se traduit par la reconnaissance et la défense des intérêts spécifiques d'une classe d'un point de vue politique, économique ou social. Pour Marx, la conscience de classe du prolétariat dépasse les intérêts de ses membres dans la mesure où la classe ouvrière, agent de l'histoire, doit permettre, par le processus révolutionnaire, l'apparition de la société socialiste : c'est ce qu'il appelle la « **classe pour soi** ».

> Marx distingue la « classe en soi », fondée sur le partage de conditions d'existence communes, et la « **classe pour soi** » lorsque ses membres prennent conscience de la nécessité de se coaliser et de défendre leurs intérêts communs par l'action politique.

B Les classes sociales et les groupes de statut selon Max Weber

Max Weber distingue trois types de stratification : les classes sociales fondées sur les bases d'une hiérarchie économique, les groupes de statut fondés sur le prestige social, et enfin, la hiérarchie des pouvoirs politiques.

> **MAX WEBER (1864-1920)**
> Considéré comme le « père » de la sociologie allemande, Max Weber s'oppose au déterminisme économique de Karl Marx. Il préconise un retour de l'acteur par une « sociologie compréhensive ». Il est surtout connu pour avoir mis en relation la morale calviniste et l'avènement du capitalisme moderne.
> Ses œuvres essentielles sont *L'Éthique protestante et l'esprit du capitalisme* (1905), *Le Savant et le politique* (1919), et *Économie et société* (1922).

■ **Une hiérarchie économique.** Les classes sociales sont définies par Weber à partir de la situation de classe, c'est-à-dire la chance caractéristique, pour un individu ou un groupe d'individus, d'accéder au marché des biens et des services. Il distingue deux types de classes :
– Les **classes de possession** sont constituées des catégories qui bénéficient de « surplus inemployés » et qui manifestent un « accaparement de biens de consommation d'un prix élevé ». Elles se caractérisent ainsi par un niveau important de patrimoine et de revenus (propriétaires fonciers, héritiers de grosses fortunes, stars du cinéma ou du football).
– Les **classes de production** se définissent par « la capacité de s'accaparer les moyens de production et d'influer sur la politique économique des groupements politiques » (patrons de groupes du CAC 40, banquiers, membres des professions libérales).
Contrairement à l'analyse des classes de Marx, celle de Weber relève d'une stratification purement économique : les classes sociales ne peuvent exis-

ter que dans le cadre d'une économie de marché. Par ailleurs, l'existence de classes sociales n'aboutit pas forcément à la lutte des classes. Il faut en effet que ceux qui partagent des caractéristiques identiques face au marché prennent conscience de leurs intérêts communs et engagent des actions communes pour que l'on puisse parler de luttes de classes.

■ **Une hiérarchie sociale.** Les groupes de statut sont relatifs au prestige attaché à certaines positions sociales en fonction de la division du travail, des représentations collectives en vigueur ou de l'imaginaire social. La naissance peut être à l'origine d'un positionnement plus ou moins valorisant dans la hiérarchie sociale. Ainsi, les descendants de la noblesse de l'Ancien Régime continuent, deux siècles après la démocratisation de la société, de conserver un statut prestigieux, comme l'attestent les magazines *people*. La profession détermine également l'appartenance à certains groupes de statut. C'est le cas pour les professions des arts, du spectacle ou du sport. Les stars de l'écran et du *show business* bénéficient de statuts particulièrement valorisants qui les éloignent du reste de la population.

■ **Une hiérarchie politique.** La hiérarchie du pouvoir politique est le troisième type de stratification développé par Max Weber. Il prend l'exemple des partis politiques qu'il définit comme des organisations ayant pour objectif de permettre à leurs dirigeants de conquérir les postes étatiques. Les leaders des formations politiques, ainsi que leurs porte-paroles, ont des chances certaines, en cas de réussite du parti aux élections, d'accéder aux responsabilités publiques du plus haut niveau (ministres, parlementaires, haute fonction publique). En revanche, les militants, les adhérents ou les simples sympathisants d'une formation politique ne pourront bénéficier que très indirectement du succès électoral du parti qu'ils ont soutenu.

C Les espaces sociaux selon Pierre Bourdieu

S'inspirant de Marx et de Weber, le sociologue français Pierre Bourdieu analyse la structure sociale à partir des positions que les agents sociaux occupent dans l'espace social. Les positions sociales sont définies par les relations que les agents entretiennent entre eux et par les ressources qu'ils peuvent mobiliser dans leurs stratégies d'ascension ou de pérennité de leur position au sein de la structure sociale.

Le bal des débutantes

▶ Le bal des débutantes se tient chaque année à l'hôtel de Crillon, à Paris. Il consacre l'« **entrée dans le monde** » de jeunes femmes de la « bonne société ». Elles appartiennent aux milieux aristocratiques du monde entier, à l'élite économique ou au milieu très fermé du spectacle. Les profits de cette manifestation haute en couleur sont distribués aux organisations caritatives.

▶ Le bal des débutantes, en tant que manifestation ostentatoire de la différenciation sociale, souligne l'existence de **groupes de statut indépendants des classes économiques**, comme a pu le montrer Max Weber. La pérennité de réunions aristocratiques ou d'associations mondaines très fermées remet en question l'idée-même d'une démocratisation de la structure sociale. Pour ces jeunes femmes, le bal des débutantes consacre, comme les cérémonies d'initiation des sociétés archaïques, leur intégration à l'élite sociale.

> **PIERRE BOURDIEU (1930-2001)**
> Influencé par Durkheim, Marx et Weber, Pierre Bourdieu présente une théorie générale des pratiques sociales qui tend à souligner les rapports de domination au sein des structures sociales. La sociologie de Pierre Bourdieu véhicule une analyse du système d'enseignement conçu comme un appareil de reproduction sociale au service de la classe dominante.
> Les principales œuvres de Bourdieu sont *La Reproduction, éléments pour une théorie du système d'enseignement* (1970), *La Distinction, critique sociale du jugement* (1979), et *Raisons pratiques* (1994).

1. Capital économique, capital culturel et capital social

■ **Le capital économique.** Il rassemble les ressources patrimoniales (terres, biens immobiliers, portefeuille financier) auxquelles s'ajoutent les revenus tirés du patrimoine (loyers, dividendes, intérêts) et les revenus d'activités (salaires, honoraires, bénéfices industriels et commerciaux).

■ **Le capital culturel.** Il s'agit d'un ensemble plus complexe qui se divise en plusieurs composantes.

– Le **capital hérité ou incorporé** découle de la socialisation au sein du groupe familial, lui même attaché à une classe sociale. Il s'agit de comportements, d'attitudes et de pratiques, notamment de performances linguistiques, qui exercent un rôle de premier plan dans le parcours des agents sociaux (scolarisation, carrière professionnelle et environnement social).

> On peut évoquer l'existence d'un **capital linguistique** à partir des travaux du sociologue britannique Basil Berstein dans *Langage et classes sociales* (1975).

– Le **capital culturel scolaire** est relatif aux niveaux de diplômes socialement reconnus. Son acquisition est largement déterminée par le capital hérité dans la mesure où la rentabilité du message éducatif est fonction des compétences acquises au sein du groupe familial.

– Le **capital culturel objectivé** prend la forme de ce que Bourdieu appelle la « culture savante ». Il s'agit, par exemple, des œuvres d'art que peut posséder une personne à titre privé, ou qui lui sont appropriables symboliquement par une socialisation artistique dans le cadre familial, nécessaire à la compréhension du patrimoine, exposé dans les musées par exemple.

■ **Le capital social.** Il regroupe les **relations privilégiées** (réseaux d'entraide) mobilisables par les acteurs ou les groupes d'acteurs à des fins socialement

Espaces sociaux et combinaison des ressources

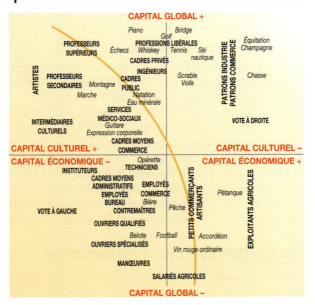

Source : Pierre Bourdieu, *Raisons pratiques*, Éditions du Seuil, 1994.

Pierre Bourdieu présente les différents **espaces sociaux** par un schéma constitué de deux axes.

▶ L'axe vertical correspond au **capital global**, associant le capital économique et le capital culturel. Les membres des professions libérales cumulent les ressources économiques et culturelles alors que les salariés agricoles en semblent particulièrement dépourvus.

▶ L'axe horizontal reflète la **composition des ressources détenues** par un groupe socioprofessionnel. Ainsi, les artisans et commerçants se caractériseraient par davantage de capital économique que de capital culturel, contrairement aux instituteurs plus fortement dotés en capital culturel.

▶ Ce schéma est devenu un classique de l'analyse sociologique en dépit des **transformations** qui ont affecté la structure de la population active et les pratiques culturelles. Les produits consommés aujourd'hui sont différents, néanmoins l'**hétérogénéité des pratiques** reproduit les distinctions de classes.

utiles. Les relations familiales remplissent une fonction fondamentale quant à la pérennité de la position des agents sociaux. Elles s'exercent en amont et en aval de la scolarisation, notamment au moment de l'insertion sur le marché de l'emploi, et continuent de faire sentir leurs effets tout au long de la carrière professionnelle.

2. Volume de capital et groupes sociaux

■ La **grande majorité** des agents sociaux ne maîtrisent **pas l'ensemble des ces ressources**. Ainsi, les professeurs bénéficient d'un fort capital culturel mais sont, toutes choses égales par ailleurs, faiblement avantagés en capital économique. Les patrons de PME et les commerçants sont généralement bien dotés en capital économique, alors que leur capital culturel est souvent plus faible.

■ Certains **groupes sociaux très minoritaires**, comme les membres des professions libérales, les hauts fonctionnaires ou les anciens élèves de grandes écoles, parviennent à disposer de **l'ensemble des capitaux nécessaires** à la conservation de leur position au sein de la classe dominante. À l'autre extrémité du corps social, les ouvriers cumulent l'absence de ressources socialement utiles en termes de capital économique, de capital culturel et social.

IV Les catégories socioprofessionnelles

La nomenclature des professions et catégories socioprofessionnelles (PCS), élaborée par l'Institut national de la statistique et des études économiques (Insee), constitue une représentation de la société française fondée à partir du regroupement d'individus ayant le même statut socioprofessionnel.

A L'architecture de construction des PCS

Conçu dans les années 1950 et utilisé pour la première fois pour le recensement de 1954, le code des CSP a été modifié en 1982 et en 1990 pour tenir compte des évolutions du système des emplois et des qualifications. On parle aujourd'hui de nomenclature des PCS.

■ Les principes de construction des PCS sont cependant identiques. Ils reposent sur quatre critères : le **statut juridique** qui permet de dissocier les travailleurs salariés (cadres, employés, ouvriers) des travailleurs indépendants, c'est-à-dire établis à leur compte (agriculteurs exploitants, artisans, commerçants) ; le **métier ou la profession individuelle** (infirmiers, agents commerciaaux, notaires) ; la **position hiérarchique** (cadres ou non cadres) ; le **nombre de salariés** pour les employeurs (artisans, commerçants ou chefs d'entreprise).

■ Les « Professions et catégories socioprofessionnelles » sont également segmentées en grands groupes présentant une certaine homogénéité sociale. La nomenclature des PCS de l'Insee observe ainsi **six groupes socioprofessionnels d'actifs** (niveau agrégé de 1 à 6). Dans un même groupe, on peut trouver des professions pourtant apparemment éloignées. Ainsi, dans le groupe des professions intermédiaires sont réunis les instituteurs, le clergé, les techniciens et contremaîtres, entre autres. Les membres d'un même groupe socioprofessionnel sont sensés entretenir des relations entre eux ; avoir des opinions et adopter des comportements communs ; se considérer eux-mêmes comme appartenant à une même catégorie et être considérés comme tels par les autres.

Les six groupes socioprofessionnels
1. Agriculteurs exploitants
2. Artisans, commerçants et chefs d'entreprise
3. Cadres et professions intellectuelles supérieures
4. Professions intermédiaires
5. Employés
6. Ouvriers

B Les limites des PCS

■ La nomenclature des PCS est une classification relative à la seule population active et à la société française. Elle ne peut être utilisée à des fins de comparaisons internationales. Elle apparaît ainsi peu pertinente à l'échelle de l'**harmonisation des politiques européennes**, notamment en termes d'emploi. Une **nouvelle nomenclature européenne** est en cours d'élaboration, permettant de réaliser des comparaisons au sein de l'UE. Elle a été commandée par la Commission de Bruxelles, et est fondée sur un travail réunissant, entre autres, des statisticiens allemands, britanniques et français. Il s'agit du projet ESeC (European Socio-economic Classification).

Contrairement à la nomenclature actuelle des PCS, la **nouvelle nomenclature** prendrait davantage en compte les relations professionnelles au sens strict, sans insister sur l'homogénéité sociale des différentes catégories d'actifs.

■ Les PCS sont construites à partir d'une identité professionnelle et ne prennent pas en considération l'**identité individuelle**. Les caractères ethniques, religieux, sexuels (homme ou femme) ou encore l'âge introduisent des clivages au sein des groupes socioprofessionnels. Ces « identités individuelles » réduisent l'homogénéité des différentes catégories socioprofessionnelles.

■ La segmentation des marchés du travail entre les contrats à durée indéterminée et les contrats à durée déterminée, l'existence du temps partiel, l'intérim, ce que les économistes appellent les **formes particulières d'emploi** (FPE), ne sont pas inventoriés dans la nomenclature.

V Différenciation sociale et brouillage des frontières de classes

Les sociétés postindustrielles se caractérisent par la pluralité des modes d'appartenance sociale. Les classes d'âge, la distinction homme-femme ou l'existence de groupes sociaux réduisent-ils la pertinence de la notion de classe sociale ?

A La multiplicité des critères de différenciation sociale

■ Les **classes d'âge** constituent un système de différenciation fondé à la fois sur l'âge biologique et sur les représentations collectives pouvant y être attachées. Elles sont typiques des sociétés postindustrielles. La naissance des « jeunes » dans les années 1960 ou la prise en considération des « seniors » en matière d'employabilité dans les années 2000 attestent d'un découpage des populations en classes d'âge. Ces différences sociales sont redoublées par des **sous-cultures** spécifiques à chaque catégorie. Les « jeunes » se caractérisent par une « culture adolescente » où les pratiques vestimentaires, les choix musicaux ou encore le langage confortent les différences sociales.

> Une **sous-culture** est un sous-ensemble de la culture globale qui rassemble des individus ayant des façons de penser, de sentir et d'agir qui font d'eux un groupe social à part entière.

■ Les **différences homme-femme** conduisent à des différences au sein de la structure sociale. L'égalité est sujette à débat, notamment face à l'éducation, à l'emploi et à la réussite socioprofessionnelle. Les inégalités homme-femme soulignent, notamment en matière de rémunération, l'existence d'un clivage contradictoire avec les valeurs méritocratiques de la démocratie. En 2010, selon le ministère du Travail, le salaire net mensuel (équivalent temps plein) des femmes était inférieur de 19,7 % à celui des hommes. Par ailleurs, les femmes ne représentent que 27 % des députés à l'Assemblée nationale et 25 % des sénateurs selon l'Observatoire des inégalités.

■ Les **rapports sociaux communautaires** reposent sur un type particulier de lien social qui réunit et différencie des individus à l'intérieur même de la société globale. Le sociologue allemand **Ferdinand Tönnies** évoque ainsi la **communauté d'esprit** pour rendre compte de la particularité de certains groupes sociaux dont les membres sont liés par un fort sentiment d'appartenance, et par des pratiques sociales et culturelles qui leur sont spécifiques.

> **Ferdinand Tönnies** oppose deux types d'organisation sociale « la communauté » et « la société » dans *Gemeinschaft und Gesellschaft* (1887).

■ L'origine ethnique ou géographique, la religion, l'orientation sexuelle constituent des clivages qui peuvent **dépasser les frontières de classes traditionnelles**. Les Français aux États-Unis ou les Nigériens en France, les musulmans ou les sikhs, les homosexuels ou les anciens élèves des grandes écoles peuvent être liés par des rapports sociaux communautaires qui les unissent indépendamment du métier exercé, du patrimoine possédé ou du niveau de revenu disponible.

B Différenciation sociale et classes sociales

■ Les **classes d'âge** (les jeunes, les seniors) sont des catégories qui relèvent de représentations collectives. On peut noter de profondes différences entre les jeunes issus des catégories populaires et les jeunes des catégories favorisées. Comme le montre Pierre Bourdieu dans *Questions de sociologie* (1980) : « La jeunesse n'est qu'un mot. » Par ailleurs, la culture adolescente est le produit de l'univers marchand, comme l'écrivait l'économiste Jacques Attali dans *Bruits* (1977), la musique adolescente reflète ces clivages. Elle est selon cet auteur : « canalisation de l'imaginaire, pédagogie de l'enfermement général des rapports sociaux dans la marchandise ».

■ La distinction homme-femme dans l'entreprise et dans la société, l'appartenance religieuse ou les identités attachées à des pratiques sexuelles alternatives, même si elles rassemblent des individus par des conceptions du monde communes, n'invalident pas l'**hétérogénéité des conditions économiques**. Les rapports sociaux communautaires évoqués par Ferdinand Tönnies constitueraient des différences qui ne s'ajouteraient que de façon périphérique aux antagonismes de classes. Pour les marxistes, elles seraient **idéologiques** et viendraient masquer la réalité de l'oppression et de la domination de la classe dominante sur le reste de la société.

> Marx et les marxistes désignent par le terme d'**idéologie** les représentations du monde qui coïncident avec les intérêts de la classe dominante.

RÉCAPITULONS

■ Les inégalités constituent un véritable système qui varie en fonction de la société où elles prennent naissance. On distingue schématiquement des inégalités économiques portant sur les revenus, le patrimoine et la consommation, et des inégalités sociales attachées au positionnement des individus au sein de l'espace social. Le plus souvent les inégalités se cumulent entre-elles.

■ Les classes sociales sont des concepts théoriques utilisés par les sociologues pour expliquer les origines des inégalités dans les sociétés modernes et rendre compte de la dynamique sociale.

■ Contrairement aux classes sociales, la nomenclature des professions et catégories socioprofessionnelles (PCS) est un instrument empirique d'observation des différences sociales. Elle est fréquemment utilisée dans un grand nombre d'études pour analyser les évolutions économiques et sociales.

■ De nouvelles manifestations de la différenciation sociale (âge, sexe, style de vie) viennent en partie remettre en cause la pertinence du concept de classes sociales.

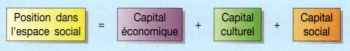

COURS **MÉTHODE** EXERCICES CORRIGÉS **6**

Calculer les écarts interquantiles

SAVOIR-FAIRE

■ Les écarts de niveau de vie, de revenus ou de patrimoine entre les ménages sont souvent appréhendés à l'aide d'une décomposition par décile. Il s'agit de découper une population par tranche de 10 % en fonction des ressources ou du niveau de patrimoine. Les statisticiens calculent le **rapport interdécile D9/D1** qui souligne ici la **dispersion des niveaux de vie**.

■ Le niveau de vie est calculé sur les bases du revenu disponible du ménage divisé par le nombre d'unités de consommation (UC), c'est-à-dire de personnes qui composent le ménage. Les normes statistiques de l'OCDE prévoient 1 UC pour le premier adulte, 0,5 UC aux autres personnes de 14 ans ou plus, et 0,3 UC aux enfants de moins de 14 ans.

APPLICATION

DOCUMENT Niveaux de vie moyens par décile en 2012 (en euros)

	2012
Niveau de vie < 1er décile (A)	7 980
Niveau de vie entre le 1er et le 2e décile	12 090
Niveau de vie entre le 2e et le 3e décile	14 480
Niveau de vie entre le 3e et le 4e décile	16 620
Niveau de vie entre le 4e et le 5e décile	18 670
Niveau de vie entre le 5e et le 6e décile	20 920
Niveau de vie entre le 6e et le 7e décile	23 600
Niveau de vie entre le 7e et le 8e décile	27 080
Niveau de vie entre le 8e et le 9e décile	32 840
Niveau de vie > 9e décile (B)	58 410
Rapport (B)/(A)	7,32

Champ : France métropolitaine, population des ménages, individus dont le revenu déclaré au fisc est positif ou nul et dont la personne de référence n'est pas étudiante.

Source : Insee-DGFIP-Cnaf-Cnav-CCMSA, enquêtes Revenus fiscaux et sociaux 2005 à 2012.

■ En 2012, les ménages du 1er décile ont un niveau de vie moyen de 7 980 € annuels, contre 58 410 pour ceux du 9e décile. Le rapport interdécile est de 7,32. Les ménages les plus favorisés perçoivent sept fois plus de ressources que les moins favorisés.

Interpréter un tableau à double entrée

LA DÉMARCHE

De nombreuses enquêtes, résultats de travaux empiriques ou scientifiques, sont présentées sous la forme de tableaux de données quantitatives. Les tableaux à double entrée permettent de croiser et de mettre en relation deux catégories de données : celles qui apparaissent en lignes et celles qui figurent en colonnes. Pour interpréter un tel tableau, vous pouvez suivre la démarche suivante.

■ **Identifier** le titre, la date et la source du document, et la nature du phénomène présenté.

■ **Repérer la tendance générale** que suggère la lecture des données présentées en fonction des deux types de données.

■ **Développer l'analyse** du tableau en étudiant les cas particuliers qui peuvent souligner des écarts relativement à la tendance précédemment évoquée.

L'EXEMPLE COMMENTÉ

DOCUMENT Proportion de personnes ayant visité au moins une exposition, un musée, un monument, un site historique… ou une ville d'art et d'histoire au cours des 12 derniers mois (en pourcentage)

		A effectué une visite	N'a pas effectué de visite	Total
Profession catégorie sociale	Indépendant	67	33	100
	Cadre et prof. intellectuelle sup.	86	(14)	100
	Profession intermédiaire	74	26	100
	Employé	57	43	100
	Ouvrier	44	56	100
	Personne au foyer	48	52	100
	Retraité	61	39	100
	Étudiant	71	29	100

		A effectué une visite	N'a pas effectué de visite	Total
Diplôme	Aucun diplôme	42	58	100
	Niveau BEPC	52	48	100
	Niveau Bac	64	36	100
	Niveau Bac +2	78	22	100
	Niveau Bac +3 et supérieur	90	10	100
Ensemble de la population		61	39	100

Lecture : 90 % des personnes les plus diplômées ont visité, au cours des 12 derniers mois, un musée, une exposition, etc., contre 61 % en moyenne.

Source : Credoc, Enquête « Conditions de vie et aspirations », début 2012.

■ **Identifier**. Le tableau présenté porte sur les pratiques culturelles des Français. Il est le résultat de l'enquête « Conditions de vie et aspirations », menée début 2012 par le Credoc. On a demandé, par questionnaire, à un échantillon de 100 personnes de chaque groupe (niveaux de diplôme, catégories socioprofessionnelles) si elles avaient, au cours des 12 derniers mois, visité au moins une exposition, un musée, un monument, etc.

■ **Repérer**. La tendance générale qui se dégage à la lecture du tableau est une différence dans les pratiques culturelles des Français en fonction du niveau de diplôme et de l'appartenance socioprofessionnelle. Plus le niveau de diplôme est élevé, plus la probabilité de visiter un musée ou une exposition est importante.

■ **Développer**. La formation scolaire et universitaire joue un rôle important en matière de consommation culturelle. On peut se rendre compte, en étudiant le tableau, que 58 % des personnes ne possédant aucun diplôme n'ont pas effectué de visite contre 10 % des personnes titulaires d'un diplôme de niveau Bac+ 3. On peut également constater que le niveau de visite augmente avec le niveau de diplôme (niveau Bac, 64 % ; Bac+ 2, 78 % ; Bac+ 3, 90 %). En matière d'appartenance socioprofessionnelle, ce sont les cadres et les professions intellectuelles supérieures qui sont les visiteurs les plus nombreux (86 %), suivis des professions intermédiaires et des étudiants. En revanche, 56 % des ouvriers n'ont pas effectué de visites à vocation culturelle.

SE TESTER — QUIZ

1 Vrai ou faux ?

Cochez la bonne réponse.

	V	F
a. La consommation est une fonction décroissante du revenu.	❏	❏
b. L'espérance de vie à 35 ans est plus élevée pour les cadres que pour les ouvriers.	❏	❏
c. Les classes sociales, selon Marx, se définissent par leurs revenus.	❏	❏
d. D'après Weber, la situation de classe est déterminée par rapport au marché.	❏	❏

S'ENTRAÎNER

2 QCM

Observez le document puis choisissez la ou les propositions exactes.

DOCUMENT Part des femmes à l'Assemblée nationale

Source : Insee, 2007.

❏ a. En 2007, près de 40 % des députés sont des femmes.
❏ b. Le nombre de candidates pour les élections législatives augmente depuis 1988.
❏ c. La part des femmes augmente parmi les élus de la République.
❏ d. Entre 1958 et 1968, la proportion de femmes candidates s'est accrue.

3 Le vocabulaire de la stratification sociale

Complétez le texte ci-dessous avec les mots suivants.
âge • communautaires • conscience de classe • homogénéité sociale • homme-femme • individuelle • formes particulières d'emploi • lutte de classes • situation de classe

■ Les classes sociales constituent un instrument théorique permettant d'expliquer les différences sociales dans les sociétés démocratiques. Karl Marx définit les classes par la place qu'elles occupent dans le mode de production, la ... et la ... . Max Weber insiste sur la ..., comme la chance caractéristique d'un individu d'accéder au marché.

■ La nomenclature des professions et catégories socioprofessionnelles est un outil empirique qui présente essentiellement six grandes catégories d'actifs définies par la profession ..., qui présentent une relative ... . Cette nomenclature ne tient pas compte des ..., tels les CDD ou le travail à temps partiel.

■ De nombreux critères de différenciation ont tendance à remettre en cause la pertinence du concept de classes sociale. Les classes d'..., les différences ..., de même que les rapports sociaux ... peuvent apparaître à l'origine d'un brouillage des frontières de classes.

OBJECTIF BAC

Mobilisation des connaissances

4 *Voici quatre questions de mobilisation des connaissances sur le thème du chapitre. Lors de l'épreuve, vous devrez répondre à deux questions portant sur deux parties différentes du programme.*

a. En quoi l'égalité prônée par les sociétés démocratiques favorise-t-elle la frustration des individus ?

b. En quoi les inégalités de consommation sont-elles à la fois économiques et sociales ?

c. En quoi la vision de Marx souligne-t-elle l'exploitation du travail par le capital ?

d. Qu'appelle-t-on capital culturel ? Quelle est sa fonction ?

Étude d'un document

5 Produits culturels et facteurs sociaux

Vous présenterez le document, puis montrerez le lien qui existe entre l'achat de livres et les facteurs sociaux.

DOCUMENT Nombre de livres lus selon le niveau de diplôme et le milieu social

Sur 100 personnes de chaque groupe	0 livre	1 à 5 livres	6 à 11 livres	12 livres et plus	ont déjà acheté des livres sur Internet
Ensemble	43	27	14	16	10
Niveau de diplôme					
Aucun, CEP	65	21	7	7	1
CAP, BEP	47	28	13	12	6
BEPC	37	32	15	16	24
BAC	25	29	21	24	13
BAC + 2 ou + 3	14	30	22	33	25
BAC + 4 et plus	9	21	23	47	33
Élève, étudiant	26	39	20	14	15
PCS du chef de ménage					
Agriculteurs	65	23	6	5	3
Artisans, commerçants et chefs d'entr.	39	27	12	21	10
Cadres et prof. intell. sup.	16	27	23	33	24
Professions intermédiaires	29	32	19	20	14
Employés	50	27	11	12	4
Ouvriers	58	24	9	8	4
Inactifs	56	21	9	14	12

Source : DEPS, ministère de la Culture et de la Communication, 2008.

POUR VOUS AIDER
Vous pouvez exploiter les ressources statistiques présentées en retenant quelques **exemples particulièrement significatifs**.

SE TESTER

1 Vrai ou faux ?

a. Faux. Selon Keynes, la consommation est une fonction croissante du revenu. Plus ce dernier est important, plus un ménage peut consommer de biens et de services. **b. Vrai. c. Faux.** Les classes sociales se définissent, selon Marx, par leur place dans le mode de production. **d. Vrai.**

S'ENTRAÎNER

2 QCM

Réponse **c.** La part des femmes parmi les élus de la République est passée de 1 % à 18 % entre 1958 et 2007.

3 Le vocabulaire de la stratification sociale

▌Les classes sociales constituent un instrument théorique permettant d'expliquer les différences sociales dans les sociétés démocratiques. Karl Marx définit les classes par la place qu'elles occupent dans le mode de production, la **lutte des classes** et la **conscience de classe**. Max Weber insiste sur la **situation de classe**, comme la chance caractéristique d'un individu d'accéder au marché.

▌La nomenclature des professions et catégories socioprofessionnelles est un outil empirique qui présente essentiellement six grandes catégories d'actifs définies par la profession **individuelle**, qui présentent une relative **homogénéité sociale**. Cette nomenclature ne tient pas compte des **formes particulières d'emploi**, tels les CDD ou le travail à temps partiel.

▌De nombreux critères de différenciation ont tendance à remettre en cause la pertinence du concept de classes sociale. Les classes d'**âge**, les différences **homme-femme**, de même que les rapports sociaux **communautaires** peuvent apparaître à l'origine d'un brouillage des frontières de classes.

4 Mobilisation des connaissances

a. La coexistence de l'égalité juridique et la persistance des inégalités économiques ne peuvent se traduire que par un sentiment de frustration pour les personnes qui ne parviennent pas à disposer des biens auxquels elles estiment avoir droit. La communication publicitaire fait rêver la plupart des consommateurs autour des nouveaux produits ; seulement, tous ne peuvent pas se les offrir.

En effet, l'**égalité des conditions sociales** inhérente au modèle démocratique se conjugue souvent avec des **inégalités économiques et sociales**. Si cette différence ne choque pas un auteur comme Tocqueville, elle peut être contestée dans l'univers de la consommation marchande par tous ceux qui sont confrontés aux produits nouveaux qu'ils ne peuvent pas se procurer en raison de la faiblesse de leur pouvoir d'achat.

> L'**égalité des conditions sociales** correspond à l'égalité juridique. C'est une notion employée par Alexis de Tocqueville. Il ne faut pas confondre l'égalité des conditions sociales et l'égalité des situations.

b. La consommation est un comportement économique qui dépend très largement des revenus d'un ménage. Comme le montre l'économiste britannique John Meynard Keynes, la consommation est une **fonction croissante du revenu**. Ainsi, un cadre pourra dépenser plus qu'un ouvrier dans la mesure où son salaire est plus de trois fois supérieur à celui d'un ouvrier.

Mais la consommation est aussi une pratique sociale. Aussi parle-t-on de « **consommation différentielle** » pour souligner les différentes pratiques de consommation qui trouvent leurs origines au sein de la stratification sociale. La consommation varie en fonction des milieux sociaux d'appartenance, qui se constituent sur la base de ressources financières, sociales et culturelles, comme le montre Pierre Bourdieu.

Les inégalités de consommation sont à la fois économiques et sociales parce que ce sont des inégalités de ressources monétaires, mais aussi de ressources socialement acquises (capital culturel hérité, capital social) qui sont en jeu.

c. Marx, lecteur critique des classiques, appréhende le mode de production capitaliste comme opposant principalement deux classes, celle des propriétaires du capital (la bourgeoisie) et la classe des travailleurs de la grande industrie. Contrairement au modèle libéral qui repose sur l'achat et la vente du travail sur une base contractuelle en fonction du taux de salaire, Marx décèle des **rapports de production** qui sont en fait des rapports d'exploitation.

Les relations entre les hommes ne sont pas des rapports sous-tendus par l'égalité des conditions dans la mesure où la bourgeoisie possède les **moyens de production**. Les prolétaires, quant à eux, n'ont que leur travail pour survivre et ne peuvent que se soumettre aux contraintes du maître de manufacture et aux salaires en vigueur. L'extorsion de la **plus-value** ou surtravail souligne l'exploitation des travailleurs dans la théorie marxiste.

d. Le concept de capital culturel appartient à la sociologie de Pierre Bourdieu. Il s'agit d'un ensemble de ressources permettant le positionnement social au sein de ce que Bourdieu appelle les **espaces sociaux**. Le capital culturel se présente sous trois formes essentielles : le capital hérité, qui découle de l'héritage familial, le capital scolaire, qui se présente sous la forme de savoirs et de savoir-faire sanctionnés par le diplôme, et enfin le capital culturel objectivé, qui relève de la culture dite savante.

Agrégé ou non avec les deux autres ressources, le capital économique et le capital social, le capital culturel assure le **positionnement des agents sociaux** au sein de la structure sociale, même s'ils n'en ont pas clairement conscience. Le capital culturel procure des revenus, tout comme le capital au sens économique. Il assure la reproduction sociale dans la mesure où les enfants héritent à leur tour des ressources culturelles parentales.

5 Étude d'un document. Produits culturels et facteurs sociaux

Le document présenté fait référence à l'enquête *Pratiques culturelles des Français* menée en 2008 par le ministère de la Culture et de la Communication. Le tableau fait figurer l'achat de livres durant les douze derniers mois en fonction de deux critères : le niveau de diplôme et la PCS du chef de ménage. La technique d'enquête relève de la méthodologie du questionnaire. Ainsi, on a demandé à 100 personnes dans le groupe caractérisé par l'absence de diplôme ou la seul détention du CEP (Certificat d'études primaires) : « Combien de livres avez-vous acheté au cours des douze derniers mois ? » La question proposée amène à s'interroger sur la pertinence de la **relation entre l'achat de livres et certains facteurs sociaux** comme le diplôme ou le groupe socioprofessionnel d'appartenance.

On peut noter une relative dispersion des consommateurs de livres car si 43 % n'en achètent pas, 16 % en achètent plus de 12 par an, c'est-à-dire au minimum un livre par mois. En examinant la décision d'achat de livres par niveau de diplôme et par groupes socioprofessionnels, on peut constater une décroissance de la non-consommation au fur et à mesure de l'augmentation du niveau de diplôme. Si parmi les personnes sans diplôme, 65 % n'ont pas acheté de livres en 2008, on remarque que le pourcentage se réduit à 25 % pour les titulaires du baccalauréat et à 9 % pour les individus à niveau bac +4. Parallèlement, pour les achats de plus de 12 livres par an, on observe une progression du pourcentage en fonction de l'élévation du niveau de diplôme (7 % pour les sans diplôme et 47 % pour les diplômés à bac + 4 et plus).

Un constat similaire peut être dressé en examinant la **consommation différentielle** de livres en fonction de la PCS du chef de famille. Plus d'un tiers des cadres et professions intellectuelles supérieures se procurent 12 livres par an, contre 8 % pour les ouvriers et 5 % pour les agriculteurs.

Ces différences s'expliquent par l'**inégalité des parcours scolaires et universitaires** entre les différentes catégories sociales. Les cadres et professions intellectuelles supérieures se caractérisent par un capital économique et un capital culturel élevé (au sens de Pierre Bourdieu). Les membres qui appartiennent à ce groupe achètent donc plus de livres que les autres catégories. Les études longues permettent de déceler la formation d'habitudes face à la lecture qui, une fois la période universitaire terminée, continuent à influencer les pratiques de loisirs des individus.

> Comme le souligne **Pierre Bourdieu** : « La culture, c'est ce qui met chacun à sa place. » Par cette formule, l'auteur de *La Distinction* montre comment les pratiques culturelles peuvent constituer un mode de classement des agents sociaux.

CHAPITRE 7 — Comment rendre compte de la mobilité sociale ?

Si un fils d'ouvrier avait les mêmes chances de devenir médecin qu'un fils de médecin, la société serait réellement méritocratique. Cependant, on constate un certain nombre de rigidités qui contrarient la circulation des individus dans la structure sociale. Quelles sont les différentes formes de mobilité ? Quels outils permettent d'étudier la mobilité sociale ? Quels sont les déterminants de la mobilité et de la reproduction sociale ?

I Les différentes formes de mobilité

A La mobilité dans l'emploi

■ La **mobilité intersectorielle** désigne le passage d'un secteur d'activité à un autre, de l'agriculture vers l'industrie ou les services par exemple. L'industrialisation des pays occidentaux au XIXe siècle, de même que les mutations économiques dans de nombreux pays émergents, reposent nécessairement sur la **mobilité intersectorielle**. Elle est appréhendée par de nombreux économistes comme une manifestation du développement et du progrès économique.

> La **mobilité intersectorielle** peut s'accompagner d'une **mobilité géographique**. Au XIXe siècle, un grand nombre de fils d'agriculteurs ont quitté les campagnes et sont devenus ouvriers dans les grandes villes.

■ La **mobilité géographique** désigne le passage d'un espace économique à un autre, le plus souvent pour des raisons d'emploi. Les migrations professionnelles Nord-Sud relèvent de ce cas de figure. Le changement de région ou de pays lié à une délocalisation d'entreprise amène certains salariés à suivre le déplacement de leur entreprise.

■ La **mobilité professionnelle** se caractérise par le passage d'un emploi à un autre emploi ; par exemple, un ouvrier d'un secteur menacé quitte son entreprise pour devenir représentant de commerce. Un autre exemple serait un cadre de la fonction publique qui rejoindrait le secteur privé.

B La mobilité au sein de la structure sociale

C'est cette forme de mobilité que l'on qualifie de « mobilité sociale » : elle désigne le changement de position sociale d'un individu ou d'un groupe d'individus à l'intérieur d'une société hiérarchisée. À l'inverse, l'immobilité sociale – c'est-à-dire l'absence de toute mobilité – suppose que les acteurs sociaux restent dans leur catégorie d'origine.

On distingue plusieurs formes de mobilité sociale :

- La **mobilité intragénérationnelle** se déroule durant le parcours professionnel d'un actif, par exemple, lorsqu'un ouvrier devient technicien après avoir suivi un supplément de formation.

- La **mobilité intergénérationnelle** apparaît entre deux générations, celle du père et celle du fils. Ainsi, un fils d'ouvrier devient cadre après une réussite universitaire.

- La **mobilité verticale** concerne un changement hiérarchique quant au statut professionnel et social. Elle est qualifiée d'**ascendante** (le fils d'un employé devient cadre) ou **descendante** (le fils d'un cadre devient employé). Dans ce dernier cas, on parle de **déclassement intergénérationnel**. On évoque également un **déclassement professionnel** quand un jeune entrant sur le marché du travail occupe une profession dont le statut social est inférieur à celui auquel il peut aspirer du fait de son diplôme.

- La **mobilité horizontale** caractérise un changement de profession sans modification dans la hiérarchie sociale : Par exemple, lorsqu'un cadre de la fonction publique devient cadre dans le secteur privé.

> La distinction entre **mobilité horizontale** et **mobilité verticale** a été introduite par le sociologue américain Pitirim Sorokin dans les années 1930.

- La **mobilité de proximité** désigne le passage d'un groupe socioprofessionnel à un autre groupe qui lui est relativement proche en termes de niveau de qualification. Ce serait le cas, par exemple, d'un fils d'employé qui, après avoir obtenu un BTS, accèderait au groupe des professions intermédiaires.

II Tables de mobilité et fluidité sociale

L'étude de la mobilité sociale prend comme appui les enquêtes réalisées par l'Insee dont les résultats sont reproduits sous la forme de tables de mobilité sociale.

A Les tables de mobilité sociale

On distingue les tables en termes de destinée et les tables en termes de recrutement social.

1. Tables de destinée

■ L'étude d'une table de destinée permet de savoir ce que sont devenus les fils des membres d'un groupe socioprofessionnel. Quelle a été leur **destinée socioprofessionnelle** ?

Répartition des hommes de 40 à 59 ans selon leur groupe socioprofessionnel et celui de leur père

PCS du fils \ PCS du père	Agriculteur	Artisan, commerçant, chef d'entreprise	Cadre et profession intellectuelle supérieure	Profession intermédiaire	Employé	Ouvrier	Ensemble
Agriculteur	22	1	8	8	8	1	4
Artisan, commerçant, chef d'entreprise	6	21	6	8	7	8	9
Cadre et profession intellectuelle supérieure	9	22	52	33	22	10	19
Profession intermédiaire	17	24	26	33	28	23	24
Employé	9	9	6	9	17	12	11
Ouvrier	37	24	9	17	26	46	34
Ensemble	100	100[1]	100[1]	100	100	100	100[1]

1. Le total calculé est différent de 100 pour des raisons d'arrondi.
Champ : les 7 045 000 hommes actifs ayant un emploi ou anciens actifs ayant eu un emploi, âgés de 40 à 59 ans en 2003.

Source : Insee, 2006.

■ **La lecture de ce tableau s'effectue verticalement**, par colonne. Ainsi, sur 100 fils de cadre et profession intellectuelle supérieure, 52 % sont devenus à leur tour cadres, 26 % ont rejoint le groupe des professions intermédiaires et 9 % sont ouvriers.

2. Tables de recrutement

■ Il s'agit de connaître l'origine sociale des membres d'un groupe socioprofessionnel. Quelle était la profession de leur père ?

Répartition des hommes de 40 à 59 ans selon leur groupe socioprofessionnel et celui de leur père

PCS du fils \ PCS du père	Agriculteur	Artisan, commerçant, chef d'entreprise	Cadre et profession intellectuelle supérieure	Profession intermédiaire	Employé	Ouvrier	Ensemble
Agriculteur	88	2	1	1	1	7	100
Artisan, commerçant, chef d'entreprise	12	29	6	10	7	36	100
Cadre et profession intellectuelle supérieure	8	14	24	20	11	23	100
Profession intermédiaire	11	12	9	16	11	41	100
Employé	13	10	5	9	14	49	100
Ouvrier	18	9	2	6	7	58	100
Ensemble	16	12	8	11	9	43	100[1]

1. Le total calculé est différent de 100 pour des raisons d'arrondi.

Champ : les 7 045 000 hommes actifs ayant un emploi ou anciens actifs ayant eu un emploi, âgés de 40 à 59 ans en 2003.

Source : Insee, 2006.

■ **La lecture s'effectue horizontalement**, par ligne. Ainsi, 88 % des agriculteurs avaient un père agriculteur et 58 % des ouvriers avaient un père ouvrier.

B Mobilité observée et fluidité sociale

■ La **mobilité observée** est appréhendée en comparant l'origine socioprofessionnelle des membres d'une catégorie (cadres, ouvriers) à celles de leurs pères. Il s'agit d'une mobilité réelle telle qu'elle découle de l'examen des tables de mobilité.

ZOOM

L'évolution de la structure socioprofessionnelle de la France

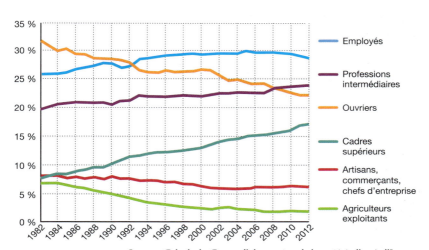

Source : Calculs du Centre d'observation de la société, d'après l'Insee.

▶ **La structure socioprofessionnelle française s'est considérablement modifiée** depuis les années 1980 relativement aux mutations de l'économie française et à l'évolution du système des emplois :
– On a assisté à une nette diminution des actifs indépendants tels que les artisans, commerçants, chefs d'entreprise, et surtout les agriculteurs exploitants qui représentaient encore 7 % des actifs en début de période, contre moins de 3 % aujourd'hui.
– Parallèlement, le groupe des ouvriers connaît une perte d'effectifs, passant de près de 32 % au début des années 1980 à 22 % aujourd'hui. Les employés, quant à eux, augmentent en taille (de 26 % à 29 %).
– Ce sont surtout les professions intermédiaires et les cadres et professions intellectuelles supérieures qui connaissent la plus forte progression. Ce dernier groupe représente aujourd'hui 17 % des emplois contre 8 % en début de période.
▶ La transformation de la structure socioprofessionnelle issue des **nouvelles donnes de la demande de travail** (tertiarisation, progrès technique, hausse du niveau d'éducation et du niveau de vie) a participé très largement à la mobilité sociale.

Père \ Fils	Cadre	Employé	Total
Cadre	500	100	600
Employé	200	800	1 000
Total	700	900	1 600

Pour calculer la mobilité observée, on additionne le nombre de cadres qui sont fils d'employés (200) et le nombre d'employés qui sont fils de cadres (100), soit au total 300 personnes. La mobilité observée est égal à :

$$\frac{300}{1\,600} \times 100 = 18{,}75$$

Ainsi, sur 1600 fils d'employés et de cadres, la mobilité observée est de 18,75 %.

Cependant, ce constat ne met pas l'accent sur les différences de chance de devenir cadre entre les fils d'employés et les fils d'ouvriers.

■ La **fluidité sociale** permet de rendre compte de la viscosité sociale, c'est-à-dire de l'hérédité des positions professionnelles. Pour calculer la fluidité sociale, on regarde ce que sont devenus les fils d'ouvrier et les fils de cadre à partir des données de l'Insee (voir table de destinée, p. 127). Sur 100 fils d'ouvriers, 46 sont devenus ouvriers et 10 sont devenus cadres. Les fils d'ouvriers ont 0,22 chance de devenir cadres (10/46 = 0,22). Sur 100 fils de cadres, 9 sont devenus ouvriers et 52 cadres. Les fils de cadres ont donc 5,78 fois plus de chance d'être cadres que d'être ouvriers (52/9 = 5,78).

On peut calculer l'odds-ratio (5,78/0,22 = 26,2) et en déduire que les chances de devenir cadre plutôt qu'ouvrier sont 26 fois plus élevées pour les fils de cadres que pour les fils d'ouvriers.

C Les limites des tables de mobilité sociale

Les **mutations du groupe familial et des structures sociales** réduiraient la pertinence des tables de mobilité.

■ La mobilité étudiée est surtout masculine. Le plus souvent, les tables de mobilité présentent la destinée professionnelle des fils par rapport à la position professionnelle des pères. Or, les femmes représentent 48 % des actifs et leur statut socioprofessionnel peut influer sur la destinée de l'enfant. En outre, les **fractures contemporaines** liées à la montée du divorce et à l'augmentation du nombre de familles monoparentales limitent la pertinence des tables de mobilité articulées autour du seul lien père-fils.

■ Les tables de mobilité sociale se cantonnent à la représentation d'une **mobilité entre groupes socioprofessionnels**. Le nombre limité des catégories retenues (six catégories), la complexification croissante des emplois et la difficulté de les classer dans des catégories statistiques homogènes limitent là encore la portée des tables de mobilité sociale.

III Les déterminants de la mobilité et de la reproduction sociale

A L'évolution de la structure socioprofessionnelle

Les structures socioprofessionnelles sont en constante mutation. Cela rend nécessaires les changements d'emploi et de qualification, impliquant *ipso facto* davantage de mobilité sociale. L'offre d'emploi des entreprises évolue et les jeunes actifs doivent **s'adapter aux nouvelles donnes du marché du travail**. Ainsi, la mécanisation de l'agriculture française après la Seconde Guerre mondiale a réduit la demande de main-d'œuvre dans l'agriculture et les fils d'exploitants agricoles ont dû se diriger vers d'autres activités. De même, durant les Trente Glorieuses, les offres d'emploi de cadres se sont accrues. C'est ainsi que des fils d'employés, de commerçants, et plus rarement d'ouvriers, ont accédé aux professions de l'encadrement. Cette mobilité est commandée par les impératifs du système des emplois, bien plus que par les stratégies volontaristes des agents sociaux.

B La famille

■ Le **rôle de la famille** apparaît primordial en ce qui concerne la mobilité ou l'immobilité sociale. La famille, comme instance de socialisation, **inculque des valeurs et des normes** qui peuvent coïncider avec les attentes du système d'enseignement ou s'y opposer. Lorsque la famille et l'école agissent de concert, on observe un phénomène d'immobilité (le fils de cadre devient cadre) ou de mobilité (le fils d'employé devient cadre). En revanche, si les valeurs familiales sont antinomiques de celles de l'école, la réussite scolaire et professionnelle est plus difficile d'accès. Dans ce cas, l'école n'est pas toujours porteuse de mobilité.

■ Selon Pierre Bourdieu, les ==ressources familiales== (capital économique, culturel et social → p. 108) font que certains élèves seront favorisés et d'autres défavorisés, dès le début de leur parcours scolaire. La réussite scolaire et universitaire repose principalement sur le capital culturel. Plus le groupe familial est doté en capital culturel, plus l'élève sera prédisposé à l'exercice scolaire : on parle de **capital culturel hérité**. En revanche, les familles faiblement dotées en capital culturel ne peuvent transmettre à leurs enfants les éléments culturels et la maîtrise de la langue qui autorisent la réussite et l'obtention du diplôme.

C L'école

1. L'école, un appareil de violence symbolique selon Pierre Bourdieu

■ Le pouvoir de violence symbolique est défini par Pierre Bourdieu comme un processus de domination qui ne serait pas remarqué par ceux qui en subissent les effets. Le système scolaire est un appareil de violence symbolique car, en dehors de sa fonction de diffusion des savoirs, il permet la reproduction des positions sociales par l'imposition d'un « arbitraire culturel » légitimant les pratiques culturelles des enfants des classes dominantes, et excluant les enfants des classes dominées.

■ Sous le couvert de l'idéologie de l'égalité des chances et de la méritocratie, le système d'enseignement n'est pas neutre par rapport aux ressources culturelles héritées par les enfants issus de milieux sociaux différents. Ainsi, le langage légitime utilisé à l'école autorise le classement des élèves à partir des performances linguistiques acquises au sein de leur groupe d'appartenance.

2. L'inégalité des chances selon Raymond Boudon

■ Le sociologue Raymond Boudon met l'accent sur l'augmentation de la demande d'éducation formulée par les élèves et leurs familles liée à l'ouverture du système éducatif (démocratisation de l'enseignement secondaire et supérieur). L'accroissement de la demande d'éducation conduit à la croissance du nombre de diplômés. Or, l'université peut décerner plus de titres universitaires que les entreprises ne peuvent accueillir de cadres supérieurs. L'inflation de diplômes se heurte alors aux possibilités limitées de rentabilité professionnelle de ces diplômes sur le marché du travail. Ce processus conduit à la dévalorisation des diplômes, et peut expliquer comment un individu plus diplômé que son père occupe un emploi moins valorisant au sein de la hiérarchie de l'entreprise.

> **RAYMOND BOUDON (1934-2013)**
>
> Raymond Boudon se situe dans la lignée de Max Weber. Ses travaux relèvent de l'individualisme méthodologique : les faits sociaux sont la résultante des comportements individuels. Il est à l'origine d'une théorie du système d'enseignement articulée autour des mécanismes de l'effet pervers. Chaque individu est rationnel quant à sa propre stratégie, mais l'agrégation des stratégies individuelles peut s'écarter des buts recherchés par chacun.
>
> Ses œuvres principales sont *L'Inégalité des chances* (1973), *Effets pervers et ordre social* (1977), et *L'Idéologie ou l'origine des idées reçues* (1990).

École et différences sociales

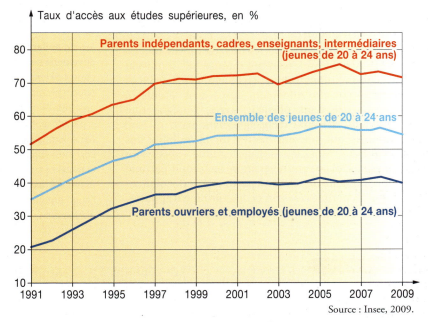

Source : Insee, 2009.

▶ **L'accès à l'enseignement supérieur a progressé** pour l'ensemble des jeunes, toutes catégories sociales confondues, depuis l'année 1991. Cette tendance s'explique en partie par l'augmentation du nombre de bacheliers voulue par les pouvoirs publics, une meilleure information sur les cursus universitaires et la faible attractivité des emplois non qualifiés.

▶ Cependant, on peut remarquer, en 2009, un taux d'accès à l'enseignement supérieur différent entre les enfants dont les parents sont cadres ou enseignants (70 %) et les enfants d'employés et d'ouvriers (39 %). On constate que l'ouverture de l'enseignement supérieur ne profite pas à tous de la même façon **selon les origines socioculturelles familiales**.

■ La poursuite d'études supérieures en vue d'obtenir un diplôme valorisant sur le marché du travail apparaît comme un objectif parfaitement rationnel à titre individuel. Mais l'agrégation de stratégies similaires se traduit par une **diminution de la valeur marchande des diplômes**. L'intérêt de la démarche de Raymond Boudon est de souligner les limites de la « démocratisation » du système d'enseignement.

■ Raymond Boudon reprend les travaux du sociologue américain <mark>Arnold Anderson</mark> qui montre que le niveau d'instruction n'influence pas sensiblement les chances de mobilité sociale. Anderson, après avoir étudié la mobilité sociale dans plusieurs pays, souligne que l'évolution du système d'enseignement n'est qu'une des variables qui peuvent inférer sur la mobilité des acteurs sociaux. Ainsi, le « langage légitime » nécessaire à la réussite scolaire et universitaire se traduit par une sélection implicite des élèves à partir des performances linguistiques héritées au sein de leur groupe d'appartenance.

> **Arnold Anderson** a développé ses théories dans *A Skeptical Note on Education and Mobility*, en 1961. On parle du « paradoxe » d'Anderson dans la mesure où le sens commun supposerait que la mobilité sociale ascendante soit associée à l'augmentation du niveau d'éducation.

RÉCAPITULONS

■ La mobilité sociale rend compte de la circulation des individus dans une société hiérarchisée. On distingue plusieurs formes de mobilité sociale, notamment une mobilité horizontale et une mobilité verticale.

■ La mobilité sociale s'observe à partir des tables de mobilité en termes de destinée ou de recrutement, dans lesquelles sont croisés les statuts socioprofessionnels des pères et des fils. Cependant, les tables de mobilité ne prennent pas réellement en compte l'évolution des structures sociales des trente dernières années.

■ La structure socioprofessionnelle, la famille en tant que groupe social et le système d'enseignement déterminent la mobilité des acteurs, mais sont aussi facteurs de reproduction sociale.

COURS | **MÉTHODE** | EXERCICES | CORRIGÉS | **7**

Calculer et utiliser des pourcentages de répartition

SAVOIR-FAIRE

■ La notion de proportion, appelée aussi parts relatives, permet de singulariser une partie par rapport à un ensemble plus vaste auquel elle appartient. Les proportions permettent des **comparaisons dans l'espace et dans le temps**, utiles à l'analyse économique et sociale. Les proportions peuvent s'exprimer en valeur absolue, mais il est bien plus « parlant » de transformer les valeurs absolues en pourcentages de répartition.

■ Pour **passer de la valeur absolue à un pourcentage**, on divise la valeur étudiée par la valeur de l'ensemble auquel elle appartient, et on multiplie le nombre obtenu par 100.

APPLICATION

Groupes socioprofessionnels d'actifs	Effectifs en milliers
Agriculteurs, artisans, commerçants et chefs d'entreprise	2 136
Cadres et professions intellectuelles supérieures	4 253
Professions intermédiaires	6 233
Employés	7 556
Ouvriers	5 512
Total	**25 690**

Champ : actifs de 15 ans ou plus ayant un emploi vivant en France métropolitaine.
Source : Insee, enquêtes « Emploi », du 1er trimestre 2008 au 4e trimestre 2009.

■ Afin de **déterminer la part relative** en pourcentage des cadres et professions intellectuelles supérieures par rapport à l'ensemble des actifs, on applique la formule évoquée plus haut :

$$\frac{4\,253}{25\,690} \times 100 = 16{,}55\,\%$$

■ Les cadres et professions intellectuelles supérieures représentent ainsi 16,55 % de l'ensemble des actifs en France.

SE TESTER QUIZ

1 Vrai ou faux ?

Cochez la bonne réponse.

	V	F
a. La délocalisation d'entreprise peut avoir des incidences sur la mobilité géographique.	❏	❏
b. La mobilité intragénérationnelle prend en considération deux générations, celle du père et celle du fils.	❏	❏
c. Les tables en termes de destinée permettent de savoir quelles sont les origines des membres d'un groupe socioprofessionnel.	❏	❏
d. L'école est neutre par rapport à l'origine sociale des élèves, selon Pierre Bourdieu.	❏	❏
e. Le diplôme se traduit toujours par une mobilité sociale ascendante.	❏	❏

S'ENTRAÎNER

2 QCM

Observez le document puis choisissez la ou les propositions exactes.

DOCUMENT Proportion de bacheliers dans une génération

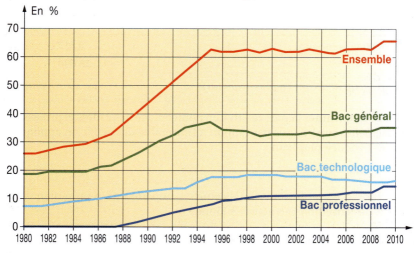

Source : DEPP, Insee.

☐ **a.** De 1980 à 2010, on observe une augmentation du nombre de bacheliers par génération.
☐ **b.** Ce sont les baccalauréats professionnels qui semblent les plus appréciés par les candidats.
☐ **c.** Les titulaires du baccalauréat général représentent près de 35 % d'une génération en 2002.
☐ **d.** Le nombre de bacheliers stagne entre 1996 et 2002.

3 Le vocabulaire de la mobilité sociale

Complétez le texte ci-dessous avec les mots suivants.
arbitraire culturel • destinée sociale • horizontale • intragénérationnelle • paradoxe d'Anderson • proximité • recrutement social • verticale

■ La mobilité sociale permet de rendre compte de la circulation des agents sociaux à l'intérieur de la structure sociale. Elle peut être intergénérationnelle (deux générations) ou ..., c'est-à-dire être observée durant la vie active d'un individu. La mobilité peut être ..., par exemple lorsque le fils d'un cadre du secteur privé devient cadre du secteur public, ou ..., lorsqu'un fils d'ouvrier devient cadre. On parle de mobilité de ... si un fils d'ouvrier devient technicien.

■ La mobilité sociale est étudiée à partir des tables de mobilité. On distingue des tables en termes de ..., on sait ainsi ce que deviennent les fils d'ouvriers ou d'employés. On peut également se pencher sur les tables en termes de ..., on cherche alors à savoir l'origine sociale d'un groupe socioprofessionnel.

■ L'école accroît-elle la mobilité sociale ? Pour le sociologue Pierre Bourdieu, le système d'enseignement impose un ... qui favorise les enfants des catégories sociales déjà favorisées. Selon Raymond Boudon, dont les travaux s'inspirent du ..., des enfants plus diplômés que leurs parents n'obtiendront pas forcément des positions sociales plus avantageuses.

OBJECTIF BAC

Mobilisation des connaissances

4 *Voici quatre questions de mobilisation des connaissances sur le thème du chapitre. Lors de l'épreuve, vous devrez répondre à deux questions portant sur deux parties différentes du programme.*

a. Quelle différence peut-on faire entre mobilité observée et fluidité sociale ?

b. Quels sont les facteurs qui expliqueraient l'immobilité sociale ?

c. Quelle distinction peut-on faire entre mobilité horizontale et mobilité verticale ?

d. Pourquoi l'augmentation du nombre de diplômés ne conduit-elle pas forcément à davantage de mobilité sociale ?

> **POUR VOUS AIDER**
>
> **a.** Sur un brouillon, après avoir **défini les deux termes de la question** posée, cherchez à opposer mobilité observée et fluidité sociale.
>
> **b.** Faites une **liste des facteurs** qui vous semblent contrarier la mobilité verticale, qu'il s'agisse du milieu familial ou des structures du système éducatif.
>
> **c.** Vous pouvez commencer par trouver deux **exemples caractéristiques** de ces deux formes de mobilité.
>
> **d.** Réfléchissez à l'**absence de congruence** entre l'évolution du système des emplois et l'évolution du système d'enseignement.

SE TESTER

1 Vrai ou faux ?

a. Vrai. b. Faux. La mobilité intragénérationnelle se déroule au sein même de la carrière professionnelle d'un travailleur. **c. Faux.** Les tables en termes de destinée renseignent sur la destinée des fils des membres d'un groupe socioprofessionnel. **d. Faux.** Le système d'enseignement impose un arbitraire culturel et linguistique proche des pratiques des milieux sociaux favorisés, et éloigné des autres milieux sociaux. **e. Faux.** Comme le montre Raymond Boudon, un fils peut être plus diplômé que son père sans pour autant obtenir une position supérieure au sein de la hiérarchie des emplois.

S'ENTRAÎNER

2 QCM

Réponse **a.** En 14 ans, de 1980 à 1994, on remarque une forte croissance du nombre de bacheliers. Réponse **c.** En 2002, les bacheliers généraux représentent environ 33 % d'une génération. Réponse **d.** De 1996 à 2002, les taux de réussite au baccalauréat n'ont pas évolué.

3 Le vocabulaire de la mobilité sociale

■ La mobilité sociale permet de rendre compte de la circulation des agents sociaux à l'intérieur de la structure sociale. Elle peut être intergénérationnelle (deux générations) ou **intragénérationnelle**, c'est-à-dire être observée durant la vie active d'un individu. La mobilité peut être **horizontale**, par exemple lorsque le fils d'un cadre du secteur privé devient cadre du secteur public, ou **verticale** lorsqu'un fils d'ouvrier devient cadre. On parle de mobilité de **proximité** si un fils d'ouvrier devient technicien.

■ La mobilité sociale est étudiée à partir des tables de mobilité. On distingue des tables en termes de **destinée sociale**, on sait ainsi ce que deviennent les fils d'ouvriers ou d'employés. On peut également se pencher sur les tables en termes de **recrutement social**, on cherche alors à savoir l'origine sociale d'un groupe socioprofessionnel.

■ L'école accroît-elle la mobilité sociale ? Pour le sociologue Pierre Bourdieu, le système d'enseignement impose un **arbitraire culturel** qui favorise les enfants des catégories sociales déjà favorisées. Selon Raymond Boudon, dont les travaux s'inspirent du **paradoxe d'Anderson**, des enfants plus diplômés que leurs parents ne seront pas systématiquement dans des positions sociales plus avantageuses.

OBJECTIF BAC

4 Mobilisation des connaissances

a. La mobilité observée consiste à comparer l'origine socioprofessionnelle des membres d'une catégorie à celle de leurs pères. On peut alors rechercher quels sont les **déterminants de la condition sociale** des membres de chaque grand groupe socioprofessionnel, et établir des corrélations sociologiquement pertinentes.

En revanche, la fluidité sociale permet de faire apparaître le phénomène de **reproduction sociale**. Il s'agit d'établir la relation entre, par exemple, les fils d'ouvriers qui sont devenus cadres et les fils de cadres qui sont devenus cadres.

b. On peut parler d'**immobilité sociale** dans la mesure où l'on assiste, le plus souvent, à l'hérédité des positions sociales. À partir de l'enquête « **FQP** » de 2003, on peut constater que 45 % des fils d'ouvriers deviennent ouvriers à leur tour, et que 53 % des fils de cadres rejoignent les rangs du personnel d'encadrement.

> Les tables de mobilité sociale sont construites sur la base d'enquêtes dites « formation, qualification, profession » (**FQP**).

La **famille** peut constituer un frein à la mobilité en fonction de l'inégale répartition des ressources nécessaires à la mobilité verticale. Pierre Bourdieu insiste sur les dotations en capital économique, capital culturel et capital social pour rendre compte des inégalités des enfants face au système d'éducation, au marché du travail et à l'accession aux statuts sociaux.

De même, le **système d'enseignement** tend structurellement à valoriser certaines pratiques scolaires proches des acquis des catégories sociales supérieures. Ainsi en est-il des performances linguistiques qui font la différence entre les enfants des différents milieux sociaux lors des examens et concours.

c. La **mobilité horizontale** suppose qu'un individu quitte un emploi pour un autre se situant au même niveau hiérarchique sans connaître forcément une évolution de son statut social. Ainsi, un médecin hospitalier (fonction publique) quitte l'hôpital pour ouvrir un cabinet privé de médecine générale. Ce médecin passe du statut de salarié au statut de travailleur indépendant, mais il reste médecin.

La **mobilité verticale**, en revanche, suppose une « ascension sociale ». Lorsque le fils d'un manœuvre du bâtiment, après des études juridiques et économiques, devient directeur d'une agence bancaire avec le statut de cadre, on parle d'une mobilité verticale. Le fils du manœuvre détient une qualification professionnelle plus élevée que celle de son père.

d. Raymond Boudon montre dans ses travaux, notamment *L'Inégalité des chances*, qu'il est tout-à-fait possible qu'un fils plus diplômé que son père puisse occuper un emploi ou une position sociale inférieure à celle de ce dernier. Il reprend les travaux du sociologue américain Arnold Anderson pour rendre compte de ce paradoxe, dit le « **paradoxe d'Anderson** » dans la théorie sociologique. L'évolution des statuts socioprofessionnels se traduit par une demande croissante de qualifications supérieures (cadres, professions intellectuelles supérieures). Cependant la croissance de la demande d'éducation et la « démocratisation » du système éducatif ont généré une augmentation du nombre de diplômés, alors que la création de positions professionnelles supérieures n'augmentait pas au même rythme.

CHAPITRE 8

Quels liens sociaux dans des sociétés où s'affirme le primat de l'individu ?

Pour un sociologue comme Durkheim, la société n'est pas une somme d'individus mais l'ensemble des relations sociales qui les rassemblent. Les liens qui réunissent les individus entre eux ont pour but de permettre la cohésion sociale. Comment analyser les différentes formes de liens sociaux ? Les instances d'intégration sociale jouent-elles toujours leur rôle ? Comment expliquer la fragilisation, voire la rupture, du lien social ?

I Lien social et formes de solidarité

A La division sociale du travail

Pour Émile Durkheim, les progrès de la **division sociale du travail** entraînent une transformation radicale des sociétés. Ces progrès sont déterminés par des variables à la fois démographiques et sociales : le « volume de la société », la « densité matérielle » et la « densité morale ».

> La **division sociale du travail** évoquée par Durkheim est sans rapport avec la division technique du travail évoquée par Adam Smith. Il s'agit ici d'une complémentarité des fonctions à l'intérieur d'une société donnée.

- Le **volume de la société** désigne le nombre d'individus qui appartiennent à une société donnée. Il s'agit d'une variable essentiellement démographique occasionnée par une augmentation de la population (baisse de la mortalité et/ou croissance de la fécondité).

- La **densité matérielle** désigne le nombre d'individus sur un territoire donné. Cette notion est proche de la densité géographique.

- La **densité morale** est une notion plus qualitative que les deux premières. Elle mesure l'**intensité des relations interpersonnelles**, la communication et les échanges entre individus. Les hommes étant plus rapprochés, les rapports sociaux se diversifient, s'intensifient et entraînent la spécialisation des tâches. La densité morale est alors source de civilisation.

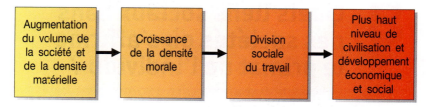

B Solidarité mécanique et solidarité organique

La thèse centrale de la pensée de Durkheim porte sur les relations entre les individus et la collectivité. Comment une réunion d'individus peut-elle constituer une société organisée ? Pour répondre à cette question, Durkheim montre que l'importance des rapports sociaux entraîne la solidarité entre les individus et permet l'intégration sociale. Il distingue deux types de solidarité : la solidarité mécanique et la solidarité organique.

> ### ÉMILE DURKHEIM (1858-1917)
> Considéré comme le « père » de la sociologie française, Durkheim développe une sociologie du lien social. Les individus intériorisent les éléments de leur propre culture durant leur socialisation. Cependant, certaines évolutions économiques et sociales peuvent engendrer un phénomène d'anomie venant réduire les liens sociaux.
> Ses principales œuvres sont *De la division du travail social* (1893), *Les Règles de la méthode sociologique* (1895) et *Le Suicide* (1897).
>
>

■ La **solidarité mécanique** est une solidarité fondée sur la similitude ou la ressemblance. Les individus diffèrent peu les uns des autres. Ils éprouvent les mêmes sentiments, obéissent aux mêmes valeurs, partagent les mêmes croyances. La cohésion de la société repose ainsi sur le fait que les individus sont peu différenciés. Les sociétés archaïques et traditionnelles sont fondées sur des rapports sociaux relevant de la solidarité mécanique. De telles sociétés, pour survivre, ne peuvent tolérer les dissemblances, les particularismes des individus ou des groupes.

■ La **solidarité organique** est une solidarité fondée sur la division du travail, sur la complémentarité des rôles et des statuts. Chaque individu remplit une fonction qui lui est spécifique, mais tous sont indispensables au fonctionnement

Le poids de la conscience collective

▲ Le chevalier de La Barre.

▶ La société traditionnelle est caractérisée par une forte **solidarité mécanique** qui découle des ressemblances souvent nécessaires entre ses membres. Elle exclut la possibilité pour un individu ou un groupe d'individus de remettre en question les croyances en vigueur. La **conscience collective** s'impose, devient impérative et contraignante. Elle ne laisse que peu de place à la conscience individuelle. Comme l'écrit Émile Durkheim, la conscience collective « nous est commune avec notre groupe entier, qui, par conséquent, n'est pas nous-mêmes, mais la société vivant et agissant en nous ». Le 1er juillet 1766, le chevalier de La Barre était décapité à l'âge de 19 ans pour n'avoir pas salué une procession et avoir été trouvé en possession du *Dictionnaire philosophique* de Voltaire. On peut constater le poids des structures sociales et de l'autorité politique sur les comportements individuels.

▶ En revanche, la **solidarité organique** qui découle de la division du travail suppose que les individus se meuvent, selon Durkheim, dans une sphère d'action qui leur est propre. Ainsi, l'entrepreneur pour innover doit briser la routine, remettre en cause l'organisation de l'activité économique. La conscience collective s'efface, en partie, au profit de la **conscience individuelle**.

de l'organisation et à la pérennité du corps social. Les sociétés industrielles reposent sur des rapports sociaux qui relèvent de la solidarité organique.

C Individus et cohésion sociale

1. Conscience collective et conscience individuelle

■ La **conscience collective** est définie comme l'ensemble des manières de penser, de sentir et d'agir qui constituent la culture d'une société donnée. Héritage de l'histoire transmis de génération en génération, elle régit les croyances et les comportements des membres d'une société.
– Elle est **extérieure aux individus** qui en intériorisent les éléments au cours de leur socialisation.
– Elle est essentiellement **contraignante** ; l'appartenance sociale suppose que l'individu se plie aux manières de penser, de sentir et d'agir de la collectivité à laquelle il appartient.
– Elle se présente comme un **véritable « système »** qui a son mode de fonctionnement propre.
– Elle donne aux sociétés leurs **traits culturels particuliers** ; les éléments de la conscience collective, intériorisés dans les comportements sociaux, permettent de distinguer les différents peuples.

■ La **conscience individuelle** est liée à l'histoire personnelle de l'individu, à sa personnalité. Pour Durkheim, elle représente l'**autonomie relative** dont disposent les individus dans leur adaptation à la conscience collective.

> Selon Durkheim, la **socialisation** est le processus autoritaire par lequel la société perpétue et renforce son homogénéité en transmettant à l'individu les normes de son groupe.

2. Conscience collective et cohésion sociale

■ La conscience collective assure une fonction indispensable de cohésion sociale et permet ainsi la pérennité de la société. La conscience collective est à l'origine des rapports de solidarité qui unissent les différents individus et les différents groupes qui constituent le corps social.

■ La conscience collective ne s'impose cependant pas avec la même intensité dans toutes les sociétés. Ainsi, les sociétés fondées sur la **solidarité mécanique** ne laissent qu'une place relativement faible à la conscience individuelle. En revanche, les sociétés modernes, régies par la **solidarité organique**, accordent une plus grande marge de manœuvre aux individus dans leur adaptation à la conscience collective. La croissance économique et le développement reposent sur un élargissement de la conscience individuelle par rapport à la conscience collective. Le progrès économique et social nécessite l'apparition de nouvelles représentations collectives favorables au changement social.

II Lien social et intégration

Plusieurs instances permettent l'intégration de l'individu à l'intérieur des structures sociales. Ainsi en est-il de la famille, de l'école, du travail et de l'État.

A Le rôle de la famille et de l'école

■ La **famille** est sans doute le premier des agents de socialisation, car elle est à l'origine de la **socialisation primaire** qui prolonge toutes les autres formes d'intégration sociale ultérieure. Dans les sociétés traditionnelles, ou préindustrielles, la socialisation reposait presque entièrement sur le groupe familial. Les rôles sociaux, économiques, politiques et religieux découlaient de l'observation et de l'imitation des modèles parentaux. Dans les sociétés postindustrielles, la famille n'est plus le seul lien d'intégration entre l'individu et la société. De surcroît, les mutations qui ont frappé la **structure familiale** (travail féminin, accroissement du nombre de divorces et augmentation du nombre de familles monoparentales) peuvent avoir **affaibli son rôle intégrateur**. Le groupe familial conserve malgré tout une place primordiale dans la sociabilité des individus. En outre, la famille est un espace d'entraide non marchand en matière d'échanges de services, de biens matériels et de prêts financiers.

> On distingue une **socialisation primaire** qui se déroule durant l'enfance et une socialisation dite secondaire qui se prolonge durant toute l'existence sociale d'un individu.

■ L'**école** est le second espace d'intégration sociale après la famille. L'évolution du système d'enseignement, depuis les lois Jules Ferry de la fin du XIXe siècle, et surtout depuis la scolarisation de masse des années 1970, a **accru l'importance de l'école en tant qu'instance de socialisation**. Séparé du milieu familial, l'enfant apprend progressivement la vie collective et intègre les savoirs et les savoir-faire nécessaires à son intégration professionnelle. L'échec scolaire, la sortie prématurée sans diplôme ou formation professionnelle suffisante peuvent réduire l'image de l'école comme facteur d'intégration et sa capacité à préparer à l'emploi et à l'insertion sociale. Un conflit peut se créer entre les valeurs de l'école (assiduité, respect de la discipline, travail intellectuel) et celles du groupe de pairs pour certaines populations en voie de **désaffiliation sociale**.

B Le rôle du travail

Le travail apparaît comme une instance essentielle d'intégration sociale. Il permet l'intégration des agents sociaux à la société globale d'un triple point de vue.

■ Le psychologue américain Abraham Maslow (1908-1970) a distingué plusieurs types de besoins qui se positionnent hiérarchiquement les uns par rapport aux autres. Ainsi, ce n'est qu'à partir du moment où les besoins physiologiques sont satisfaits qu'un individu recherchera à répondre aux besoins de sécurité. La **théorie de Maslow** montre que le salaire ne peut être la seule rétribution du travail et qu'il existe d'autres attentes dans l'exercice professionnel.

▲ Pyramide de Maslow.

■ L'exercice professionnel permet de bénéficier d'une **identité sociale** porteuse de sens et de reconnaissance. Cette identité sociale peut également se construire en relation avec l'organisation dans laquelle est exercée l'activité.

■ Le travail est facteur de **solidarité** au sein même de l'entreprise entre les personnes occupant des postes identiques ou similaires. Le même phénomène peut se produire pour l'ensemble des salariés d'une entreprise. La **culture d'entreprise**, ou « l'esprit maison », a pour fonction de rendre solidaires les salariés qui peuvent s'appréhender comme une unité à part entière.

■ Le travail est également porteur d'intégration économique et sociale dans la mesure où il permet de bénéficier d'un **revenu** qui apparaît indispensable au sein d'une économie marchande qui ne satisfait, le plus souvent, que la **demande solvable**. Par ailleurs, le travailleur, dans les pays développés, peut bénéficier d'une **couverture sociale** qui lui assure, ainsi qu'à sa famille, une relative sécurité face à certains risques sociaux (chômage, maladie, accident, vieillesse).

> On appelle **demande solvable** une demande manifestée sur le marché par un consommateur qui dispose d'un pouvoir d'achat suffisant.

■ Cependant, le travail n'est facteur d'intégration que lorsqu'il se traduit par un **lien durable** entre le travailleur et l'exercice professionnel. À ce titre, le chômage vient briser le lien entre celui qui était travailleur et l'activité économique. Les formes particulières d'emploi (FPE : temps partiel, contrat de travail à durée déterminée, travail intérimaire) réduisent également le rôle intégrateur du travail. Elles représentent approximativement 10 % des emplois en France.

ZOOM

Famille et montée de l'individualisme

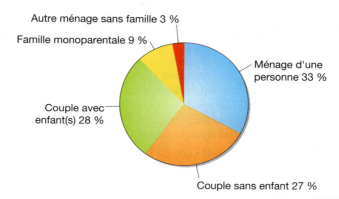

Source : INED, 2008.

▶ Il ne faut pas confondre un ménage, c'est-à-dire une **unité de consommation** du point de vue de la comptabilité nationale, et une famille. Un ménage peut être composé d'une seule personne (un célibataire) alors qu'une famille comprend, au minimum, deux personnes, avec ou sans enfants.

▶ Selon les données de l'Institut national des études démographiques (INED), en 2008, un tiers des ménages français sont constitués d'une **personne vivant seule**. Viennent ensuite 26,2 % de couples sans enfants, puis 27,4 % de couples avec un ou plusieurs enfants. On peut également remarquer que près de 8 % des ménages sont des familles monoparentales.

▶ Les données réunies par l'INED viennent étayer l'idée d'une **montée de l'individualisme** et d'un certain recul de la famille traditionnelle et, par conséquent, remettent en cause l'existence des solidarités qu'elle induit. L'augmentation des revenus associée à la croissance économique et au développement, l'extension du travail féminin, une plus grande aspiration à l'indépendance, la dissociation entre la sexualité et le mariage peuvent restreindre l'intérêt de la solidarité familiale.

▶ Cependant, l'augmentation des ménages constitués d'une seule personne peut également être analysée comme **accentuant la désaffiliation sociale** dans les sociétés postindustrielles.

C Le rôle de l'État

■ Face à l'effacement des solidarités traditionnelles (famille, unité villageoise, relations professionnelles), l'État a été amené à prendre en charge une partie de la régulation sociale. Les personnes âgées, les malades, les jeunes en difficulté, les chômeurs sont pris en charge non plus par des groupes d'appartenance réels, comme la famille, mais par la solidarité nationale : la protection sociale. On assiste à l'**institutionnalisation de la solidarité** avec l'avènement de l'**État-providence**, devenu un des vecteurs de la cohésion sociale entre les différents groupes qui constituent la communauté nationale.

> L'**État-providence**, en anglais *Welfare State*, remplit une fonction de redistribution par le biais des administrations publiques, notamment les administrations de sécurité sociale.

■ La création de la Sécurité sociale (1945), l'instauration d'un salaire minimum, le SMIC (1970), le revenu de solidarité active (RSA), ou encore la couverture maladie universelle (CMU) qui donne l'accès gratuit aux soins médicaux pour les plus démunis, sont autant de moyens d'**éviter la désaffiliation sociale**.

■ Cependant, le chômage et le problème récurrent du déficit des finances publiques et des comptes sociaux peuvent conduire à des **politiques de rigueur** qui restreignent les budgets alloués à la solidarité nationale.

III Disqualification sociale et rupture du lien social

A Disqualification sociale

Dans les sociétés développées, le lien social découle d'une double dimension : la protection et la reconnaissance sociale. Pour le sociologue **Serge Paugam**, l'individu doit « compter sur » et « compter pour ». Le processus de disqualification sociale comporte plusieurs phases : la **fragilité**, la **dépendance** et la **rupture du lien social**. La naissance d'une nouvelle pauvreté dans les années 1980, le développement des formes particulières d'emploi (FPE) et la montée de l'individualisme engendrent un relâchement du lien social. Selon Serge Paugam, trois conditions socio-historiques expliquent ce processus : une forte dégradation du marché de l'emploi, une plus grande fragilité de la sociabilité familiale et des réseaux de solidarité privés, et une politique sociale de lutte contre la pauvreté surtout articulée autour de l'assistance qui a comme effet pervers la stigmatisation des populations en difficulté.

B Rupture du lien social et anomie

L'anomie (du grec *a*, sans, et *nomos*, loi) caractérise un certain état des structures sociales qui se traduit par un **relâchement du « lien social »**. Elle révèle un dérèglement des relations entre les individus et la société. Elle apparaît dans les sociétés modernes, marquées par le progrès technique et le changement social. Deux explications sont avancées par Durkheim.

- La **réduction de la « contiguïté »** est évoquée dans *De la division du travail social* (1893). Émile Durkheim souligne les effets pervers attachés à certaines formes pathologiques de la **division du travail**. Habituellement source de solidarité, la division du travail peut parfois conduire à une rupture dans le processus de solidarité. Avec la parcellisation des tâches, prônée par Taylor, chaque exécutant se trouve seul face à la machine, sans contact réel avec les autres intervenants de la chaîne de production. Il n'existe plus de contiguïté. La division du travail devient alors facteur d'anomie.

- Le **« mal de l'infini »** est avancé dans *Le Suicide* (1897). Durkheim montre que dans les sociétés industrielles, la pression du corps social est moins forte que dans les sociétés traditionnelles. Les agents socialisateurs (famille, religion) laissent une plus grande place à la liberté individuelle. La conscience collective cède du terrain face à la **conscience individuelle**. Les aspirations des individus s'accroissent alors à l'infini. C'est la contradiction entre la montée des aspirations individuelles et l'impossibilité croissante de les satisfaire qui engendre l'anomie. La présence de **tensions anomiques** peut se traduire par l'adoption de **comportements déviants**, en rupture avec les valeurs et les normes dominantes ayant cours à l'intérieur d'une société donnée.

RÉCAPITULONS

- La société repose, selon le sociologue français Émile Durkheim, sur le lien social. Il distingue la solidarité mécanique typique des sociétés traditionnelles et la solidarité organique qui régit les sociétés modernes.
- La conscience collective, définie comme l'ensemble des manières de penser, de sentir et d'agir, s'impose aux individus. Elle est essentiellement contraignante.
- Les instances d'intégration sociale transmettent les valeurs et les normes auprès des individus afin d'assurer la cohésion sociale. L'évolution de ces instances peut se traduire par l'apparition de tensions anomiques.

Analyser un sujet de dissertation

LA DÉMARCHE

1 Lire et étudier l'intitulé du sujet

Vous devez consacrer au moins 10 minutes à cette étape qui constitue un préalable indispensable à la compréhension du sujet sur lequel vous allez composer pendant 4 heures.

■ Dans une première étape, vous commencer par **définir la (ou les) notions** qui apparaissent dans le sujet et que vous devrez présenter dans votre introduction. Durant cette phase, vous devez mobiliser vos connaissances.

■ Ensuite, dans une seconde étape, vous allez étudier le sujet en faisant apparaître les **relations qui peuvent unir les différents éléments de l'intitulé**. Cherchez à répondre à la question posée et comprendre ce que l'on attend de vous.

2 Lire et analyser les informations du dossier documentaire

■ Cette deuxième partie de votre travail peut se dérouler en 45 minutes. Le dossier comprend trois ou quatre documents. Ces documents sont de **natures différentes**. On y trouve un texte extrait d'ouvrages ou de périodiques économiques ou sociaux, et des informations statistiques réunies sous forme de tableaux, de représentations graphiques ou de schémas. Vous devez **mobiliser vos connaissances en relation** avec les informations contenues dans le dossier documentaire. Les documents vous sont indispensables de deux façons :
– ils vous guident dans l'élaboration de la problématique ;
– ils vous permettent d'appuyer vos argumentations tout au long de la dissertation.

■ Cependant, comme le soulignent les instructions officielles, le dossier ne doit pas borner votre réflexion, ni servir de prétexte à une paraphrase ou à un commentaire systématique détaillé.

3 Élaborer une problématique

Vous devez répondre à la question posée et construire une argumentation à partir d'une problématique que vous aurez déterminée, même si elle n'est pas explicitement formulée dans l'intitulé du sujet. À vous de la découvrir, ou plutôt de la concevoir.

L'EXEMPLE COMMENTÉ

Voici comment vous pourriez analyser le sujet de dissertation suivant :
« Quel est le rôle de l'école dans l'intégration sociale ? »

DOCUMENT 1 Niveau de diplôme des Français (en pourcentage)

	25-49 ans	50-64 ans	65 ans ou plus	Ensemble
Aucun diplôme ou CEP	15,0	30,0	56,4	28,7
Brevet	6,1	8,6	7,2	7,3
CAP, BEP ou équiv.	22,6	27,7	16,4	22,6
Bac, brevet prof. ou équiv.	19,6	13,4	9,3	16,0
Bac + 2	15,9	8,9	3,7	11,0
Diplôme supérieur	20,8	11,4	7,0	14,3

© Observatoire des inégalités, France métropolitaine.
Source : Insee, données 2012.

DOCUMENT 2

« L'école garantit à tous les élèves l'apprentissage et la maîtrise de la langue française.
Dans l'exercice de leurs fonctions, les personnels mettent en oeuvre ces valeurs. Le droit à l'éducation est garanti à chacun afin de lui permettre de développer sa personnalité, d'élever son niveau de formation initiale et continue, de s'insérer dans la vie sociale et professionnelle, d'exercer sa citoyenneté.
Pour garantir ce droit dans le respect de l'égalité des chances, des aides sont attribuées aux élèves et aux étudiants selon leurs ressources et leurs mérites. […] Elle a pour but de renforcer l'encadrement des élèves dans les écoles et établissements d'enseignement situés dans des zones d'environnement social défavorisé et des zones d'habitat dispersé, et de permettre de façon générale aux élèves en difficulté, quelle qu'en soit l'origine, en particulier de santé, de bénéficier d'actions de soutien individualisé.
L'acquisition d'une culture générale et d'une qualification reconnue est assurée à tous les jeunes, quelle que soit leur origine sociale, culturelle ou géographique.

Code de l'Éducation, art. L. 111.1, www.legifrance.fr, 2006.

DOCUMENT 3 Sondage sur le rôle de l'école dans l'éducation des enfants

Question : pour chacune des propositions suivantes, êtes-vous plutôt d'accord, plutôt pas d'accord, OU pensez-vous que ce n'est pas le rôle ou la compétence de l'école aujourd'hui ?

En %	Plutôt d'accord	Plutôt pas d'accord	Ce n'est pas le rôle ou la compétence de l'école	Ne se prononcent pas
Fournit un bon encadrement aux élèves	77	21	1	1
Permet d'accéder à un bon niveau scolaire, d'avoir de bons résultats	77	20	1	2
Apprend suffisamment à se comporter avec les autres	76	19	4	1
Favorise suffisamment l'épanouissement de votre enfant	75	19	5	1
Leur apprend suffisamment la vie civique, le vivre ensemble	71	24	3	2
Transmet des valeurs (morales)	67	24	7	2
Prépare suffisamment à la vie professionnelle	43	46	6	5

Source : CSA, 2006.

❶ Lire et étudier l'intitulé du sujet « École et l'intégration sociale »

▌ Deux mots apparaissent déterminants dans l'intitulé : école et intégration sociale.
– L'**école** est entendue au sens large, c'est-à-dire le système d'enseignement. Il s'agit, au sens sociologique, d'une institution ou d'un agent de socialisation.
– L'**intégration sociale** est un processus qui permet, comme la notion l'indique clairement, « d'intégrer » les acteurs sociaux au sein de leur groupe d'appartenance et de la société globale, par l'assimilation des valeurs et des normes indispensables à la pérennité de la société.

▋Il est maintenant nécessaire d'établir une **relation entre les différents mots de l'intitulé** de la question.

On se demande quel rôle remplit le système d'enseignement par rapport à l'intégration des acteurs sociaux.

❷ Lire et analyser les informations du dossier documentaire

▋Le **document 1** souligne qu'en 2012, 79 % des jeunes âgés de 20 à 24 ans ont obtenu le baccalauréat, ou ont été diplômés de l'enseignement supérieur ou de l'enseignement technologique. En revanche, 21 % d'entre eux sortent sans diplôme ou titulaires du seul brevet des collèges.

▋Le **document 2** est un extrait du Code de l'éducation. Il énumère les objectifs de l'école républicaine par rapport à la société civile. On peut rapidement constituer une liste de ces missions : faire partager les valeurs de la République, permettre la maîtrise de la langue française, assurer le droit à l'éducation, permettre l'égalité des chances et l'obtention d'une qualification.

▋Le **document 3** présente les résultats d'un sondage sur le rôle de l'école dans l'éducation des enfants. On retient surtout les réponses contrastées (plutôt d'accord ou plutôt pas d'accord). Si 77 % des personnes interrogées sont d'accord sur le fait que l'école fournit un bon encadrement aux élèves, elles ne sont plus que 43 % à penser que le système éducatif prépare suffisamment à la vie professionnelle.

❸ Élaborer une problématique

À l'aide des connaissances acquises et des documents présentés dont certains soulignent les dysfonctionnements du système d'éducation et d'enseignement, on est amené à poser la **problématique** suivante : « En quoi l'école remplit-elle son rôle d'intégration des jeunes dans la société ? »

SE TESTER QUIZ

1 Vrai ou faux ?

Cochez la bonne réponse.

	V	F
a. La solidarité mécanique est fondée sur la division du travail.	❐	❐
b. La conscience individuelle rend compte de l'autonomie de l'acteur dans l'intériorisation des valeurs et des normes sociales.	❐	❐
c. Les valeurs scolaires s'imposent de façon différentielle selon les milieux sociaux.	❐	❐
d. Le travail répond à un besoin d'intégration sociale.	❐	❐
e. Le relâchement du lien social est créateur de tensions anomiques.	❐	❐

S'ENTRAÎNER

2 QCM

Observez le document puis choisissez la ou les propositions exactes.

DOCUMENT Le taux de suicide en France (1887-2000)

Source : INED, 2000.

☐ **a.** Le taux de suicide s'est accru de 1827 à 1991.
☐ **b.** Le suicide a diminué durant les deux guerres mondiales.
☐ **c.** Durant les Trente Glorieuses, le taux de suicide est resté stable.
☐ **d.** Le taux de suicide tend à s'accroître depuis la fin des années 1980.

3 Le vocabulaire du lien social

Complétez le texte ci-dessous avec les mots suivants.
collective • désaffiliation sociale • division du travail • État-providence • individuelle • mécanique • organique • socialisation

■ La société est fondée sur les rapports sociaux. Durkheim distingue une solidarité ... qui trouve son origine dans la ressemblance des statuts et des fonctions sociales, et une solidarité ... qui découle de la ... .

■ Les acteurs sociaux intériorisent les façons de penser, de sentir et d'agir durant le processus de ... . Ainsi apparaît la conscience ... qui s'impose de l'extérieur aux individus. Cependant, le développement économique et social autorise une plus grande autonomie des acteurs dans leur attachement aux normes et aux valeurs collectives, on parle de conscience ... .

■ De nombreuses instances d'intégration sociale permettent le rattachement de l'individu aux structures sociales comme la famille ou l'école. L'État, dans les sociétés développées, intervient également dans le processus de cohésion sociale, on évoque alors l' ... dont l'un des objectifs essentiels est d'éviter la ... .

OBJECTIF BAC

Mobilisation des connaissances

4
Voici deux questions de mobilisation des connaissances sur le thème du chapitre. Lors de l'épreuve, vous devrez répondre à deux questions portant sur deux parties différentes du programme.

a. Qu'est-ce qui différencie la solidarité mécanique de la solidarité organique ?
b. Quelles sont les limites financières de l'intervention de l'État en matière d'intégration sociale ?

> **POUR VOUS AIDER**
> **a.** Faites **un tableau au brouillon** dans lequel vous opposerez les caractéristiques essentielles des deux formes de solidarité.
> **b.** On peut trouver **deux types d'explication** : d'une part, les retombées de la crise économique, et, d'autre part, les déficits publics.

Dissertation s'appuyant sur un dossier documentaire

5 Le travail

En vous aidant des documents ci-dessous, vous traiterez le sujet suivant :
« Le travail est-il toujours source d'intégration sociale ? »

DOCUMENT 1

Compte-rendu d'entretien avec Yves L., 62 ans, chauffeur-livreur à Rungis.

« Rungis ça a changé énormément, Rungis c'est une usine, vous comprenez ? Je vais vous expliquer. Aux Halles de Paris, on se connaissait tous, on se voyait tous les jours, on voyait les mêmes personnes, on était en contact intimement avec tout le monde vous voyez, c'était une ambiance… Une vie collective, confraternelle parce que y en avait un qui peinait, qui poussait un chariot de viande [...] un type passait à côté, bah, il lui demandait même pas, il l'aidait à pousser le chariot [...] même les patrons des fois ils arrivaient, ils vous donnaient la main, vous voyez, or Rungis ça a été fini, ça n'a plus existé, on se connaissait plus, ça a été l'usine.[...] Et y avait plus cette ambiance qu'on avait pour casser la croûte par exemple, on sortait avec un kilo de bidoche, on allait au café, « Tiens, tu me feras cuire ça pour tout à l'heure », on buvait un pot, on repartait au boulot.

C. Baudelot, M. Gollac *et alii*,
Travailler pour être heureux ? Le bonheur et le travail en France, Fayard, 2003

DOCUMENT 2 **Les principales raisons du mal-être au travail**

Être obligé de se dépêcher pour faire son travail : toujours, souvent	48,5 % de la population active
Penser à trop de choses à la fois : toujours, souvent	44,8 %
Être obligé de cacher ses émotions et faire semblant d'être de bonne humeur : toujours, souvent	42,2 %
Avoir peur pendant le travail : toujours, souvent, parfois	33,6 %
Ne pas être consulté au moment de la mise en place de changements : oui	64 %
Être obligé de faire des choses contraires à ses principes, ses opinions : toujours, souvent, parfois	33,5 %
Avoir les moyens de faire un travail de qualité : parfois, jamais	15,3 %

Source : DARES, DREES, 2009.

DOCUMENT 3 Développement des formes particulières d'emploi

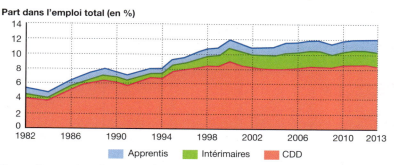

Champ : France métropolitaine, population des ménages, personnes de 15 ans et plus.

Source : Insee, enquête Emploi.

POUR VOUS AIDER

■ Le **document 1** montre comment le travail peut être à l'origine d'une solidarité entre les acteurs du système productif qui permet l'intégration de chacun au sein d'une collectivité organisée. On peut également considérer, à partir de cet exemple factuel, la désagrégation des relations humaines dans l'exercice professionnel.

■ Le **document 2** évoque les principales raisons du mal-être au travail. On peut noter l'insatisfaction des salariés face à leur activité professionnelle et le niveau de stress qui caractérise le « vécu » de l'emploi au quotidien.

■ Le **document 3** souligne l'augmentation des formes particulières d'emploi (FPE) entre 1982 et 2013. On peut facilement calculer qu'en près de 30 ans (1982-2013), la part des formes particulières de travail a plus que doublé (de 5 % à 12 %).

SE TESTER

1 Vrai ou faux ?

a. Faux. La solidarité mécanique est fondée sur la ressemblance des statuts sociaux et professionnels. **b. Vrai. c. Vrai. d. Vrai. e. Vrai.**

S'ENTRAÎNER

2 QCM

Réponse **a.** On assiste à une montée du suicide jusqu'à la fin du XIXe siècle.
Réponse **b.** Les suicides ont diminué durant les deux guerres mondiales.
Réponse **c.** Le taux de suicide est resté stable durant la période 1950-1970.

3 Le vocabulaire du lien social

▌La société est fondée sur les rapports sociaux. Durkheim distingue une solidarité **mécanique** qui trouve son origine dans la ressemblance des statuts et des fonctions sociales, et une solidarité **organique** qui découle de la **division du travail**.

▌Les acteurs sociaux intériorisent les façons de penser, de sentir et d'agir durant le processus de **socialisation**. Ainsi apparaît la conscience **collective** qui s'impose de l'extérieur aux individus. Cependant, le développement économique et social autorise une plus grande autonomie des acteurs dans leur attachement aux normes et aux valeurs collectives, on parle de conscience **individuelle**.

▌De nombreuses instances d'intégration sociale comme la famille ou l'école permettent le rattachement de l'individu aux structures sociales. L'État, dans les sociétés développées, intervient également dans le processus de cohésion sociale, on évoque alors l'**État-providence** dont l'un des objectifs essentiels est d'éviter la désaffiliation sociale.

OBJECTIF BAC

4 Mobilisation des connaissances

a. La solidarité mécanique et la solidarité organique sont deux formes de rapports sociaux relevant de deux types d'organisations sociales différentes.
Les rapports sociaux fondés sur la **solidarité mécanique** s'articulent sur la ressemblance des populations dans le cadre d'un système social préindustriel. Ce type de société suppose une plus forte prégnance de la conscience collective par rapport à la conscience individuelle. Le poids de la contrainte sociale est plus fortement marqué.
La **solidarité organique** découle de la complémentarité des fonctions dans le cadre d'une division sociale du travail inhérente aux sociétés développées. Les sociétés modernes, fondées sur des rapports sociaux relevant de la solidarité organique, accordent une plus grande autonomie des individus quant à l'application des valeurs et des normes collectives.

b. Les politiques sociales sont anciennes. L'État est toujours intervenu pour prendre en charge, en partie, la **redistribution nécessaire** à l'endroit des plus démunis. On peut prendre l'exemple de la distribution de pains et de vivres sous l'Ancien Régime à la veille de la Révolution française. La solidarité nationale, inscrite dans nos textes constitutionnels, est organisée par les administrations de sécurité sociale.
Cependant la période actuelle de crise économique que traverse la France a comme conséquence une **montée de « l'insécurité sociale »** (chômage, précarité de l'emploi, problème du logement). Parallèlement, la dette publique et le déficit des comptes sociaux peuvent remettre en cause les largesses de l'État-providence à l'endroit de ceux qui manifestent le besoin de plus de prise en charge publique.

5 Dissertation. Le travail

Les titres de parties ne doivent pas figurer sur votre copie.

[Introduction] Punition pour l'homme dans la Bible, exercice dévolu aux esclaves et aux serfs des sociétés traditionnelles, le travail n'acquiert ses lettres de noblesse qu'avec l'avènement de la société industrielle. Il est avec le capital l'un des deux facteurs de production sans lesquels aucune richesse ne peut être produite. Concurremment à son rôle au sein de l'activité économique, le travail est aussi source de rapports sociaux et de solidarité entre les individus. Il est l'une des conditions permettant l'intégration sociale en rattachant chaque individu à son métier, à son entreprise et à son environnement économique et social.

Cependant les mutations qui caractérisent le marché du travail liées à la globalisation des économies et l'évolution de la gestion des ressources humaines peuvent parfois remettre en cause le travail et l'emploi comme mode d'intégration sociale. Certaines formes pathologiques de la division du travail aboutiraient même à un phénomène de désaffiliation sociale.

On montrera que le travail permet l'intégration, l'affiliation économique et sociale (première partie), mais que les mutations du système économique peuvent réduire son rôle intégrateur (seconde partie).

> Lorsque l'intitulé du sujet est présenté sous une forme interrogative, on peut concevoir le plan sous une **forme dialectique** : oui, le travail permet […], cependant […].

I. Le travail permet l'intégration économique et sociale des individus

1. Le travail permet l'insertion dans l'économie et la société marchande

■ Les économies modernes sont des économies monétaires. La marchandisation de l'expression (demande solvable) et de la satisfaction des besoins entraînent la **nécessité de revenus** pour les satisfaire. L'exercice d'un travail, qu'il soit indépendant ou salarié, permet l'obtention d'une rémunération permettant la consommation. Les besoins physiologiques sont alors satisfaits (1er niveau de la pyramide de Maslow).

■ Les gains du travail peuvent aussi générer une épargne utile à des **fins de précaution**, ou pour servir de base à la constitution d'un patrimoine. Par ailleurs, le travailleur bénéficie de la « **couverture sociale** » contre la maladie et l'octroi d'une pension de retraite en fonction du nombre d'années de cotisation (2e niveau de la pyramide de Maslow).

> La **couverture sociale** découle de la mise en place de l'État-providence, notamment avec la création de la Sécurité Sociale en 1945.

2. Le travail renforce le lien social entre les individus

■ L'exercice d'un emploi permet l'intégration sociale par les **liens de solidarité** qui apparaissent dans le partage du travail sur le lieu d'exercice professionnel. Il peut s'agir d'une solidarité mécanique fondée sur la ressemblance, ou encore d'une solidarité organique associée à la division du travail (Durkheim). Comme le souligne le document 1, le travail aux anciennes Halles de Paris se caractérisait par une importante convivialité sur le lieu de travail, ainsi que par une forte culture du métier.

■ Le travail satisfait au besoin d'intégration sociale au sens de Maslow, de même qu'il permet la reconnaissance sociale et l'estime de soi. La culture d'entreprise qui lie les différentes <u>parties prenantes de la firme</u>, la promotion et le salaire au mérite, la satisfaction du travail accompli confortent le travailleur à la réalisation de la production.

> Les **parties prenantes** de l'entreprise sont les dirigeants, les actionnaires qui possèdent la propriété du capital social et les salariés.

II. Les mutations du système économique peuvent conduire à une réduction de l'intégration sociale

1. Les mutations de l'organisation du travail et de la gestion des ressources humaines peuvent contrarier l'intégration des individus

■ Les objectifs de rentabilité du capital investi, la valorisation insatiable de la plus value financière peuvent pousser les dirigeants d'entreprises à toujours « demander plus » aux salariés. Être obligé de faire toujours plus vite, d'accomplir plusieurs tâches en même temps, autant de raisons de mécontentement et de stress pouvant se traduire par des difficultés psychiques et physiques qui occasionnent le mal-être au travail. Le document 2 qui recense le mal-être au travail traduit bien cette situation : 48,5 % des actifs doivent se dépêcher, et 33,6 % d'entre eux ont peur pendant le travail.

■ Le travail cesse alors d'être un instrument d'intégration pour devenir un vecteur d'oppression et de domination. On peut mobiliser le concept d'**aliénation** développé par Marx, le travailleur cesse de s'appartenir. Son temps de travail ne lui appartient plus, il est déposséder du produit même qu'il réalise, il devient selon la formule de <u>Marx</u> : « un appendice de chair dans une machinerie d'acier ».

> N'hésitez pas à faire référence aux **auteurs** pour justifier vos argumentations et analyser les documents.

2. L'évolution et les nouvelles donnes du marché du travail peuvent concourir à une désaffiliation sociale

■ La recherche de la compétitivité, au niveau d'une économie aujourd'hui mondialisée, suppose davantage de **flexibilité des emplois et des salaires**. Obtenir un premier emploi pour les jeunes, le conserver pour les plus âgés, constituent autant de risques sociaux encourus, notamment pour les moins qualifiés. Par ailleurs, l'augmentation du chômage en période de crise économique n'améliore pas l'intégration des agents à la société globale.

■ L'évolution des **formes particulières d'emploi** (FPE), c'est-à-dire le temps partiel, les contrats à durée déterminée, le travail intérimaire délient la relation entre les travailleurs qui subissent ces formes atypiques d'emploi et le monde de la production. On observe ainsi dans le document 3 que les formes particulières d'emploi ont plus que doublé de 1982 à 2013. Ainsi apparaît le phénomène de « désaffiliation sociale », étudié par le sociologue Robert Castel.

[Conclusion] Le travail comme mode de relation sociale constitue avec les groupes d'appartenance comme la famille l'un des vecteurs clés de l'intégration des individus au sein des structures sociales. Il donne lieu à de multiples gratifications à la fois monétaires et symboliques à l'origine de la satisfaction des besoins des individus. L'obtention de revenus pour satisfaire aux besoins du présent, la sécurité pour l'avenir, la reconnaissance sociale et l'estime de soi sont autant d'impératifs nécessaires à la réalisation individuelle et à l'efficacité de l'action collective.

Les évolutions qui ont caractérisé la gestion du travail dans les entreprises ont pu remettre en question la synergie entre les travailleurs et les conditions de la production. L'augmentation du chômage, les délocalisations, les formes atypiques d'emploi motivées par la seule logique du profit ont réduit le rôle du travail comme instrument d'intégration sociale.

Les coûts individuels et collectifs du mal-être au travail, particulièrement élevés pour les administrations publiques en termes de déficit des comptes sociaux, pourraient amener la puissance publique à redéfinir, dans le sens de l'intérêt général, la relation entre l'homme et le travail.

> La **conclusion** est trop souvent négligée par les candidats alors qu'elle achève la dernière impression du lecteur. Faites la différence en consacrant du temps à s[a] rédaction : résumez les parties, répondez à la pro[blématique] avec nuance et ouvrez le sujet.

COURS MÉTHODE EXERCICES CORRIGÉS 9

www.annabac.com

CHAPITRE 9

Comment interpréter les conflits sociaux ?

Les formations sociales sont souvent traversées par des conflits attachés aux conditions économiques d'existence des populations. Ces conflits sont-ils pathologiques, facteurs de cohésion ou moteur du changement social ? Comment ont-ils évolué dans les sociétés postindustrielles ? Quel est le rôle des syndicats dans les conflits du travail ?

I La conflictualité sociale

Un **conflit social** désigne une situation dans laquelle des individus constitués en groupes revendiquent une réorganisation de la distribution de ressources matérielles et symboliques. Il peut être interprété de plusieurs façons. Tout d'abord, le conflit social peut être considéré comme « pathologique », allant à l'encontre de l'intégration sociale, ou à l'inverse comme une source de cohésion sociale. Ensuite, le conflit social peut être appréhendé comme un moteur du changement ou, au contraire, comme une manifestation de résistance au changement.

A Pathologie ou facteur de cohésion sociale ?

1. Le conflit comme pathologie de l'intégration sociale

Les conflits peuvent être appréhendés comme une **rupture de la contrainte sociale** au sens de Durkheim, c'est-à-dire des façons de penser, de sentir et d'agir à l'origine d'une collectivité organisée. On assiste à une remise en cause de certaines valeurs ou normes qui étaient jusqu'alors dominantes. Les conflits peuvent se rattacher au monde du travail ou caractériser la **société globale**.

> La notion de **société globale,** empruntée à Georges Gurvitch (1894-1965), désigne la société dans une perspective macro-sociologique.

▪ Les **conflits du travail** naissent principalement des revendications des salariés concernant la durée du travail, les conditions de l'exercice professionnel et le niveau des salaires. Ils attestent d'une remise en cause du mode de fonctionnement de l'organisation des marchés du travail et des rapports économiques et sociaux dans l'entreprise. L'analyse marxiste stigmatise l'opposition d'intérêts entre les travailleurs et les propriétaires des moyens de production quant au partage de la valeur créée au sein de la manufacture.

■ Les **conflits sociétaux** peuvent également être considérés comme porteurs d'une pathologie de l'intégration, dans la mesure où certaines catégories de la population revendiquent un nouvel ordre contestant les valeurs et les normes en vigueur, le plus souvent codifiées par le droit. Ainsi, certains mouvements gays et lesbiens revendiquent l'homoparentalité, c'est-à-dire la capacité juridique d'être ou de devenir parent (adoption, insémination artificielle).

2. Le conflit comme facteur de cohésion sociale

■ La cohésion sociale repose sur l'adhésion des individus à un groupe social (communauté religieuse, syndicat, parti politique, association). Elle favorise l'intégration des individus à la société globale.

■ L'organisation et la participation aux conflits sont facteurs de cohésion sociale dans la mesure où ils sont générateurs de **solidarité mécanique** au sens durkheimien, c'est-à-dire d'une solidarité liée à une situation et à des conditions d'existence communes. Ainsi, la devise de la « Première Internationale », fondée à Londres en 1864, proclamait-elle : « Prolétaires de tous les pays, unissez-vous. » Au-delà des frontières, l'**Internationale ouvrière** avait comme objectif de rassembler tous ceux qui partageaient les mêmes conditions d'exploitation économique pour les entraîner dans la lutte contre les détenteurs du capital.

> L'**Association internationale des travailleurs** (AIT) réunit les travailleurs en lutte qui revendiquent le suffrage universel, la réduction du temps de travail et la suppression du travail des enfants.

■ L'adhésion à une organisation syndicale ou à un groupe de pression est génératrice d'intégration sociale par le partage d'objectifs et de moyens communs dans la défense d'une cause créatrice de cohésion. Les membres des **groupes secondaires** se référèrent à des **valeurs communes** qui les unissent en une entité sociale distincte du reste de la société globale. Militer au sein d'une organisation ou d'une association permet en outre la construction d'une **identité sociale** favorable aux besoins de reconnaissance sociale.

> On distingue les **groupes primaires** constitués de quelques personnes (famille, groupe de pairs) et les **groupes secondaires** de dimension plus importante (syndicats, associations, partis politiques).

■ Les conflits sont **porteurs de relations sociales** selon la théorie de ==Georg Simmel==. Ce ne sont pas des « accidents sociaux », c'est-à-dire qu'ils ne sont pas liés à une quelconque pathologie sociale, mais qu'ils font partie intégrante du fonctionnement des sociétés. Ils résultent de tensions entre des intérêts contraires. Les conflits, pour Simmel, sont à l'origine de la construction des groupes sociaux. Ainsi, les conflits du travail ont entraîné la naissance des syndicats.

> **Georg Simmel** (1858-1918), philosophe et sociologue allemand, montre que la société est principalement fondée sur les actions réciproques que les individus entretiennent entre eux.

B Moteur ou frein pour le changement social ?

1. Le conflit comme moteur du changement

Les conflits sociaux remplissent une mission de **révélateur des tensions sociales** qui peuvent constituer autant de blocages dans le mode de fonctionnement et de régulation sociale. Une manifestation ou une grève informe les décideurs économiques ou politiques d'un dysfonctionnement organisationnel au niveau élémentaire d'une entreprise, ou au niveau plus large de la société civile dans son ensemble.

■ Les **conflits du travail** ont abouti à l'élaboration des **grandes lois sociales** qui reconnaissent le droit d'expression du monde du travail. Les grèves de 1936 et l'élection du Front populaire ont permis la signature des accords Matignon (conventions collectives, congés payés, semaine de 40 heures). Les grèves associées au mouvement de mai 1968 se sont terminées par les accords de Grenelle (revalorisation du SMIC, création de sections syndicales dans les entreprises de plus de 50 salariés). Une redéfinition des rapports entre le patronat et les syndicats de salariés apparaît alors indispensable pour la pérennité du consensus dans l'entreprise.

■ Les **conflits sociétaux** sont générateurs de changements sociaux. Les mouvements de défense de l'environnement face aux déséconomies externes entraînées par la pollution industrielle ont amené à la naissance de partis écologiques dans différents pays développés. L'Organisation des Nations unies, l'Union européenne, les gouvernements nationaux se sont engagés sur les voies des économies d'énergie, et la recherche d'énergies de substitution dans une optique de ==développement durable==, comme en témoigne le Grenelle de l'environnement en 2009.

> La notion de **développement durable** est tirée du rapport Brundtland, publié par l'ONU en 1987. Il s'agit de satisfaire les besoins des générations actuelles sans réduire les possibilités des générations futures de satisfaire les leurs (➜ chapitre 5).

2. Le conflit comme résistance au changement

■ Les conflits sociaux peuvent avoir comme objectif le maintien de certains acquis sociaux, ce qui entre parfois en contradiction avec une volonté de changement de la société globale. Lorsqu'en 1831, les canuts lyonnais (ouvriers tisserands) brisent les métiers à tisser dans les usines textiles, ils manifestent leur intention de s'opposer à l'instauration d'un machinisme qui les réduit au chômage.

■ L'opposition syndicale à la réforme des retraites en France, durant l'automne 2010, a pu être appréhendée comme une position conservatrice face aux évolutions que semblaient imposer les difficultés de financement du régime général de l'assurance-vieillesse.

> La **réforme des retraites** votée par le Parlement prévoit l'allongement de la durée de la vie active, et donc de la période de cotisations.

II L'évolution des conflits sociaux

Les mouvements sociaux ont toujours existé. Les conflits typiques de la société industrielle opposaient le plus souvent les forces du travail aux propriétaires des instruments de production. Les sociétés postindustrielles sont caractérisées par de nouveaux types de conflits sociaux dont les objectifs dépassent les conflits de classes relatifs au seul partage des richesses. L'analyse d'Alain Touraine précise les critères qui définissent un mouvement social.

A Les caractéristiques d'un mouvement social

Les mouvements sociaux, selon Alain Touraine, se caractérisent par la réunion de trois critères définis par le modèle IOT : « identité, opposition, totalité ».

■ Le **principe d'identité** repose sur le fait que soit clairement définie l'identité du groupe qui est porteur de l'action collective. On peut prendre comme exemple les mouvements gays et lesbiens qui revendiquent le droit à la non-discrimination pour les personnes homosexuelles.

■ **Le principe d'opposition** est symétrique au principe d'identité. Le mouvement social s'oppose aux valeurs dominantes d'une société à un moment donné de son développement historique. Ainsi, le mouvement ATTAC conteste le principe de gestion libérale des échanges internationaux.

■ **Le principe de totalité** suppose que l'action collective soit porteuse d'un projet global qui dépasse de simples revendications à caractère purement catégoriel. Selon Alain Touraine, il est nécessaire que les objectifs définis par le mouvement social aient une portée à caractère universaliste. Le mouvement Droit au logement (DAL), en prenant la défense des « sans-logis », met l'accent sur l'universalité du besoin de bénéficier d'un toit, quel que soit le niveau de revenu.

> **ALAIN TOURAINE (NÉ EN 1925)**
> Alain Touraine est un sociologue français dont les travaux eurent d'abord pour objet le monde du travail. Il rend compte des changements dans les conflits sociaux entre la société industrielle marquée par les conflits de classe traditionnels, et la société postindustrielle ou « société programmée » dans laquelle les nouveaux mouvements sociaux sont amenés à s'opposer à une confiscation du pouvoir organisationnel.
> Ses principales œuvres sont *Sociologie de l'action* (1965), *La Société postindustrielle* (1969), et *Production de la société* (1993).

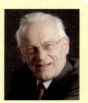

B Les nouveaux mouvements sociaux

Les **nouveaux mouvements sociaux** (NMS) constituent un vaste ensemble en raison de la diversité des objectifs orientant la mobilisation collective. On peut notamment distinguer trois types de mouvements.

■ Les **mouvements de défense de l'environnement**, comme Greenpeace, organisation internationale créée en 1971, qui s'est notamment fait connaître par son opposition aux essais nucléaires américains, puis français.

■ Les **mouvements de défense des droits des minorités**, illustrés en France par l'organisation SOS racisme. Les mouvements féministes, qui visent à promouvoir l'égalité des droits entre les hommes et les femmes, et les mouvements homosexuels relèvent de cette catégorie.

> Le recours à la notion de **nouveaux mouvements sociaux** (NMS) a pour but d'opposer les mouvements parfois qualifiés de « matérialistes », focalisés sur les seuls intérêts économiques, à de nouveaux mouvements « post-matérialistes », au service d'intérêts éthiques ou identitaires.

zOOM

La lutte des travailleurs « sans-papiers »

▶ Les « sans-papiers » ou « travailleurs clandestins » désignent des personnes de nationalités étrangères en situation irrégulière sur le territoire français. Ils occupent des emplois pouvant être rémunérés en dessous du salaire minimum, sans contrat de travail et sans couverture sociale.

▶ De nombreuses associations, des syndicats de salariés et certaines formations politiques ont dénoncé cette **situation paradoxale** : embauche et travail régulier des « sans-papiers » dans les entreprises, mais absence de droits. Ces derniers ont recours à des manifestations souvent relayées par les médias afin de faire connaître leurs revendications auprès de l'opinion publique.

▶ La mobilisation pour les « sans-papiers » se situe **hors des conflits traditionnels** du travail et relève des nouveaux mouvements sociaux. On y retrouve les éléments du **modèle IOT** : « identité, opposition, totalité ».

■ Les **mouvements globaux** comme les « Indignés », mouvement pacifiste né en Espagne en mai 2011 qui est à l'origine de nombreuses manifestations dans plusieurs pays européens et aux États-Unis. Ces mouvements sont indépendants des partis politiques et des syndicats. Les « Indignés » remettent notamment en question les politiques de rigueur associées à la crise des dettes souveraines.

C Les fonctions des nouveaux mouvements sociaux

■ Les nouveaux mouvements sociaux favorisent l'**intermédiation** entre les individus et la société. Le mouvement social assure ainsi une fonction d'intégration des acteurs à la société globale et de socialisation auprès des plus jeunes, en leur permettant d'intérioriser les attitudes nécessaires à leur participation sociale.

■ Ils permettent également le développement de la **conscience collective**, dans la mesure où les mouvements sociaux éclairent l'opinion sur les principaux choix de société. La diffusion de nouvelles valeurs permet l'engagement des individus dans l'action historique et leur participation au changement social.

■ Enfin, ils exercent une **pression sur les autorités politiques**. Les mouvements sociaux assurent la circulation des revendications de la société civile auprès de l'opinion publique et leur transmission auprès des décideurs politiques. Les pouvoirs publics peuvent alors infléchir les orientations et les choix politiques en fonction des revendications exprimées par certains mouvements sociaux.

III Syndicats et mutations des conflits du travail

L'institutionnalisation et la réduction des conflits du travail relèvent du rôle des syndicats qui permettent la reproduction du consensus nécessaire à l'activité et à la régulation économique et sociale. On observe cependant aujourd'hui une crise du syndicalisme au niveau mondial.

A Le rôle des syndicats

Les syndicats ou associations syndicales ont été autorisés en France par la loi de 1884 (loi Waldeck-Rousseau). Les syndicats sont définis comme des groupements professionnels ayant exclusivement pour objet l'étude et la défense des intérêts économiques, industriels, commerciaux et agricoles. Ils ne regroupent que des personnes exerçant la même profession ou des professions similaires. Ils peuvent constituer des unions interprofessionnelles qui forment, au plan national, des confédérations.

1. Les syndicats sont des groupes de pression

■ Les associations syndicales sont à l'origine de l'**expression des intérêts**. Pour les **politologues**, les associations syndicales sont considérées comme des groupes de pression dont la fonction consiste, comme leur nom l'indique, à exercer une pression sur les autorités décisionnelles (patronat, gouvernement) par différents moyens, afin de sensibiliser l'opinion publique (grèves, pétitions, déclarations de presse). Les syndicats sont des forces de **mobilisation sociale**.

> Les **politologues** sont des spécialistes des sciences politiques, c'est-à-dire des enseignants et des chercheurs, alors que les politiciens ou hommes politiques sont impliqués dans l'action politique.

■ Les syndicats concourent à l'**institutionnalisation des conflits**. Le syndicalisme français est né de la volonté politique et patronale d'institutionnaliser les conflits sociaux et, plus particulièrement, les conflits du travail. Il s'agissait d'éviter le recours à la violence et la montée du socialisme qui menaçaient l'ordre social libéral et le système de la libre entreprise. C'est ainsi que les lois de 1864 et 1884 autorisent le droit de grève et la création des syndicats. L'encadrement des ouvriers apparaît alors nécessaire pour résoudre les conflits d'une façon protocolaire, par la négociation collective et non par l'action politique violente.

■ Les syndicats sont porteurs de **régulation des conflits**. Ils défendent les intérêts professionnels et matériels de leurs membres (augmentation des salaires, défense de l'emploi, amélioration des conditions de travail). Ils contribuent efficacement à la régulation des conflits sociaux dans un sens favorable à la reconduction du consensus social et politique caractéristique du système démocratique.

2. Les syndicats sont des partenaires de la vie économique et sociale

■ Les syndicats sont associés aux décisions et à la gestion des entreprises au sein de plusieurs instances. C'est le cas pour les **délégués du personnel** dans les entreprises de plus de 10 salariés, qui font valoir les doléances du personnel auprès des dirigeants de l'entreprise. Les **comités d'entreprise**, dans les entités de plus de 50 salariés, et les **sections syndicales,** dans les entreprises employant plus de 10 salariés, participent à la négociation annuelle des salaires.

> Le **comité d'entreprise** est informé de la gestion économique et financière de l'entreprise. Il gère les activités sociales et culturelles de la firme (loisirs, vacances, bibliothèque).

■ Les syndicats participent à la politique des revenus dans le cadre des **conventions collectives**. Créées en 1936, les conventions collectives réunissent les partenaires sociaux (syndicats de salariés et d'em-

La grève

▶ La grève est une action collective qui repose sur la **cessation effective du travail**. Le droit de grève est reconnu par la Constitution (préambule de la Constitution du 27 octobre 1946, toujours en vigueur, en vertu du préambule de la Constitution du 4 octobre 1958) : « Le droit de grève s'exerce dans le cadre des lois qui le réglementent […] »
Le droit de grève suppose une **décision préalable et concertée des salariés**. La grève ne rompt pas le contrat de travail entre le salarié et l'employeur. Elle peut être décidée en dehors des syndicats et il n'est pas obligatoire qu'elle soit suivie par la totalité ou la majorité des salariés de l'entreprise.
▶ La grève ne peut avoir comme objet que des **revendications professionnelles**. Ces revendications doivent, au préalable, être présentées au chef d'entreprise ou à ses représentants. Les grévistes doivent déposer un préavis de grève auprès de l'employeur.
▶ Les grèves sont parfois **mal perçues par l'opinion publique,** notamment dans les services publics comme les transports où elles peuvent apparaître coûteuses et pénalisantes pour les usagers.

ployeurs, représentants de l'État) dans le but de procéder à la détermination des niveaux de qualifications professionnelles et de fixer les salaires qui sont attachés à chaque niveau de qualification. Les syndicats interviennent également aux côtés des employeurs au sein des **juridictions prud'homales**, pour juger des litiges en matière de droit du travail.

B La crise du syndicalisme

1. La baisse du taux de syndicalisation

Le taux de syndicalisation exprime le rapport entre les adhérents des syndicats et la population active salariée. Pour la France, le taux de syndicalisation est passé de 42 % en 1949 à moins de 8 % aujourd'hui. Cette diminution de la syndicalisation est un **phénomène mondial**, mais c'est en France qu'il est le plus prononcé avec l'un des taux les plus bas parmi les pays industrialisés (États-Unis : 14 % ; Grande-Bretagne : 32 % ; Allemagne : 29 %).

2. Les origines de la désyndicalisation

La désyndicalisation, en France, apparaît comme la résultante de nombreux facteurs qui se conjuguent. On peut distinguer trois évolutions majeures :

■ Les mutations de l'appareil productif ont entraîné un **phénomène de désindustrialisation**. Les industries traditionnelles (mines, sidérurgie, production textile) ont été largement délocalisées et les emplois d'ouvriers qui y étaient attachés ont disparu.

■ Les évolutions du système des emplois comme les **formes atypiques d'emploi** (temps partiel, intérim, CDD) ne poussent guère les salariés à la syndicalisation, dans la mesure où le lien avec l'entreprise n'est pas suffisamment durable pour que les travailleurs puissent s'investir dans l'action syndicale. De surcroît, en période de chômage et de précarité de l'emploi, le rapport de force entre employeurs et salariés tourne à l'avantage des premiers.

■ L'image du mouvement syndical s'est modifiée. Les syndicats sont perçus comme des **appareils bureaucratiques** sans véritables rapports avec les problèmes rencontrés par les salariés sur le terrain de l'exercice professionnel. La médiatisation des dirigeants des confédérations, semblable à celles des grands leaders politiques, les isole du reste des populations salariées. Les syndicats apparaissent souvent aux yeux de l'opinion comme des structures de défense des intérêts acquis dont le seul souci reste la pérennité de privilèges catégoriels.

La désyndicalisation expliquerait en partie les transformations des conflits du travail, dans leurs formes et leurs modalités.

> **RÉCAPITULONS**
>
> ■ Les conflits sociaux sont animés par des groupes qui revendiquent une transformation des structures économiques et sociales existantes. Leur action fragilise le processus d'intégration sociale et, en même temps, favorise la cohésion sociale par de nouvelles formes d'organisation.
> ■ Les nouveaux mouvements sociaux (NMS), spécifiques des sociétés postindustrielles, sont caractérisés par le « modèle IOT », reposant sur les principes de l'identité, de l'opposition et de la totalité.
> ■ Les syndicats de salariés sont des groupes de pression à vocation professionnelle qui assurent l'expression des intérêts des travailleurs et permettent la réduction des conflits du travail. Les syndicats connaissent une chute de leurs effectifs, ce qui entraîne une modification des conflits du travail traditionnels.

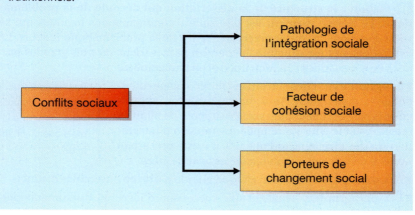

Structurer un développement dans une dissertation

LA DÉMARCHE

I Trouver une problématique. Il s'agit de définir une problématique qui n'est pas forcément formulée dans l'intitulé du sujet. C'est à vous de la découvrir, ou plutôt de la concevoir. La problématique est indispensable à toute dissertation. Une copie sans problématique est forcément une copie maladroite, qui montre que le candidat n'a pas compris la question explicitement ou implicitement contenue dans l'intitulé du sujet. L'intérêt du sujet peut accompagner la présentation de la problématique, en soulignant les retombées attachées au problème traité.

> La problématique, tout comme le plan, découle à la fois de vos connaissances, mais aussi des documents qui vous sont proposés et qui vous servent de guide dans la réalisation de votre dissertation.

II Élaborer la structure de la dissertation qui découle de la problématique. Le développement est une suite d'argumentations logiques qui se succèdent dans un ordre précis au service de la problématique retenue. Le développement est structuré en grandes parties (deux ou trois grandes parties), en sous-parties (deux ou trois) et en paragraphes.

■ **Les grandes parties** constituent le découpage essentiel de la dissertation. Ainsi, un sujet sur les rapports entre l'école et l'intégration sociale suppose de montrer que le système éducatif remplit une mission d'intégration sociale mais que, par ailleurs, il existe un certain nombre de faits qui en soulignent les insuffisances.

> Pour la construction du plan, vous pouvez vous reporter à la fiche méthode du chapitre 5, p. 87.

■ **Les sous-parties** divisent chaque grande partie en ensembles distincts.

■ **Les paragraphes** détaillent une succession d'idées ou d'arguments permettant d'étayer la thèse présentée au sein de chacune des sous-parties. Ainsi, les paragraphes de la première sous-partie évoquent les différents objectifs du système d'enseignement. Chaque élément du raisonnement constitue un paragraphe. D'une façon générale, on peut retenir le principe suivant : un paragraphe égale une idée.

■ **L'introduction partielle** de chaque grande partie en précise la structure interne, c'est-à-dire le contenu des sous-parties.

■ **La conclusion partielle** de quelques lignes termine chaque grande partie du devoir. Il s'agit d'une sorte de bilan à un moment précis de la démonstration.

COURS **MÉTHODE** EXERCICES CORRIGÉS **9**

L'EXEMPLE COMMENTÉ

Voici comment vous pourriez structurer le développement du sujet de dissertation suivant (voir dossier documentaire p. 151-152) : « Portée et limites de l'école dans le processus d'intégration sociale. »

■ **Première partie**. L'école est une instance essentielle d'intégration sociale.

> **Problématique** : Dans quelle mesure l'école remplit-elle son rôle d'intégration des jeunes dans la société ?

Introduction partielle. Le système d'enseignement français est issu d'une longue tradition dont l'un des moments clés fut sans doute la mise en place des « lois Ferry », qui ont consolidé la pratique du français et la diffusion des valeurs républicaines. Si les objectifs du système d'enseignement en tant qu'instrument d'intégration sociale n'ont pas changé, des doutes et des interrogations apparaissent, notamment chez les parents d'élèves, quant aux performances de l'école dans l'accomplissement de ses missions.

• **Première sous-partie**. Les objectifs proclamés du système d'enseignement.

Le code de l'Éducation, daté de 2006, recense les différents objectifs du système d'enseignement, eu égard à sa mission d'intégration sociale (document 2).
– L'école doit transmettre les valeurs qui sont celles de la République et contribuer à l'exercice de la citoyenneté nécessaire dans un État démocratique.
– L'école doit permettre la maîtrise de la langue française, langue de la République, et l'acquisition des différentes composantes d'une culture générale.
– L'école doit contribuer à l'insertion dans la vie sociale et professionnelle, notamment par l'obtention d'une qualification reconnue, c'est-à-dire sanctionnée par les pouvoirs publics (diplômes nationaux).

• **Seconde sous-partie**. Les performances du système d'enseignement sont diversement évaluées en fonction des objectifs déclarés.

Un sondage CSA / La Croix / Unapel auprès d'un échantillon représentatif de parents d'élèves appelle à des réserves sur les performances du système d'enseignement (document 3).
– L'école permet l'obtention d'un bon niveau scolaire et de bons résultats, c'est ce que déclarent 77 % des personnes interrogées. L'encadrement des élèves semble également efficace.
– Néanmoins les performances du système éducatif sont plus contrastées en ce qui concerne le rôle de l'école comme facteur d'intégration sociale, dans la

mesure où près du quart des parents d'élèves pensent que l'école n'apprend pas suffisamment le « vivre ensemble » et peinerait quant à la transmission des valeurs morales.
– En ce qui concerne la préparation à la vie professionnelle, l'école n'a pas la moyenne : 46 % des parents pensent que l'école ne remplit pas cette mission au service de la société civile.

Conclusion partielle. Le système d'enseignement, doté de moyens importants et de nombreux personnels qualifiés, reproduit les aspects qualitatifs du capital humain nécessaire aux besoins de la société, des entreprises. Il est l'une des clés de la pérennité de notre modèle démocratique. Cependant, l'école n'apprendrait pas suffisamment le « vivre ensemble » et ne préparerait pas suffisamment les jeunes à leur avenir professionnel.

■ **Seconde partie**. L'école ne semble pas répondre à toutes ses responsabilités sociétales en termes d'intégration sociale.

• **Première sous-partie**. En dépit des intentions proclamées, on peut remarquer que l'école ne conduit pas la totalité d'une génération à l'obtention d'un diplôme général ou technologique (document 1).

• **Seconde sous-partie**. L'échec scolaire peut mener l'enfant à se tourner vers des comportements asociaux, voire délinquants.

SE TESTER — QUIZ

1 Vrai ou faux ?

Cochez la bonne réponse.

	V	F
a. Les conflits sociaux correspondent aux conflits du travail.	☐	☐
b. Les conflits sociaux sont un facteur de changement social.	☐	☐
c. Les nouveaux mouvements sociaux défendent essentiellement des intérêts économiques.	☐	☐
d. Les syndicats sont des groupes de pression à vocation professionnelle.	☐	☐
e. Les syndicats permettent la régulation des conflits du travail.	☐	☐

S'ENTRAÎNER

2 QCM

Observez le document et choisissez la ou les propositions exactes.

DOCUMENT Taux de syndicalisation dans divers pays (2013)

Allemagne	17,7 %
Belgique	55 % (2012)
États-Unis	10,3 %
France	7,7 % (2012)
Italie	36,9 %
Japon	17,8 %
Royaume-Uni	25,4 %
Suède	67,7 %
Moyenne OCDE	16,9 %

Source : OCDE.

☐ **a.** Le taux de syndicalisation en France est l'un des plus faibles des pays de l'OCDE.

☐ **b.** C'est en Belgique que le taux de syndicalisation est le plus élevé.

☐ **c.** Le taux de syndicalisation au Royaume-Uni est supérieur de 17,7 points au taux français.

☐ **d.** Le taux de syndicalisation américain est supérieur à la moyenne de l'OCDE.

3 Le vocabulaire des conflits sociaux

Complétez le texte ci-dessous avec les mots suivants.

conflits du travail • conflits sociétaux • conventions collectives • groupes de pression • juridictions prud'homales • mobilisation sociale • régulation des conflits • sociétés postindustrielles • totalité

■ Les sociétés sont généralement traversées par des conflits sociaux qui remettent en cause le consensus social. Des divergences peuvent apparaître dans les entreprises de production quant à l'emploi ou l'évolution des salaires, il s'agit alors de … . D'autres conflits peuvent opposer une partie de la population aux règles collectives en vigueur, on évoque alors l'existence de … .

■ Les nouveaux mouvements sociaux ont été définis par Alain Touraine à partir du modèle IOT, « identité, opposition, … ». Ils sont caractéristiques des … et ne se réduisent pas au seul conflit entre employeurs et salariés.

■ Les syndicats sont des … . Ils ont pour fonction de défendre les intérêts des forces du travail par la … . Ils ont également pour mission de permettre la … . Les syndicats, en tant que partenaires sociaux, participent à la politique des revenus dans le cadre des … . Ils assurent également une mission de justice en droit du travail dans les … .

OBJECTIF BAC

Mobilisation des connaissances

4 *Voici deux questions de mobilisation des connaissances sur le thème du chapitre. Lors de l'épreuve, vous devrez répondre à deux questions portant sur deux parties différentes du programme.*

a. Quels sont les trois principes constitutifs des mouvements sociaux selon Alain Touraine ?

b. En quoi les conflits sociaux peuvent-ils être à l'origine du changement social ?

> **POUR VOUS AIDER**
>
> **a.** Développez les **trois critères du modèle IOT** et essayez de les illustrer par un exemple emprunté à l'actualité politique et sociale.
>
> **b.** Cherchez à opérer un rapprochement entre **certains conflits sociaux et leurs retombées** du point de vue de la règle de droit.

Dissertation s'appuyant sur un dossier documentaire

5 Les syndicats et l'action collective

En vous aidant des documents ci-dessous, vous traiterez le sujet suivant : « En quoi les syndicats sont-ils des acteurs de l'action collective ? »

DOCUMENT 1 Les taux de syndicalisation en France depuis 60 ans

Source : CGT.

DOCUMENT 2

« SONAS, l'équipementier qui possède quatre usines à La Souterraine, Bessines-Sur-Gartempe, Beaucourt et St Nicolas d'Aliermont, avait été placé en liquidation judiciaire. Mais l'action des salariés et de leur syndicat CGT a permis de faire évoluer les offres de reprise, là aussi en se retournant vers les donneurs d'ordre Renault et PSA. Ainsi l'offre de reprise d'Halberg qui comportait 374 suppressions de postes dans les quatre sites a été ramenée à 262 suppressions, permettant ainsi de sauver 112 emplois. Par ailleurs les salariés ont obtenu la création d'un atelier protégé pour 17 salariés, le reclassement dans la filière Auto sur le bassin d'emploi de sochaux pour 30 postes. Également des mesures d'accompagnement telles que :
– 1 indemnité d'incitation à la reconversion de 18 000 euros par personne concernée par une suppression d'emploi ;
– 400 euros par année d'ancienneté plafonnée à 20 ans ;
– 1 budget de 2 000 euros par personne concernée par une suppression d'emploi pour financer des mesures de mobilité, de formations, de reconversions.

CGT, 2009.

DOCUMENT 3 Résultats des élections prud'homales (2008)

	Nombre d'inscrits	Nombre de votants	Taux de participation	Nombre d'exprimés
Collège Salariés	18 683 971	4 760 754	25,48 %	4 621 696
Listes	**Voix**		**%**	**Sièges**
CGT	1 570 500		33,98	2 853
CFDT	1 007 985		21,81	1 799
FO	730 855		15,81	1 146
CFTC	401 494		8,69	384
CFE – CGC	379 027		8,20	627
UNSA	288 924		6,25	250
SOLIDAIRES	176 140		3,81	92
DIV SAL	66 771		1,44	105

Source : ministère du Travail, de l'Emploi et de la Santé.

> **POUR VOUS AIDER**
>
> Il s'agit pour vous, à partir de vos connaissances et des documents, d'établir une relation entre les associations syndicales et l'action collective. Demandez-vous notamment comment les syndicats de salariés participent à la gestion de l'activité de l'entreprise.

SE TESTER

1 Vrai ou faux ?

a. Faux. Les conflits du travail ne sont pas les seuls conflits sociaux, on peut leur adjoindre les conflits sociétaux qui opposent la société civile à l'État, par exemple le combat des « sans-papiers ». **b. Vrai. c. Faux.** Les nouveaux mouvements sociaux peuvent avoir des objectifs de portée générale (principe de totalité), comme la lutte contre le racisme. **d. Vrai. e. Vrai.**

S'ENTRAÎNER

2 QCM

Réponses **a.** et **c.**

3 Le vocabulaire des conflits sociaux

■ Les sociétés sont généralement traversées par des conflits sociaux qui remettent en cause le consensus social. Des divergences peuvent apparaître dans les entreprises quant à l'emploi ou l'évolution des salaires, il s'agit alors de **conflits du travail**. D'autres conflits peuvent opposer une partie de la population aux règles collectives en vigueur, on évoque alors l'existence de **conflits sociétaux**.

■ Les nouveaux mouvements sociaux ont été définis par Alain Touraine à partir du modèle IOT, « identité, opposition et **totalité** ». Ils sont caractéristiques des **sociétés postindustrielles** et ne se réduisent pas au seul conflit entre employeurs et salariés.

■ Les syndicats sont des **groupes de pression**. Ils ont pour fonction de défendre les intérêts des forces du travail par la **mobilisation sociale**. Ils ont également pour mission de permettre la **régulation des conflits**. Les syndicats, en tant que partenaires sociaux, participent à la politique des revenus dans le cadre des **conventions collectives**. Ils assurent également une mission de justice en droit du travail dans les **juridictions prud'homales**.

OBJECTIF BAC

4 Mobilisation des connaissances

a. Selon le sociologue français Alain Touraine, un mouvement social doit répondre à trois principes : le principe d'identité, le principe d'opposition et le principe de totalité ; il s'agit du modèle IOT.
Le **principe d'identité** suppose que le mouvement social puisse communiquer sur son identité. Par exemple, l'association Droit au logement stigmatise les difficultés de certaines catégories de la population à se loger. En gardant le même exemple, le **principe d'opposition** souligne à la fois la responsabilité des propriétaires, des professionnels de l'immobilier et des pouvoirs publics. Enfin, le **principe de totalité** peut être aisément mobilisé car on peut considérer que, quels que soient ses revenus, une personne ou une famille doit pouvoir satisfaire ce besoin humain essentiel qui consiste à se loger.

Les mouvements sociaux permettent ainsi de manifester les doléances d'une certaine partie de la société civile auprès des décideurs économiques et politiques.

b. Les conflits sociaux constituent un facteur important de changement social dans la mesure où ils se traduisent par une **remise en cause de l'ordre existant**, notamment du point de vue du droit, des conditions de vie ou des représentations collectives.

Les **conflits du travail** ont souvent eu pour conséquence de permettre la modification de la législation en vigueur d'une façon plus favorable aux travailleurs. Ainsi, en France, après les grèves de 1936, les accords Matignon aboutirent à la semaine de 40 heures et à l'obtention de deux semaines de congés payés dans les entreprises. Après les « événements » de mai 1968, les accords de Grenelle ont permis une augmentation de 35 % du SMIG et une meilleure représentativité des travailleurs au sein des entreprises ainsi qu'une gestion paritaire des relations professionnelles.

Les **conflits sociétaux** ont entraîné une transformation des mentalités et des lois en vigueur. L'action des mouvements féministes à partir du milieu des années 1960 a permis, en 1975, la légalisation de l'interruption volontaire de grossesse (IVG) par la « loi Veil », du nom de la ministre de la Santé en fonction à l'époque.

5 Dissertation. Les syndicats et l'action collective

Pour ce sujet, on retiendra particulièrement le cas de la France.
Les titres de parties ne doivent pas figurer dans votre copie.

[Introduction] L'augmentation du chômage, les délocalisations d'entreprises associées à la recherche de la baisse des coûts de production, la stagnation des salaires amènent souvent les syndicats de salariés sur le devant de la scène. Les syndicats français sont nés de la loi Waldeck-Rousseau, en mars 1884, qui en reconnaît l'existence légale.

Les syndicats sont considérés par les politologues comme des groupes de pression à vocation professionnelle ayant pour mission de défendre les intérêts de leurs membres. Toutefois les associations syndicales ont évolué, notamment en France, sous la poussée des transformations qui ont affecté l'organisation économique et les structures sociales.

Si le taux de syndicalisation s'est effectivement réduit, les organisations syndicales participent toujours au changement social, en tant que porte-paroles du monde du travail.

On montrera que les associations syndicales sont à l'origine de l'expression des intérêts des salariés, qu'ils permettent la réduction des conflits sociaux, et enfin qu'ils sont parties prenantes dans les structures organisationnelles des entreprises.

> L'**introduction** comprend l'accroche initiale, la définition du terme clé de la dissertation, la problématique et l'annonce du plan.

I. Les syndicats sont à l'origine de l'expression des intérêts de salariés

1. Les imperfections du marché peuvent entraîner récession et chômage

Le paradigme libéral repose sur la liberté d'entreprendre et la flexibilité des salaires sur le marché du travail, en fonction de l'offre et de la demande de travail. Les **imperfections du marché** (*market failures*) amènent à la réalisation d'un équilibre du taux de salaire qui peut être dysfonctionnel quant aux revenus des forces du travail d'une part, et à la réalisation d'un équilibre plus global sur le plan de l'économie nationale d'autre part. En effet, la baisse des salaires liée aux structures du marché national, européen ou mondial peut entraîner une baisse de la demande au sens keynésien, qui serait génératrice de récession et de chômage.

2. Les syndicats représentent la voix des salariés

En tant que groupes de pression, les syndicats ont pour mission de faire entendre la voix des salariés dans l'entreprise et au niveau plus global de l'économie nationale. Certes, on constate une baisse du taux de syndicalisation en France qui passe de 27 % en 1950 à moins de 10 % aujourd'hui (document 1). Cependant, les syndicats constituent toujours un **contre-pouvoir** face aux autres organes décisionnels de l'économie, comme les représentants des syndicats d'employeurs (MEDEF, CGPME) et des pouvoirs publics (ministère du Travail). Les associations syndicales ont alors comme objectif de **défendre les rémunérations des salariés**.

II. Les syndicats permettent la réduction des conflits sociaux

1. Les syndicats ont un rôle d'intermédiation

Les syndicats sont nés de la volonté politique d'institutionnaliser les conflits sociaux, c'est-à-dire de **réduire les fractures sociétales** générées par la relation asymétrique entre le pouvoir des détenteurs du capital et les travailleurs vendeurs de leur force de travail. Ils assurent ainsi une mission d'intermédiation favorable à l'émergence d'un consensus à l'intérieur de l'entreprise, tout comme dans la société globale.

2. Les syndicats ont pour objectif de défendre et d'améliorer les conditions de travail

Les organisations syndicales ne se limitent pas seulement au **maintien du pouvoir d'achat** des salariés. Ils interviennent également en matière de **défense des conditions de travail et de sécurité** qui peuvent entraver le consensus dans l'entreprise (document 2). Par la négociation, ils sont une **force de proposition** dans le cadre du droit du travail et des conventions collectives, par la détermination des qualifications et des revenus.

III. Les syndicats sont parties prenantes dans la gestion du système économique et social

1. Les syndicats deviennent des partenaires sociaux

Les syndicats participent à la vie économique et sociale. Cette démarche est positive pour les salariés dans l'entreprise et du point de vue de l'économie nationale : dialogue social, gestion paritaire de la Sécurité sociale ou de l'UNEDIC, etc. Les syndicats ont délaissé leur mission idéologique de contestation du système capitaliste au profit d'une **démarche plus consensuelle** au sein du système économique. Leur fonction d'arbitrage, leur participation à la gestion des politiques sociales les fait apparaître comme des **partenaires sociaux** à part entière.

2. Les syndicats institutionnalisent et régulent les conflits du travail

Les syndicats interviennent également dans la défense des salariés au sein des conseils de prud'hommes qui examinent les litiges opposant les employeurs et les salariés sur les bases du droit du travail. Lors des élections prud'homales de 2008, près d'un quart des salariés a élu leurs représentants (document 3). Les conseillers prud'homaux ne sont pas des magistrats professionnels, mais des représentants élus démocratiquement tous les cinq ans par les employeurs et les salariés. On assiste bien à une **redéfinition du rôle** des organisations syndicales qui sont aujourd'hui moins des structures de contestation radicales que des organismes associés à l'**institutionnalisation** et à la **régulation des conflits** du monde du travail.

[Conclusion] Le syndicalisme français a connu un certain nombre de transformations depuis la fin des années 1970. En dépit du faible taux de syndicalisation en France (8 %), les syndicats restent des acteurs privilégiés de l'action collective. Leur rôle dans la gestion des instruments de la politique sociale ou au sein des conseils de prud'hommes est nécessaire à la réduction consensuelle des tensions et des conflits sociaux. Ils constituent un contre-pouvoir face au patronat et à l'État, avec comme objectif de défendre les forces du travail et de favoriser le progrès social.

Cependant, l'internationalisation financière rend plus difficile la négociation avec l'employeur dans le cadre des grands groupes au capital éclaté. De même, les problèmes économiques européens et mondiaux semblent échapper à l'action syndicale nationale.

> La **conclusion** est scindée en deux segments dont le dernier est toujours une ouverture qui tend à dépasser les seules argumentations développées dans la dissertation.

Enseignement spécifique
Regards croisés

CHAPITRE 10 : Comment les pouvoirs publics peuvent-ils contribuer à la justice sociale ?

www.annabac.com

Les pouvoirs publics concourent à l'exercice de l'égalité des droits et cherchent à assurer l'égalité des chances. Il s'agit de favoriser la réduction des inégalités. Sur quels principes repose la justice sociale ? Comment se caractérisent les politiques fiscales et les services collectifs ? Quels sont les modèles de protection sociale ? Quelles sont les limites de la contribution de l'État à la justice sociale ?

I Justice sociale et égalités

A Les différentes dimensions de l'égalité

La justice sociale repose sur l'idée d'égalité entre tous les individus. Le concept d'égalité recouvre plusieurs dimensions. On distingue l'égalité des droits, l'égalité des chances et l'égalité des situations.

- L'**égalité des droits** est un acquis de la Révolution française qui a accordé l'égalité juridique à tous les Français par la *Déclaration des droits de l'homme et du citoyen* de 1789. Avec la suppression des privilèges, l'opposition ancestrale entre les nobles et les roturiers disparaît. L'égalité des droits se traduit par le caractère universel de la loi qui s'applique à tous de la même façon (égalité devant la loi). Cependant, bien qu'elle ait été proclamée, l'égalité des droits n'est pas toujours effective. Ainsi, les pouvoirs publics vont chercher à lutter contre les discriminations qui touchent certaines fractions de la population. Par exemple, la lutte contre les différences de rémunération homme-femme, à poste de travail équivalent, s'inscrit dans la quête d'égalité des droits.

- L'**égalité des chances** consiste en la mise en place de structures qui permettent à tous les individus de bénéficier des mêmes possibilités de parvenir à leurs fins, quelles que soient leurs situations de départ (en termes de moyens financiers, lieu de résidence). L'école est l'un des instruments de l'égalité des chances. La gratuité de l'enseignement, les concours de recrutement ouverts à tous, les bourses scolaires participent d'un **système méritocratique** où la sélection des meilleurs repose sur l'effort et le travail individuels.

■ L'**égalité des situations ou des positions** suppose une distribution parfaitement égale des différentes ressources disponibles entre les individus. Elle constitue un modèle de référence normatif où chaque participant au système économique et social bénéficierait, par exemple, d'un même niveau de revenu ou d'un même niveau de patrimoine. L'égalité des situations reste un objectif important des pouvoirs publics. Parmi les mesures qui y répondent, on peut citer l'instauration de zones d'éducation prioritaire (ZEP) ou la mise en place d'un accès égal aux soins médicaux, quel que soit le revenu ou le lieu de résidence (lutte contre la désertification médicale dans certaines régions).

B Égalité et équité

■ L'**égalité** est un principe associé à la **société démocratique**. Il s'agit d'accorder le même traitement à tous les individus, quelles que soient leurs positions sociales. Ainsi, les lois sont identiques pour tous. L'égalité républicaine suppose l'absence de différences quant à l'accès aux services publics (enseignement, santé, système judiciaire).

■ L'**équité** est un **principe modérateur du droit objectif** selon lequel chaque individu peut prétendre à un traitement « juste et raisonnable ». Suivant le principe d'équité, les différences sociales sont prises en considération : par exemple, l'aide juridictionnelle permet à des personnes aux revenus modestes de bénéficier d'une prise en charge totale ou partielle des frais (avocat, huissier) dans le cadre d'une action en justice (discrimination positive).

■ **Égalité et équité ne s'opposent pas.** L'égalité est un fait de droit alors que l'équité repose sur des choix, éthiques ou politiques, sous-tendus par un système de valeurs. Le service public d'éducation nationale garantit l'égalité des candidats lors des examens et concours notamment par l'anonymat des copies. En même temps, les candidats présentant un handicap peuvent bénéficier d'un tiers-temps, selon le principe d'équité.

II Fiscalité, services collectifs et justice sociale

L'État oriente les structures et le fonctionnement des administrations publiques avec comme objectif de parvenir à plus de justice sociale. La politique fiscale et la production de services collectifs non marchands permettent de réduire les inégalités.

A La politique fiscale

La **politique fiscale** est relative à la hauteur et à la structure des **prélèvements obligatoires (PO)**. Si elle a pour but de permettre le financement des dépenses publiques, elle participe de façon indirecte à la **redistribution** et à la réduction des inégalités.

■ L'**impôt sur le revenu (IRPP)** frappe l'ensemble des revenus perçus par un foyer fiscal, que ce soit des salaires, pensions de retraite ou revenus tirés de placements financiers. C'est un impôt progressif, c'est-à-dire que le taux de l'impôt évolue en fonction du revenu imposable. Par ailleurs, un système de quotient familial prend en compte les charges de famille. Les contribuables les plus modestes sont exonérés du paiement de l'impôt sur le revenu (environ un foyer fiscal sur deux).

■ L'**impôt sur la consommation**, c'est-à-dire la **taxe sur la valeur ajoutée (TVA)**, est à l'origine de plus de 45 % des ressources fiscales de l'État. Elle comporte également un volet redistributif en raison de l'aménagement de ses taux en fonction de la catégorie de biens acquis par les consommateurs. Si le taux « de droit commun » est de 20 %, il existe un taux réduit de 5,5 % notamment pour les produits alimentaires. Le volet redistributif de la TVA est lié au fait que la part des dépenses alimentaires pèse d'un plus grand poids dans le budget des ménages modestes que dans celui des plus favorisés.

■ L'**impôt sur le patrimoine** prend, en France, la forme de l'**impôt de solidarité sur la fortune (ISF)**. Il se présente sous la forme d'un prélèvement progressif qui frappe les ménages dont le patrimoine est supérieur à 1 300 000 euros. L'ISF augmente en fonction de la valeur du patrimoine considéré (de 0,25 % au-dessous de 3 millions et 0,50 % au-dessus).

> Les **prélèvements obligatoires** sont définis par l'OCDE comme l'ensemble des versements effectués sans contrepartie par les agents économiques pour assurer le financement des administrations publiques. Il n'existe pas de correspondance entre la dette fiscale d'un contribuable et sa consommation de services publics.

B Les services collectifs

■ Les services collectifs sont produits par des **administrations publiques** et peuvent être utilisés par plusieurs consommateurs à la fois sans que l'apparition d'un consommateur supplémentaire ne réduise la satisfaction des autres. Ils répondent aux besoins des ménages en dehors du marché et du système des prix. L'enseignement public (école, collège, lycée) est un exemple de service non marchand : il est accessible à tous de façon gratuite.

■ Les services collectifs assurent une **mission de redistribution** dans la mesure où leur consommation est indépendante de leur financement. Il se peut qu'un foyer fiscal fortement imposé sur le revenu n'utilise que peu de services collectifs, tandis qu'un ménage exonéré de l'impôt sur le revenu en consomme un grand nombre.

III Redistribution et politiques sociales

A Les objectifs de la protection sociale

On distingue quatre objectifs principaux :

■ La **réduction des risques sociaux** (maladie, accident, vieillesse, chômage) dont il convient d'atténuer les effets négatifs en termes de diminution de revenu pour ceux qui en sont frappés. Les personnes fragilisées par ces difficultés perdent le bénéfice de leur salaire d'activité. Il apparaît nécessaire de leur permettre de percevoir des **revenus de remplacement** (remboursements de dépense de santé, pensions de retraite, indemnités de chômage).

> Les **revenus de remplacement** sont aussi appelés « revenus de transfert », « revenus secondaires » ou « revenus sociaux ».

■ La **réduction des inégalités** est inhérente à l'idée de protection sociale. La société démocratique, fondée sur l'égalité des conditions selon Tocqueville, ne peut présenter de trop grands écarts dans les conditions de vie des populations. Trop d'inégalités risquent de fragiliser le consensus démocratique et de causer des conflits sociaux. Les accès au logement, aux soins de santé ou à l'éducation par l'égalité des chances sont des objectifs récurrents au sein des sociétés démocratiques.

■ Le **maintien du lien social** permet d'éviter la marginalisation de certaines catégories de personnes qui, disposant de faibles ressources, ne peuvent exprimer une demande solvable suffisante sur le marché. Il s'agit, pour les pouvoirs publics, d'éviter la **désaffiliation sociale** qui peut avoir comme conséquence l'extrême pauvreté ou le recours à des stratégies déviantes de survie.

■ Le **soutien de l'activité économique** dans la mesure où les prestations sociales versées aux catégories sociales les moins favorisées sont rapidement réinjectées dans le circuit économique sous forme de dépenses, en raison de la forte **propension à consommer** des ménages bénéficiaires. Cette redistribution de ressources soutient l'activité économique et l'emploi.

> La **propension marginale à consommer**, développée par Keynes, est relative au partage entre la consommation et l'épargne lors d'un accroissement du revenu (➔ méthode p. 195).

B L'État-providence : les deux modèles de protection sociale

■ L'**État-providence** recouvre l'ensemble des interventions publiques dans le domaine social à des fins de redistribution. Il s'agit par la protection sociale de garantir un minimum de bien-être aux populations dont les ressources sont insuffisantes pour satisfaire leurs besoins essentiels. Il se différencie de l'**État-gendarme** replié sur les strictes missions régaliennes de la puissance publique (défense des droits de propriété, défense du territoire par les forces armées, administration de la justice). La paternité de l'expression d'« État-providence » est attachée à l'homme politique et académicien Émile Ollivier (1825-1913) qui mettait en doute la capacité de l'État à remplacer la Providence en matière de solidarité.

■ Le **modèle bismarckien** ou **modèle corporatiste** est attaché à la politique sociale du prince Otto Von Bismarck (1815-1898), Premier ministre allemand, à l'origine d'un système d'assurances sociales durant le dernier tiers du XIXe siècle. Le Reichstag approuva trois grandes lois qui organisaient un cadre légal pour la protection sociale. La loi de 1883 portait sur l'assurance-maladie des ouvriers de l'industrie. Les cotisations étaient financées par les salariés et par les employeurs. Par la suite, l'assurance-maladie fut généralisée à l'ensemble des salariés (employés et ouvriers agricoles). La loi de 1884 était relative aux accidents du travail. Les employeurs devaient cotiser. Les travailleurs victimes d'accidents du travail recevaient une rente, déterminée en fonction de leur état d'incapacité de travail. La loi de 1889 sur l'assurance vieillesse institua un système de retraites pour les vieux travailleurs. Les cotisations étaient versées par les employeurs et les salariés. Dans le système bismarckien, la protection sociale est construite sur la base de **cotisations obligatoires** versées par les employeurs et les salariés. Les revenus de transfert qui y sont associés sont fondés sur le seul volume des cotisations.

■ Le **modèle beveridgien** ou **universaliste** est associé aux travaux du député radical britannique William Henry Beveridge (1879-1963). Ce dernier fut chargé, durant la Seconde Guerre mondiale, d'un rapport sur l'organisation d'un système de protection sociale à mettre en place après la fin du conflit. Ce rapport, publié en 1942, intitulé *Social Insurance and Allied Services,* est à l'origine de la création du service national de santé britannique (National Health Service). Il servit de modèle à la plupart des pays occidentaux, dont la France. Le modèle beveridgien est dit « universaliste », car la protection concerne l'ensemble des citoyens et non plus les seuls cotisants comme dans le modèle bismarckien. Le financement de la protection sociale est assuré par l'impôt acquitté par tous.

ZOOM

Les recettes de la protection sociale (464,5 Md€)

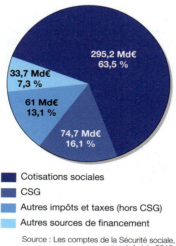

- Cotisations sociales
- CSG
- Autres impôts et taxes (hors CSG)
- Autres sources de financement

Source : Les comptes de la Sécurité sociale, rapport de juin 2015.

▶ Les recettes des administrations de sécurité sociale se sont chiffrées à hauteur de 464,5 milliards d'euros en 2014. Cela représente un peu plus de 21 % du PIB, approximativement un cinquième de la richesse nationale est consacré aux dépenses sociales.

▶ La structure des ressources des administrations de sécurité sociale souligne le caractère mixte de notre modèle de protection sociale. Le système français relève à la fois d'une logique corporatiste (cotisations patronales et salariales) et d'une logique universaliste (impôts et taxes).

▶ Les cotisations sociales et la CSG représentent près de 80 % des recettes des administrations de sécurité sociale.

▶ Les autres impôts et taxes (hors CSG) s'élèvent à la hauteur de 61 Md€ (droits de consommation sur les tabacs, boissons alcoolisées, prélèvements sur les jeux, etc.).

C Le système français de protection sociale

Le système français est un système mixte intégrant à la fois des éléments du système bismarckien et du système beveridgien. En effet, son financement est assuré à la fois par les prélèvements sociaux et par des ressources fiscales.

■ Les **cotisations sociales** sont des versements obligatoires auprès des administrations de sécurité sociale assurés par les « ayants droit », c'est-à-dire les salariés (part salariale) et les employeurs (part patronale). Il convient également d'y ajouter les versements des travailleurs indépendants (non-salariés). Il existe cinq types de cotisations de sécurité sociale en fonction du ou des risques encourus (assurance-maladie, assurance vieillesse, assurance veuvage, allocations familiales, accidents du travail).

> La **Sécurité sociale** a été créée par l'ordonnance du 4 octobre 1945.

■ Les **impôts et taxes affectés**, telle la contribution sociale généralisée (CSG), ont été développés afin de répartir plus largement le financement des régimes de protection sociale et de participer à la réduction du déficit récurrent de l'assurance-maladie. La perception de la CSG concerne l'ensemble des revenus et non plus les seuls revenus du travail, frappés des traditionnelles cotisations sociales. La CSG représente près des trois quarts des impôts et taxes affectés.

■ D'**autres contributions publiques de l'État** financent également certaines dépenses comme le revenu de solidarité active (RSA), le Fonds de solidarité vieillesse et une partie des exonérations de cotisations employeurs pour les bas salaires.

> Le **revenu de solidarité active (RSA)** a remplacé en 2009 le revenu minimum d'insertion (RMI). Il est constitué par une allocation qui permet à ses bénéficiaires (environ deux millions de foyers) d'atteindre un niveau de ressource minimal.

IV Les limites des politiques sociales

A La contrainte budgétaire

■ La France est l'une des nations occidentales où les prélèvements obligatoires peuvent apparaître comme trop élevés par rapport au PIB (47 % du PIB en 2012 selon Eurostat). C'est ainsi un peu moins de la moitié du revenu national des Français qui transite par les caisses des administrations publiques, loin devant l'Allemagne (40,4 %), le Royaume-Uni (37,3 %) ou l'Espagne (33,6 %). À eux seuls, les prélèvements destinés aux administrations de sécurité sociale atteignent les 23 % du PIB.

■ La crise de la dette souveraine amène les États membres de l'Union européenne à déployer des **politiques de rigueur ou d'austérité** qui se traduisent par des coupes sombres en ce qui concerne les politiques sociales. L'Irlande a réduit les prestations maladie et logement, le Portugal a réduit de 25 % les allocations familiales, l'allocation de naissance a été supprimée en Espagne. Le gouvernement français a, quant à lui, modifié le régime des retraites et décidé d'une revalorisation moins forte des prestations familiales pour 2012.

B Les difficultés de l'État-providence

■ La protection sociale a été conçue pour fonctionner dans un **cadre économique national**, faiblement ouvert sur l'extérieur, et **proche du plein-emploi**. Or, la France connaît depuis 40 ans un chômage quasiment incompressible autour de 10 % des actifs, l'augmentation de la population due à l'accroissement naturel et l'immigration, le vieillissement de la population entraînent une réflexion sur la durabilité d'un système conçu il y a plus d'un demi-siècle.

■ L'existence de transferts sociaux et de services collectifs amène à une **demande croissante de prise en charge par l'État** et les administrations de sécurité sociale. L'extension de la pauvreté, le surendettement des ménages en difficulté, les difficultés à se loger multiplient la demande de la société civile. On peut s'interroger sur la capacité de l'État à financer la protection sociale face à une demande toujours plus accrue de transferts sociaux et de services collectifs. Ainsi, la volonté gouvernementale de mener 80 % d'une génération au niveau du baccalauréat amène inévitablement à la création de nouvelles installations scolaires et universitaires, à la nomination de nouveaux enseignants.

C Désincitation et effets pervers

L'ensemble des économistes libéraux s'en remettent au seul marché pour l'obtention des gains économiques. Ainsi, l'économiste Von Hayek considère que le projet d'égalité des chances est utopique et qu'il peut, de surcroît, conduire au totalitarisme. L'État ne peut pas, par ses interventions, prétendre maîtriser l'ensemble des paramètres qui conditionnent l'obtention d'un niveau scolaire suffisant, l'insertion professionnelle et la destinée sociale de plusieurs dizaines de millions de personnes. Selon Hayek, le projet d'égalité des chances pourrait conduire à la suppression de la plupart des libertés individuelles.

ZOOM

Quand « l'impôt tue l'impôt » : la courbe de Laffer

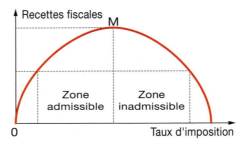

▶ L'économiste américain Arthur Laffer (né en 1940) est à l'origine d'une courbe qui porte son nom. La croissance des taux d'imposition permettrait une augmentation des rentrées fiscales jusqu'au moment où, au-delà d'un certain seuil, on assisterait à une diminution du rendement de l'impôt. Ainsi, **« trop d'impôt tue l'impôt »**.

▶ La diminution des recettes fiscales à partir du point M peut s'expliquer par une substitution du loisir au travail, et par la croissance de l'économie souterraine et de la fraude fiscale. Cependant la théorie de Laffer ne renseigne guère sur le taux d'imposition optimal (le point M).

▶ La courbe de Laffer a cependant le mérite de mettre l'accent sur les **effets pervers** d'une trop forte pression fiscale génératrice de **dysfonctions à l'égard de l'activité économique**.

RÉCAPITULONS

■ L'État contribue à la justice sociale par la recherche de l'égalité. On distingue l'égalité des droits, l'égalité des chances et l'égalité des situations.

■ Les pouvoirs publics définissent les politiques économiques afin de permettre la justice sociale, qu'il s'agisse de la structure des prélèvements obligatoires ou des politiques de redistribution.

■ Les politiques sociales rencontrent un certain nombre de limites attachées aux coûts et à l'efficacité de la protection sociale. Par ailleurs, l'augmentation des prélèvements obligatoires réduirait les libertés économiques.

COURS **MÉTHODE** EXERCICES CORRIGÉS **10**

Calculer les propensions moyenne et marginale à consommer et à épargner

SAVOIR-FAIRE

■ La **propension moyenne à consommer** mesure le rapport entre la consommation et le revenu au cours d'une période donnée.

$$\text{Propension moyenne à consommer} = \frac{C}{R} = \frac{\text{consommation}}{\text{revenu}}$$

■ La **propension marginale à consommer** mesure le rapport entre la variation de la consommation sur une période donnée, et la variation correspondante du revenu sur la même période.

$$\text{Propension marginale à consommer} = \frac{\Delta C}{\Delta R} = \frac{\text{variation de la consommation}}{\text{variation du revenu}}$$

■ La **propension moyenne à épargner** mesure le rapport entre l'épargne et le revenu au cours d'une période donnée.

$$\text{Propension moyenne à épargner} = \frac{E}{R} = \frac{\text{épargne}}{\text{revenu}}$$

■ La **propension marginale à épargner** mesure le rapport entre la variation de l'épargne sur une période donnée, et la variation correspondante du revenu sur la même période.

$$\text{Propension marginale à épargner} = \frac{\Delta E}{\Delta R} = \frac{\text{variation de l'épargne}}{\text{variation du revenu}}$$

APPLICATION

Un ménage perçoit 4 000 euros de revenu mensuel, ses dépenses de consommation s'élèvent à la hauteur de 3 000 euros. La **propension moyenne à consommer** de notre ménage est égale à : $\frac{3\,000}{4\,000} = 0{,}75$ ou 75 %.

Le revenu du ménage passe à 4 500 euros et ses dépenses de consommation à 3 300 euros. Il est alors possible de calculer la **propension marginale à consommer**.

$\frac{3\,300 - 3\,000}{4\,500 - 4\,000} = 0{,}60$, soit une propension marginale à consommer de 60 %.

Développer une idée dans le périmètre d'un paragraphe

LA DÉMARCHE

1 Présenter l'idée générale
Un paragraphe est inauguré par la présentation de l'idée que vous vous proposez de développer. Vous devez en **souligner la pertinence**, c'est-à-dire montrer en quoi elle est utile par rapport à la question que vous souhaitez aborder.

2 Articuler l'idée en deux ou trois points
Développez, dans un second temps, l'organisation de votre argumentation en deux ou trois points. Vous pouvez **construire votre argumentation** à partir d'éléments empruntés aux documents présentés en annexe mais aussi à l'aide de vos connaissances, notamment en mobilisant les théories des économistes et des sociologues.

L'EXEMPLE COMMENTÉ

Voici comment vous pourriez développer un paragraphe sur les fonctions sociales de l'État-providence.

1 Présenter l'idée générale
L'État-providence, par la protection sociale, participe à la régulation sociale. Le plus souvent, les revenus de transfert sont appréhendés à travers la fonction de redistribution mise en œuvre par les pouvoirs publics, afin de palier la perte d'un revenu. Mais la protection sociale a également des conséquences quant à l'intégration des individus au sein de la structure sociale.

2 Articuler l'idée en deux ou trois points
■ Comme l'évoque Émile Durkheim, « la société » repose sur le lien social. Dans les sociétés de type traditionnel, la solidarité s'exerce à travers des structures de proximité destinées aux individus en position de fragilité (maladie, vieillesse, chômage). La désagrégation des solidarités traditionnelles a amené progressivement l'État à remplir ces missions assurant la pérennité de l'intégration sociale.

■ On peut parler d'institutionnalisation de la solidarité collective par le recours à la prise en charge des personnes en difficulté par les administrations publiques. Il s'agit d'éviter la désaffiliation sociale, comme l'évoque le sociologue Robert Castel.

> On a mobilisé deux auteurs pour étayer l'argumentation et souligner l'idée choisie : **Émile Durkheim** et **Robert Castel**.

SE TESTER — QUIZ

1 Vrai ou faux ?

Cochez la bonne réponse.	V	F
a. L'égalité des droits et l'égalité des chances sont synonymes.	☐	☐
b. L'impôt sur le revenu est un impôt proportionnel.	☐	☐
c. Les services collectifs sont facteur de redistribution.	☐	☐
d. Le financement du modèle beveridgien de protection sociale repose sur l'impôt.	☐	☐

S'ENTRAÎNER

2 QCM

Observez le document puis choisissez la ou les propositions exactes.

DOCUMENT La structure du financement de la protection sociale

Source : Insee, 2010.

☐ **a.** Le système français de protection sociale est de type bismarckien.
☐ **b.** Le système français de protection sociale est de type beveridgien.
☐ **c.** Le système français de protection sociale emprunte aux deux modèles.
☐ **d.** La protection sociale en France est essentiellement financée par l'impôt.

3 Le vocabulaire de la protection sociale

Complétez le texte ci-dessous avec les mots suivants.

beveridgien • chances • cotisations sociales • droits • impôt • progressif • quotient familial • services collectifs

■ L'État a pour mission d'assurer la justice entre tous les citoyens d'un pays démocratique. Les pouvoirs publics participent ainsi à l'égalité des …, mais ils contribuent également à l'égalité des … afin de permettre le bien-être et le consensus social.

■ L'État utilise l'ensemble des instruments de la politique générale à des fins de justice sociale. La politique fiscale, notamment par l'impôt … sur le revenu, prend en considération les facultés contributives des citoyens. Un système de … permet d'atténuer la dette fiscale en fonction de la taille de la famille. Par ailleurs, les … sont à l'origine d'activités hors marché qui viennent assurer une fonction de redistribution.

■ Les systèmes de protection sociale sont inspirés de deux modèles, le modèle bismarckien et le modèle … . Le premier repose sur un financement par des … payées par les salariés et les employeurs. Le second modèle est, quant à lui, financé par l' … .

OBJECTIF BAC

Mobilisation des connaissances

4 *Voici deux questions de mobilisation des connaissances sur le thème du chapitre. Lors de l'épreuve, vous devrez répondre à deux questions portant sur deux parties différentes du programme.*

a. Comment la fiscalité contribue-t-elle à la justice sociale ?
b. Quelles sont les limites financières de l'État-providence ?

POUR VOUS AIDER

a. Prenez un ou deux exemples de prélèvements fiscaux et tentez de montrer comment leurs aménagements peuvent participer à la justice sociale.
b. En partant des différentes branches de la protection sociale (vieillesse, maladie, famille, accident du travail), **cherchez ce qui pourrait augmenter les dépenses** des administrations de sécurité sociale.

SE TESTER

1 Vrai ou faux ?

a. Faux. L'égalité des droits repose sur un traitement identique des individus en fonction de la loi, tandis que l'égalité des chances a pour but de corriger les différences sociales de départ entre les individus. **b. Faux.** L'impôt sur le revenu est un impôt progressif, la dette fiscale d'un contribuable évolue en fonction de son revenu imposable. **c. Vrai. d. Vrai.**

S'ENTRAÎNER

2 QCM

Réponse **c.** Le système français de protection sociale emprunte à la fois au modèle bismarckien et au modèle beveridgien en ce qui concerne son financement.

3 Le vocabulaire de la protection sociale

■ L'État a pour mission d'assurer la justice entre tous les citoyens d'un pays démocratique. Les pouvoirs publics participent ainsi à l'égalité des **droits**, mais ils contribuent également à l'égalité des **chances** afin de permettre le bien-être et le consensus social.

■ L'État utilise l'ensemble des instruments de la politique générale à des fins de justice sociale. La politique fiscale, notamment par l'impôt **progressif** sur le revenu, prend en considération les facultés contributives des citoyens. Un système de **quotient familial** permet d'atténuer la dette fiscale en fonction de la taille de la famille. Par ailleurs, les **services collectifs** sont à l'origine d'activités hors marché qui viennent assurer une fonction de redistribution.

■ Les systèmes de protection sociale sont inspirés de deux modèles, le modèle bismarckien et le modèle **beveridgien**. Le premier repose sur un financement par des **cotisations sociales** payées par les salariés et les employeurs. Le second modèle est, quant à lui, financé par l'**impôt**.

OBJECTIF BAC

4 Mobilisation des connaissances

a. Pour le philosophe américain John Rawls, la « société juste » peut tolérer deux formes d'inégalités.
Tout d'abord les inégalités qui, par exemple, sanctionnent des différences de revenus liées au **talent, au travail ou à l'ingéniosité** des individus. Ainsi, un ingénieur bénéficiera d'une rémunération supérieure à celle d'un ouvrier de l'industrie. Cependant, cette première forme d'inégalités ne peut être acceptable qu'à partir du moment où il existe une égalité des chances suffisante pour que tous ceux qui le souhaitent puissent entreprendre des études d'ingénieur.
Une seconde forme d'inégalités peut également trouver une justification dans la théorie développée par John Rawls. Si un individu ou un groupe d'individus s'enrichit mais qu'en même temps, il permet d'**améliorer la situation des plus défavorisés**, les gains dégagés peuvent être considérés comme acceptables. En revanche, le seul gain d'une personne (ou de quelques personnes) qui n'améliorerait pas le sort des plus démunis serait considéré comme injuste.

b. Le budget de l'État n'est pas neutre en ce qui concerne l'existence des inégalités économiques et sociales. Il peut contribuer à la justice sociale de deux façons, par la structure des prélèvements fiscaux et par celle des dépenses publiques.
Du point de vue des recettes fiscales, les pouvoirs publics, dans un esprit d'équité, peuvent **adapter les prélèvements** aux facultés contributives des ménages. C'est le cas pour le système fiscal français, qu'il s'agisse de l'impôt sur le revenu qui est un impôt progressif, de l'impôt sur la consommation avec un taux réduit de 7 %, ou de l'impôt de solidarité sur la fortune qui exonère les patrimoines inférieurs à 1,3 million d'euros.

Les dépenses publiques contribuent également à la justice sociale par la **production de services non marchands** mis à la disposition de tous en fonction des besoins. C'est le cas de l'ensemble des services publics qui reposent sur le **principe de non-exclusion**, c'est-à-dire que tous les citoyens peuvent y avoir recours indépendamment de leurs ressources monétaires. Le service public d'éducation nationale, l'hôpital public, les gardiens de la paix assurent, par leurs fonctions auprès des populations, une fonction de redistribution.

> Le **principe de non-exclusion** différencie l'économie marchande, c'est-à-dire l'offre des entreprises, de l'économie non marchande qui rassemble l'offre de services collectifs des administrations publiques.

c. Les limites financières de l'État-providence sont attachées à l'augmentation des charges des administrations de sécurité sociale (ASSO). La protection sociale représente environ 23 % du PIB. Dans la plupart des cas, les dépenses sont supérieures aux rentrées fiscales et parafiscales. Cette situation se traduit, selon la commission des comptes de la Sécurité sociale, par un **déficit de 18,6 milliards d'euros** en 2011.

Certaines charges semblent incompressibles, tel le versement des pensions de retraite pour lesquelles les salariés ont cotisé durant toute leur vie active. De surcroît, l'allongement de l'espérance de vie (27 ans pour les femmes et 22 ans pour les hommes à 60 ans) ne peut qu'entraîner un déficit de la Caisse nationale d'assurance vieillesse. La branche maladie est également déficitaire en raison du renchérissement des coûts médicaux ; la médecine coûte plus cher et la demande de soins augmente sous l'effet des politiques de prévention et des besoins des populations. Quant à la Caisse d'allocation familiale (CAF), elle doit faire face à l'augmentation de la natalité. Avec un **indicateur conjoncturel** de 2,01 enfants par femme en 2010, la France est le pays où la fécondité est la plus forte au sein de l'Union européenne (1,6 enfant par femme en moyenne dans l'UE à 27). Enfin, on déplore une augmentation du chômage et de la pauvreté en France.

> L'**indicateur conjoncturel** de fécondité, ou somme des naissances réduites, exprime le nombre moyen d'enfants par femme. Il est différent du taux de fécondité.

Cette **augmentation des coûts de la protection sociale** n'est pas toujours accompagnée d'une augmentation des recettes équivalente. Les déficits récurrents, le fameux « trou de la Sécu », posent inévitablement la question de la pérennité du modèle de protection sociale français en période de crise de la dette des États.

CHAPITRE 11 : Comment s'articulent marché du travail et gestion de l'emploi ?

www.annabac.com

L'emploi est un des principaux indicateurs de la bonne santé de nos économies. D'un côté, il informe sur le potentiel de production de l'économie ; de l'autre, il est une source privilégiée de revenus pour les ménages, et sa rareté peut engendrer un risque de chômage et de précarité. Mais comment se fixe le niveau de l'emploi ? Les mécanismes du marché mènent-ils à un niveau optimal d'emploi, ou faut-il réglementer la relation salariale ?

I L'analyse néoclassique

À la fin du XIXe siècle, les néoclassiques ont modélisé l'approche libérale en considérant le **marché du travail** comme le lieu de rencontre entre l'offre et la demande de travail en fonction du prix. Sur le marché du travail, le prix correspond au taux de salaire réel, c'est-à-dire au salaire nominal par rapport au prix, ce qui représente le pouvoir d'achat. Selon l'analyse néoclassique, il existerait un **taux de salaire réel d'équilibre** capable d'assurer l'**égalité entre l'offre et la demande de travail**.

A La détermination de l'équilibre de plein-emploi

■ L'**offre de travail** émane des travailleurs qui vendent leur force de travail et arbitrent entre le temps de loisir (le non-travail) et le temps de travail (avec la consommation que celui-ci permet). Plus le taux de salaire réel est élevé, plus ils consacreront d'heures au travail pour pouvoir consommer et, de ce fait, maximiser l'utilité du temps de travail.

■ La **demande de travail** émane des entreprises et augmente lorsque le taux de salaire réel diminue. En effet, les entreprises embauchent tant que le taux de salaire réel (ce que coûte une heure de travail) est inférieur à la productivité marginale du travail (ce que rapporte une heure de travail supplémentaire), c'est-à-dire tant que le travail lui permet de maximiser son profit. Ainsi, une diminution du taux de salaire réel va permettre à l'entreprise d'utiliser des heures de travail supplémentaires.

■ Le marché du travail est à l'équilibre lorsque l'offre de travail est égale à la demande de travail. Si le marché n'est pas en concurrence pure et parfaite, alors un déséquilibre apparaît.

Sur les représentations graphiques ci-après, on obtient en S_0 les prix et les quantités d'équilibre, car l'offre est égale à la demande. En ce point, le chômage ne peut être que volontaire. En revanche, en présence d'un prix plancher S_1 (un salaire minimum, par exemple) supérieur à S_0, l'offre de travail O_1 est supérieure à la demande de travail D_1, ce qui correspond à une situation de rationnement de l'offre, donc à du chômage (égal à $O_1 - D_1$).

La **concurrence pure et parfaite** sur le marché du travail requiert cinq conditions (« HAMLET ») : **H**omogénéité du travail, **A**tomisation des offreurs et des demandeurs (preneurs de prix), **M**obilité parfaite (libre circulation), **L**ibre **E**ntrée (et sortie) sur le marché, et **T**ransparence de l'information.

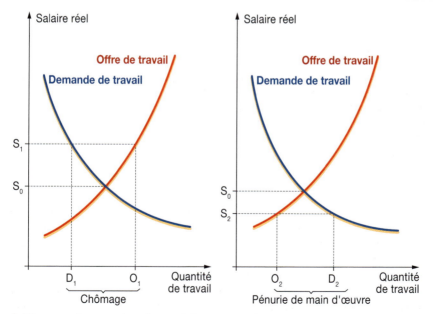

À l'inverse, lorsque le salaire réel S_2 proposé sur le marché est inférieur au salaire réel d'équilibre, l'offre de travail O_2 est inférieure à la demande de travail D_2, ce qui correspond à une situation de rationnement de la demande, c'est-à-dire de **pénurie de main-d'œuvre** (dont le manque est égal à : $D_2 - O_2$).

B Les limites de l'analyse néoclassique

1. Hétérogénéité du facteur travail

■ Dans la théorie néoclassique, le travail est supposé homogène : il n'existerait dans l'économie qu'une seule qualité de travail, et donc une parfaite substituabilité entre les travailleurs. En réalité, le travail est hétérogène, car il existe des travailleurs qualifiés et non qualifiés. Cela conduit à une **segmentation du marché du travail** avec, d'une part, un marché interne qui regroupe les salariés qualifiés sous contrats typiques (CDI, temps plein) et, d'autre part, un marché externe sur lequel nous retrouvons les moins qualifiés embauchés sur la base de formes particulières d'emploi (CDD, intérim, temps partiel, etc.). D'autres facteurs socio-économiques, comme le genre ou l'origine étrangère, vont influer sur le niveau de salaire. Ainsi, en France, les femmes seront payées jusqu'à 25 % de moins que les hommes.

■ La localisation géographique des entreprises peut également être un frein à la **mobilité des travailleurs**, et rendre plus difficile encore l'appariement de l'offre et de la demande de travail.

2. Asymétrie de l'information

■ Il n'y a pas transparence de l'information, comme le supposent les néoclassiques, mais **asymétrie d'information** : le demandeur de travail ne peut pas connaître parfaitement à l'avance la productivité marginale des offreurs (candidats à un poste de travail). Avant l'embauche, cette situation est dite de **sélection adverse**. Le fait de ne pas disposer de toute l'information sur les candidats complique le recrutement. Après l'embauche, on parle d'**aléa moral** : il existe en effet le risque que l'offreur, une fois son contrat signé, ne travaille pas au maximum de sa productivité.

■ Dès lors, les employeurs, plutôt que de proposer un salaire égal au salaire d'équilibre, pourront verser un salaire plus élevé afin d'**attirer les travailleurs les plus compétents** – supposés être les seuls à oser offrir leur travail à ce niveau de salaire –, de les motiver et de les fidéliser. Cette théorie, dite théorie du **salaire d'efficience**, pourrait alors expliquer le maintien des salaires à un niveau supérieur au salaire d'équilibre, et donc la persistance d'une situation de chômage.

> Le **salaire d'efficience** établit la relation positive entre le salaire et la productivité. H. Lebenstein (1957) soutient qu'un salarié mieux payé est mieux nourri, donc plus efficace. Plus tard, G.A. Akerlof (prix Nobel 2001) estime qu'un salarié mieux considéré est plus impliqué et performant.

II. Le cadre institutionnel

Le marché du travail n'est pas régi par de simples mécanismes de marché, d'autres agents économiques pèsent sur la détermination des conditions de travail, de la rémunération et du temps de travail. En effet, l'État, les syndicats et les salariés participent activement aux négociations salariales.

A Les négociations salariales

1. Des lois Auroux…

La relation de travail s'est transformée avec l'arrivée des socialistes au pouvoir en 1981. L'objectif était de responsabiliser davantage les salariés, les syndicats et les employeurs. Les quatre lois Auroux de 1982 vont concrétiser ce changement et modifier profondément le code du travail.

- La loi du 4 août **limite le pouvoir disciplinaire de l'employeur** et donne une plus grande liberté d'expression sur les conditions de travail aux salariés sans qu'ils puissent être pénalisés.

- La loi datant du 28 octobre attribue un financement minimum de 0,2 % de la masse salariale brute au **comité d'entreprise** pour qu'il participe à la gestion économique, culturelle et sociale au sein de l'entreprise, au profit des salariés et de leur famille.

- La loi du 13 novembre impose une **négociation annuelle** dans l'entreprise sur les salaires, la durée et l'organisation du travail.

- Enfin, la loi du 23 décembre autorise les salariés à ne pas travailler en cas de danger grave et imminent (**droit de retrait**).

2. … aux lois Aubry

Depuis 1982, les négociations entre partenaires sociaux traitent régulièrement des rémunérations et de la durée du temps de travail, mais s'enlisent sur ce thème pendant environ 15 ans. C'est seulement à l'occasion de l'instauration des 35 heures en 2000 que les négociations salariales connaîtront un renouveau, en **s'imposant même au législateur**. Les syndicats de salariés tiennent alors un **rôle de premier plan**, tant au niveau de l'entreprise (en signant la majorité des accords sur les 35 heures), qu'au niveau des négociations par branche (qui s'imposent à toutes les entreprises qui ont la même activité de production).

> En effet, la loi « Aubry 1 » (1998) oblige une négociation, sachant que le résultat des accords sera nécessairement intégré dans une **seconde loi** (loi « Aubry 2 » en 2000).

B L'intervention de l'État

■ L'État a la capacité d'encadrer juridiquement le fonctionnement du marché du travail en modifiant le contrat de travail. Par exemple, le décret d'Allarde, datant de 1791, interdisait le droit de grève. Il faudra attendre 1864 pour qu'il soit autorisé par la loi Ollivier. Par la suite, en 1946, le droit de grève deviendra un droit constitutionnel, et il sera reconnu par l'Europe en 2000.

> Le **contrat de travail** est une convention par laquelle le salarié remplit sa mission sous l'autorité de son employeur en échange d'une rémunération.

■ L'État est producteur de la norme d'emploi, c'est-à-dire qu'il peut modifier les conditions de licenciement et de rémunération en créant de nouveaux types de contrats de travail. Il s'agit des formes particulières d'emplois (FPE : contrat à durée déterminée, temps partiel, intérim) qui sont plus flexibles et dont l'utilisation a été facilitée depuis les années 1980.

■ L'État agit aussi directement sur le niveau de rémunération des salariés les moins bien payés grâce à l'instauration d'un salaire minimum. En 1950, c'est la création du SMIG (salaire minimum interprofessionnel garanti) qui bénéficie à 16 % des salariés et augmente au rythme de l'inflation. En 1970, il devient le SMIC (salaire minimum interprofessionnel de croissance) et augmente au rythme de l'inflation et de la croissance pour rattraper les écarts de salaire qui se sont creusés en défaveur des bas salaires. Aujourd'hui le SMIC concerne environ 15 % des salariés, et au 1er janvier 2012, sa valeur brute est de 9,22 euros de l'heure, soit 1 398 euros mensuels.

■ L'État n'agit pas seulement en faveur des salariés, il indemnise aussi ceux qui sont maintenus à l'écart du marché du travail, comme les chômeurs. En 1958, le régime d'assurance chômage est mis en place et son financement est basé sur les cotisations sociales payées par les salariés. Avec l'apparition d'un chômage de masse et de longue durée, l'assurance chômage s'est réformée et la fiscalité assume une part croissante du financement. Cependant le système fait face à une triple crise :

– crise de solvabilité en raison du nombre grandissant de chômeurs et de la baisse des recettes (allègements de cotisations sociales, diminution du nombre de cotisants, etc.) ;

– crise d'efficacité car des catégories (précaires, jeunes, seniors, etc.) sont mal protégées ;

– crise de légitimité enfin, car l'indemnisation est considérée par une partie de l'opinion publique comme inhibant la volonté de trouver un travail.

ZOOM

La réduction du temps de travail en France

Il est intéressant de comparer l'affiche du syndicat patronal et celle de la CGT en juin 1936, à propos de la semaine de 40 heures.

▶ La réduction du temps de travail est continue dans notre histoire et reste **marquée par de grandes dates**. En 1919, le temps de travail est limité à 48 heures par semaine, en 1936 nous passons à 40 heures, en 1981 à 39 heures et enfin, en 1998, à 35 heures par semaine.

▶ La baisse du temps de travail est le résultat de la lutte sociale et de l'évolution de la législation.

▶ Le but recherché n'est pas seulement d'**améliorer la situation des salariés**, mais aussi de **lutter contre le chômage**, ce qui a été particulièrement le cas pour les 35 heures. D'une part, le volet défensif consistait à ne pas détruire l'emploi en réduisant le temps de travail pour compenser une baisse de l'activité de l'entreprise. D'autre part, le volet offensif devait inciter les entreprises à embaucher davantage pour combler le nombre d'heures manquantes.

III La relation salariale

A Patrons et salariés, partenaires sociaux

■ En France, il y a un « dialogue social » entre les **partenaires sociaux** (syndicats de salariés [CGT, CFDT, etc.] et d'employeurs [Medef]), qui permet la **coopération dans les négociations économiques et sociales**. Tout d'abord, au sein des entreprises, les partenaires sociaux signent des accords. Ensuite, au niveau des branches d'activité, ils sont à l'origine de **conventions collectives** spécifiques qui fixent les salaires, les conditions de travail, de licenciement, etc., et de négociations ayant pour but de définir les conditions d'emploi et de travail. Enfin, les partenaires sociaux gèrent les **organismes paritaires** essentiels au fonctionnement économique et social de notre économie, et décident d'un niveau de dépenses qui donnera lieu à un prélèvement sous forme de cotisations sociales, prélevées sur les salaires.

> L'**organisme paritaire** est une institution composée d'un nombre égal de représentants des employeurs et des salariés. Par exemple, l'Unedic est un organisme paritaire chargé de gérer l'assurance chômage et de fixer les règles d'indemnisation.

■ Depuis la loi du 3 décembre 2008, il est obligatoire d'engager des **négociations annuelles** avec les syndicats de l'entreprise sur certains thèmes comme les salaires, la durée et l'organisation du travail, la formation et les promotions professionnelles.

B Un rapport de forces au profit des détenteurs de capitaux

■ Pour Marx, la **répartition des richesses produites** est au cœur d'un conflit entre les capitalistes qui possèdent les moyens de production, et les prolétaires qui n'ont que leur force de travail à vendre. Les prolétaires sont donc dépendants des capitalistes et reçoivent un salaire dont la valeur est inférieure à la valeur de ce qu'ils produisent. La différence forme la plus-value et est extorquée par les capitalistes. Quant aux chômeurs, ils constituent une « armée industrielle de réserve » permettant de faire pression sur les conditions de travail et la rémunération des salariés.

■ En France, au début des années 1980, lorsque la croissance ralentit, les entreprises dénoncent des niveaux de profit insuffisants pour stimuler l'investissement, et réclament une **compression de la masse salariale**. Écartant la mesure impopulaire consistant à réduire les salaires, notamment *via* une réduction du SMIC, les entreprises parviennent à convaincre le législateur de

ZOOM

La répartition de la valeur ajoutée

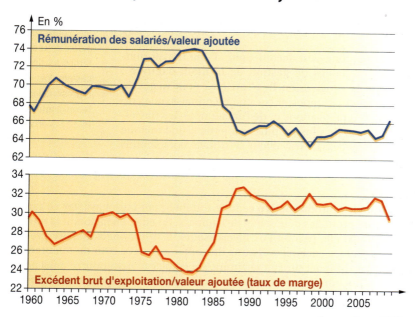

Source : Insee, 2008.

▶ La valeur ajoutée correspond à la **richesse créée dans l'activité productive**. Son partage est effectué entre les salaires et les profits, ces deux courbes sont donc nécessairement symétriques. La première courbe mesure en pourcentage la part en pourcentage de la valeur ajoutée consacrée aux salaires, et la seconde la part de la valeur ajoutée consacrée au profit (ou « taux de marge »).

▶ Nous pouvons constater que l'année 1983 marque une **rupture dans ce partage**. En effet, à partir de cette date et en cinq ans environ, le taux de marge a augmenté de plus de 9 points de pourcentage, passant ainsi d'environ 24 % à 33 %.

▶ Cette nouvelle répartition est le résultat de la mise en place par le gouvernement socialiste de la **politique de désinflation compétitive**, qui consistait à rétablir la compétitivité française en réduisant les coûts de production grâce à une meilleure maîtrise des prix, des salaires et des prélèvements de l'État sur les entreprises.

créer des **formes particulières d'emploi** (FPE), qui permettent alors aux entreprises de recruter et licencier plus aisément. La masse salariale est certes réduite à son strict minimum, mais au détriment de la stabilité et des revenus des travailleurs, et au prix de nouvelles inégalités.

■ Ce phénomène s'est accompagné d'une transformation des modalités de **gestion de la main-d'œuvre** : alors que la progression des carrières était négociée collectivement et reposait sur une reconnaissance collective des qualifications et de l'ancienneté des travailleurs, elle est de plus en plus assujettie à une logique de compétences. Le travailleur se trouve alors soumis à l'appréciation que son employeur se fait de ses capacités individuelles. Le rapport de force est donc à l'avantage de l'employeur qui négocie face au salarié isolé.

> Les **formes particulières d'emploi** sont composées des contrats à durée déterminée, des intérimaires, des apprentis, des contrats aidés, des stagiaires et des temps partiels. En 1975, ces emplois « atypiques » représentaient 8,8 % de l'emploi total en France, et 33,8 % en 2011.

■ La **globalisation financière** semble durablement faire basculer ce rapport de force au profit des détenteurs de capitaux. En effet, en facilitant la mobilité des capitaux, elle permet aux investisseurs institutionnels de faire pression sur les systèmes sociaux et fiscaux des différents pays. Afin de maintenir ou d'attirer les capitaux sur son territoire, un gouvernement pourra ainsi accepter une réduction des prélèvements sociaux et fiscaux reposant sur les entreprises, voire même réviser son droit du travail dans un sens favorable à ces dernières, selon certains sociologues, au détriment de la cohésion sociale.

RÉCAPITULONS

■ Dans le modèle de concurrence parfaite, la flexibilité du taux de salaire réel de travail permet d'éviter le chômage. Mais en réalité, il peut être préférable d'avoir recours à un salaire plus élevé que celui du marché pour maximiser la motivation et donc la productivité du travail.

■ Le marché du travail fait l'objet de réglementations (nature des emplois, etc.) des négociations entre les partenaires sociaux (salariés et employeurs) et l'État.

■ La valeur ajoutée se partage au gré des négociations entre partenaires sociaux, qui sont plus ou moins conflictuelles selon les pays.

Comprendre la notion d'élasticité

L'élasticité permet de mesurer la **sensibilité d'une grandeur par rapport à une autre**. Elle fournit donc des informations importantes à l'économiste en évaluant la variation de la demande d'un bien lorsque son prix augmente (on parle alors d'élasticité-prix), ou lorsque son revenu se modifie (on parle alors d'élasticité-revenu).

SAVOIR-FAIRE

■ **L'élasticité-revenu de la demande d'un bien**

$$\text{Élasticité-revenu} = \frac{\text{taux de variation de la demande d'un bien (en \%)}}{\text{taux de variation de revenu du consommateur (en \%)}}$$

– **entre 0 et 1** : biens dont la consommation augmente moins vite que le revenu.
Exemple : les produits alimentaires.

– **inférieure à 0** : biens dont la consommation diminue lorsque le revenu augmente, car ils sont remplacés par d'autres biens.
Exemple : la pomme de terre.

– **supérieure à 1** : biens dont la consommation augmente plus vite que le revenu.
Exemple : les loisirs.

■ **L'élasticité-prix de la demande d'un bien**

$$\text{Élasticité-prix} = \frac{\text{taux de variation de la demande d'un bien (en \%)}}{\text{taux de variation du prix de ce bien (en \%)}}$$

– **entre – 1 et 0** : biens dont la demande varie peu avec le prix, elle est inélastique.
Exemple : l'essence.

– **inférieure à – 1** : biens dont la demande diminue très fortement avec la hausse des prix.
Exemple : les biens de luxe ou les produits substituables.

– **supérieure à 0** : biens dont la demande augmente avec le prix, phénomène assez rare.
Exemple : les habits de certaines grandes marques.

Rédiger une introduction

LA DÉMARCHE

L'introduction donne le premier avis sur votre travail. Vous devez rédiger votre introduction au brouillon juste avant de rédiger votre devoir. Elle se découpe en quatre étapes **interdépendantes**.

■ **L'accroche.** Elle doit être tirée de préférence de l'actualité pour prouver votre intérêt pour la matière au-delà du simple rapport scolaire. Elle prouve que le sujet est maîtrisé.

■ **La définition des termes du sujet.** Attention il ne s'agit pas de juxtaposer les définitions, il faut les discuter, les confronter.

■ **La problématique.** Vous pouvez utiliser plusieurs questions.

■ **L'annonce du plan.** Ne recherchez pas l'originalité, elle sert à guider votre correcteur dans sa lecture : le plan doit être annoncé avec clarté.

L'EXEMPLE COMMENTÉ

Voici une introduction possible pour le sujet suivant : « Dans quelle mesure le coût du travail s'explique-t-il par le déséquilibre sur le marché du travail ? »

■ **L'accroche.** Le taux de chômage des ouvriers est de 13 % actuellement, alors que celui des employés n'est que de 9 %. Pourtant, le coût du travail de ces catégories est équivalent, les tensions sur le marché du travail ne sont donc qu'un des éléments déterminants de la rémunération du travail.

■ **La définition des termes du sujet.** Le marché du travail est un lieu fictif où se rencontrent l'offre et la demande de travail. Lorsque la demande est supérieure à l'offre, alors le coût du travail, c'est-à-dire le salaire net et l'ensemble des cotisations sociales salariales et patronales, est censé diminuer. Cependant, l'État intervient pour rigidifier les conditions de rémunérations.

■ **La problématique.** Quelle part du salaire est déterminée par les mécanismes du marché ? Quels sont les autres déterminants ?

■ **L'annonce du plan.** Dans une première partie, nous verrons que l'état du marché influe la détermination du coût du travail. Puis nous expliciterons dans une seconde partie le rôle spécifique de l'État et des partenaires sociaux dans la fixation du coût du travail.

> Les deux questions portent sur les deux parties pour être certain que la problématique couvre le sujet.

SE TESTER — QUIZ

1 Vrai ou faux ?

Cochez la bonne réponse.	V	F
a. Dans le cadre de la concurrence pure et parfaite, l'État et les syndicats ont un rôle à jouer pour qu'il n'y ait pas de chômage.	❑	❑
b. Le salaire d'efficience consiste à rémunérer les salariés au-dessus du salaire d'équilibre pour augmenter leur productivité.	❑	❑
c. L'assurance chômage connaît une crise de solvabilité seulement parce que le nombre de chômeurs augmente.	❑	❑
d. D'après Marx, l'existence du chômage permet aux capitalistes de faire pression sur les salariés.	❑	❑
e. Avec l'apparition des formes particulières d'emploi, le marché du travail se divise en un marché interne/primaire et un marché externe/secondaire.	❑	❑

S'ENTRAÎNER

2 QCM

Observez le document puis choisissez la ou les propositions exactes.

DOCUMENT Partage de la valeur ajoutée en France en 2010 (en milliards d'euros)

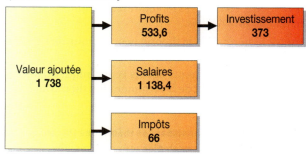

Source : Insee, 2010.

❑ **a.** Le taux de marge (en %) est égal à 533,7 milliards d'euros divisés par 1 738 milliards d'euros, soit 30,7 %.

☐ **b.** La plus grande part de la valeur ajoutée est versée sous forme de profit.

☐ **c.** En 2010, la principale utilisation du profit était le paiement des impôts sur les sociétés.

3 Le vocabulaire du marché du travail et de l'emploi

Complétez le texte ci-dessous avec les mots suivants.

contrat de travail • demande • syndicats • croissante • licenciement • offre • État • décroissante • droit de grève

▌ En situation de concurrence parfaite, la ... de travail des entreprises est une fonction ... du taux de salaire réel, alors que l'... de travail exprimée par les ménages est une fonction ... du taux de salaire réel. Dans ce cadre, l'existence d'un salaire minimum supérieur au salaire d'équilibre provoque du chômage.

▌ L'... a la capacité d'encadrer le marché du travail grâce aux lois qui protègent les salariés, à travers le ... par exemple, et les droits qui y sont associés. Le ... et le ... en sont des exemples. Cela pose un cadre de négociations pour les partenaires sociaux que sont les ... d'employeurs et de salariés sur les thèmes du temps de travail, des conditions de travail, des salaires, etc.

OBJECTIF BAC

Mobilisation des connaissances

4 *Voici deux questions de mobilisation des connaissances sur le thème du chapitre. Lors de l'épreuve, vous devrez répondre à deux questions portant sur deux parties différentes du programme.*

a. Vous exposerez l'intérêt dans la théorie néoclassique de l'absence de rigidités sur le marché du travail.

b. Quels rôles tiennent les différents agents économiques dans la détermination des conditions de travail et de la rémunération du travail ?

> **POUR VOUS AIDER**
> **a.** Vous devez **mobiliser des connaissances théoriques** (la concurrence pure et parfaite) tout en les reliant à des **exemples** tirés de la réalité.
> **b.** Cette question présente un double aspect historique et théorique, vous pouvez adopter un **plan par agent économique**.

Dissertation s'appuyant sur un dossier documentaire

5 Les déterminants du coût du travail

Comment se détermine le niveau des salaires dans les pays développés ?

DOCUMENT 1 Évolution du salaire moyen net et du salaire minimum net pour 39 heures hebdomadaires en France

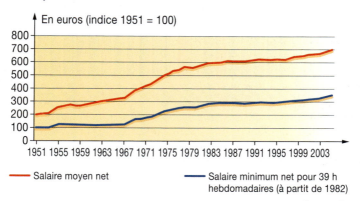

Source : Insee, 2003.

DOCUMENT 2 Évolution du coût de l'heure de travail dans quelques pays européens (en euros)

	Industrie et services marchands				Industrie manufacturière			
	2000	2004	2008	2011	2000	2004	2008	2011
Allemagne	26,34	27,76	29,34	30,95	28,48	30,80	33,37	34,94
Espagne	14,22	16,25	18,94	20,68	15,12	17,42	20,28	22,04
France	24,42	28,67	32,19	34,54	24,01	29,26	33,16	35,71
Pays-Bas	22,99	27,23	29,23	31,13	24,11	28,08	30,26	31,96
Royaume-Uni	23,85	21,62	21,22	20,19	23,50	22,13	21,48	21,01

Source : Eurostat, 2011.

DOCUMENT 3 Part des coûts salariaux dans la valeur ajoutée en 2009

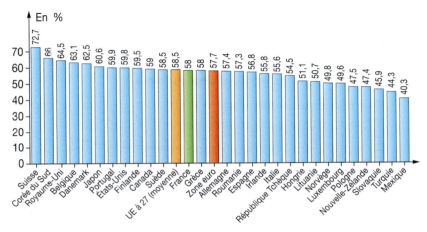

Source : AMECO, 2011.

> **POUR VOUS AIDER**
> ■ **Document 1.** Attention, ce sont des indices, vous ne connaissez donc pas le montant des salaires en euros, mais seulement leur évolution et les écarts entre ces salaires.
> ■ **Document 2.** Ne vous laissez pas déborder pas la quantité de données, de grandes tendances sont à remarquer, comme la hausse du coût du travail. Vous pouvez ensuite constater que le coût du travail est équivalent en France et en Allemagne, et faible en Espagne, alors que la croissance allemande est plus forte qu'en France, et la croissance espagnole est la moins forte.
> ■ **Document 3.** La part du salaire dans la valeur ajoutée est le complément du taux de marge. Il faut remarquer que la France se situe dans la moyenne européenne, et que les pays de l'Europe du Nord sont plutôt atypiques dans cette répartition alors que leur économie est florissante.

CORRIGÉS

SE TESTER

1 **Vrai ou faux ?**

a. Faux. Les syndicats sont une source de rigidité (limitation des licenciements, hausse des salaires) qui empêche l'équilibre entre l'offre et la demande de travail. **b. Vrai.** Le salaire d'efficience motive les salariés qui ne veulent pas perdre leur emploi parce qu'ils sont mieux rémunérés que les autres pour le même travail. **c. Faux.** La baisse des recettes est aussi un facteur de la crise de la solvabilité, en raison (entre autres) des allégements des cotisations sociales depuis 1993. **d. Vrai. e. Vrai.**

S'ENTRAÎNER

2 **QCM**

Réponse **a.** Le taux de marge représente la part de la valeur ajoutée consacrée au profit.

3 **Le vocabulaire du marché du travail et de l'emploi**

■ En situation de concurrence parfaite, la **demande** de travail des entreprises est une fonction **croissante** du salaire réel, alors que l'**offre** de travail exprimée par les ménages est une fonction **décroissante** du salaire réel. Dans ce cadre, l'existence d'un salaire minimum supérieur au salaire d'équilibre provoque du chômage.

■ L'**État** a la capacité d'encadrer le marché du travail grâce aux lois qui protègent les salariés, à travers le **contrat de travail** par exemple, et les droits qui y sont associés. Le **licenciement** et le **droit de grève** en sont des exemples. Cela pose un cadre de négociations pour les partenaires sociaux que sont les **syndicats** d'employeurs et de salariés sur les thèmes du temps de travail, des conditions de travail, des salaires, etc.

OBJECTIF BAC

4 **Mobilisation des connaissances**

a. Dans l'analyse néoclassique, le modèle de concurrence parfaite est un modèle théorique sans chômage en raison de l'absence de **rigidités** sur le niveau de rémunération, le temps de travail, le licenciement, etc. Le marché du travail est alors un lieu fictif sur lequel se rencontrent une offre et une demande de travail toutes deux réactives, mais en sens inverse, au niveau du salaire réel, c'est-à-dire au salaire nominal rapporté au niveau des prix. L'équilibre entre l'offre et la demande serait donc compromis en France par l'existence du **Smic**. Cette mesure empêcherait l'embauche des peu qualifiés qui sont moins productifs, et qui ne peuvent donc prétendre à un salaire aussi élevé. D'autres facteurs comme le **temps de travail** légal (les 35 heures) auraient un effet similaire, tout comme l'interdiction de travailler le dimanche, ou les **conditions légales de licenciement** (interdiction pour l'employeur de licencier un salarié incapable de s'adapter à l'arrivée d'une nouvelle technologie). Les syndicats et l'État sont donc dans ces conditions les agents responsables d'un bon nombre de ces rigidités.

> Vous ne devez pas ici apporter une critique explicite au modèle néoclassique, ce n'est **pas l'objet de la question**, et vous manqueriez de temps pour cela.

b. Trois grands agents économiques agissent sur les conditions de travail et le niveau de rémunération des salariés.

Tout d'abord, l'**État** fixe le cadre légal dans lequel se négocieront les termes du contrat de travail. En effet, par le biais de la loi il pose des limites (conditions de licenciement, etc.) et incite à la prise de certaines décisions (allégements du coût du travail).

Les **partenaires sociaux**, c'est-à-dire les syndicats d'employeurs et de salariés, ont un rôle privilégié en France puisqu'ils négocient l'application des lois (comme les 35 heures) par branche ou au sein de l'entreprise, mais aussi au sein des instances paritaires comme l'Unedic, qui indemnise les chômeurs en prélevant des cotisations sociales sur les salaires.

Enfin, les **salariés** eux-mêmes ont le droit et l'obligation de rencontrer leur employeur une fois par an pour négocier leurs conditions de travail et de rémunération.

> Attention, la question est très historique et c'est un **sujet en constante évolution**, qu'il s'agit d'actualiser. La dimension juridique n'est pas attendue, vous pouvez éviter de l'aborder.

5 Dissertation. Les déterminants du coût du travail

[**Introduction**] En juillet 2011, le Smic a été revalorisé du minimum légal et n'a pas bénéficié du traditionnel « coup de pouce » du gouvernement. En effet, les crises pétrolières des années 1970 ont entraîné un regain d'influence de l'idée selon laquelle la modération salariale est une condition de la compétitivité de la France. Pourtant, la hausse du pouvoir d'achat est aujourd'hui un thème privilégié du débat politique. L'explication de la détermination du niveau des salaires versés aux salariés en échange de leur travail semble se trouver entre ces deux horizons.

Une première partie de ce devoir analysera la représentation libérale de la fixation du niveau de rémunération des salariés, tandis que les parties suivantes s'intéresseront au rôle qu'y jouent l'État et les relations entre patrons et employeurs.

> Il est important de prouver au correcteur que l'**actualité** la plus immédiate sert à éclairer le sujet. Ne pas hésiter à préparer des accroches d'actualité par chapitre.

I. La détermination du niveau des salaires selon les libéraux

1. Le salaire en situation de concurrence pure et parfaite

■ Le niveau des salaires est déterminé sur le **marché du travail**, où se rencontrent l'offre de travail des travailleurs et la demande de travail des entreprises. Lorsque l'offre de travail est supérieure à la demande de travail, le salaire baisse. À l'inverse, lorsque l'offre de travail est inférieure à la demande de travail, les salaires augmentent.

■ Le salaire qui égalise l'offre et la demande est appelé « **salaire d'équilibre** ». L'analyse libérale **néoclassique** invite à favoriser la réalisation d'une situation de concurrence pure et parfaite qui ferait du salaire d'équilibre un salaire optimal, permettant l'allocation la plus efficace du facteur travail.

■ Depuis le début des années 1980, de nombreuses mesures ont été prises afin de rapprocher le marché du travail d'une telle situation : suppression de l'autorisation administrative de licenciement, **flexibilisation** des formes d'emploi, etc. (document 1).

2. Le salaire d'efficience pour lutter contre l'asymétrie d'information

■ Le manque de **transparence de l'information** est une des raisons de l'imperfection des marchés du travail.

■ Dans une telle situation, les entreprises peuvent décider de verser un **salaire d'efficience** supérieur au salaire d'équilibre vers lequel aurait convergé le marché (document 1). Cela concerne notamment les plus qualifiés, et peut expliquer que le salaire moyen net (tiré par la hausse des salaires des plus qualifiés) augmente plus vite que le **salaire minimum** (généralement versé aux moins qualifiés).

> Ici, il faudra soigner particulièrement la **transition**. Elle permet de faire un bilan de la première partie en l'articulant à la deuxième.

■ Le salaire d'efficience permet de sélectionner les travailleurs, de les motiver ou encore de les fidéliser.

II. L'influence de l'État sur le niveau des salaires

1. L'État peut fixer un salaire minimum

■ L'État peut fixer un salaire minimum afin de garantir un **partage équitable de la richesse** économique créée, entre entreprises et salariés (document 1).

■ L'État peut fixer un salaire minimum afin de soutenir la **demande** dans l'économie.

■ Un salaire minimum a été créé en France en 1950 (le Smig). Il sera rebaptisé **Smic** en 1970 et fait l'objet d'une revalorisation annuelle au 1er janvier de chaque année. La part des coûts salariaux en France est dans la moyenne européenne (elle n'est supérieure à la moyenne européenne que de 1,8 point de pourcentage).

> Il est essentiel d'utiliser les documents à disposition. Leur transformation (**calculs simples** comme des points de pourcentage) est toujours valorisée.

2. Le traitement des fonctionnaires influence le niveau des salaires dans l'économie

On désigne sous le terme de « **traitements** » les salaires des fonctionnaires. L'État peut décider d'augmenter ces traitements afin d'inciter le secteur privé à hausser les salaires pour attirer les meilleurs travailleurs.

III. Les salaires : entre dialogue social et rapport de forces

1. Les négociations salariales entre les partenaires sociaux

■ La négociation salariale entre les partenaires sociaux peut contribuer à une **pacification de la relation entre patrons et salariés**. Ainsi, le caractère plus conflictuel de la négociation en France qu'en Allemagne se traduit par une plus forte progression du coût du travail en France qu'en Allemagne (document 2).

■ Une obligation annuelle de **négocier les salaires** est imposée en France au niveau des branches d'activité, mais aussi dans les entreprises, où sont constituées une ou plusieurs sections syndicales d'organisations représentatives.

■ Mais les partenaires sociaux sont également chargés de la **détermination des cotisations sociales** destinées à financer les prestations versées par la Sécurité sociale ; ils influencent ainsi le niveau du salaire brut (document 1).

2. La détermination du salaire est soumise au rapport de force entre patrons et salariés

■ Selon Marx, la répartition de la richesse économique créée fait l'objet d'un **conflit entre capitalistes et prolétaires**. Les premiers verseraient un salaire de subsistance aux seconds afin de pouvoir extorquer une plus-value.

▌Aujourd'hui, certains analystes d'inspiration marxiste voient dans la libéralisation financière une nouvelle **source de pouvoir** pour les détenteurs de capitaux, au détriment des salariés. En effet, les capitaux sont de plus en plus mobiles et leurs détenteurs peuvent faire pression sur les gouvernements pour obtenir un partage de la valeur ajoutée qui leur serait plus favorable (documents 2 et 3).

[Conclusion] De nombreux facteurs influencent la fixation du niveau des salaires. La rencontre entre les forces du marché, l'offre et la demande de travail, est déterminante. Cependant, cela se fait dans le cadre juridique imposé par l'État qui légifère sur le temps de travail, ou le salaire minimum par exemple. Finalement, tout cela permet d'instaurer un dialogue social entre les syndicats d'employeurs et de salariés et l'État.

La détermination du niveau de salaire dépend donc de facteurs complexes, et les logiques de marché sont trop souvent surestimées aux dépens des facteurs institutionnels et historiques.

Finalement, à l'heure de l'Europe, est-il encore sensé de raisonner sur les facteurs purement nationaux de la fixation des salaires ?

> La **conclusion** est trop souvent négligée par les candidats alors qu'elle achève la lecture du correcteur et influence sa dernière impression. Faites la différence en consacrant du temps à sa rédaction : résumez les parties, répondez à la problématique avec nuance et ouvrez le sujet.

www.annabac.com

CHAPITRE 12 Quelles politiques pour l'emploi ?

Depuis les crises pétrolières des années 1970, la question de l'emploi est au cœur des sociétés des pays développés. Non seulement moteur de l'activité économique, mais également vecteur d'intégration sociale, l'emploi, lorsqu'il vient à manquer, pose des problèmes à la fois économiques et sociaux. Comment expliquer qu'une situation de pénurie d'emploi, ou en d'autres termes de chômage, se soit développée en France ? De quelles solutions disposons-nous pour y remédier ?

I Lutter contre le chômage classique

A Le chômage classique est un chômage volontaire

■ Pour les classiques, issus de la tradition libérale initiée par Adam Smith, le chômage s'explique par un **coût du travail** trop élevé. En effet, sur le marché du travail, lorsque le salaire réel est supérieur au salaire d'équilibre, l'offre de travail est supérieure à la demande de travail, ce qui correspond à une situation de chômage (→ page 203).

Le **coût du travail** désigne l'ensemble des dépenses de l'entreprise liées à l'utilisation de la main-d'œuvre.

■ Le maintien du salaire réel à un **niveau supérieur au salaire d'équilibre** peut s'expliquer par plusieurs raisons : d'une part l'existence d'un salaire minimum et le paiement de cotisations sociales (qualifiées alors de « charges sociales ») ; d'autre part le versement d'allocations chômage qui obligerait les employeurs à augmenter les salaires réels afin d'inciter les travailleurs à offrir leur travail plutôt qu'à préférer l'oisiveté.

■ Pour les classiques, le chômage résultant d'une telle situation est un **chômage volontaire** dans la mesure où il résulte de choix individuels (arbitrage entre travail et oisiveté) ou collectifs (régulation du marché du travail par les syndicats et l'État) des travailleurs.

B Les politiques de lutte contre le chômage classique

■ Le remède au chômage consisterait à réduire le coût du travail afin qu'il se rapproche du salaire d'équilibre. Il faudrait **supprimer les entraves à la libre fluctuation du salaire réel** sur le marché du travail, en baissant, voire supprimant, le salaire minimum, les cotisations sociales et les allocations chômage.

■ À partir de 1993, la **réduction des cotisations sociales**, et donc du coût du travail, devient une mesure privilégiée de la politique de l'emploi en France. Initiée alors par le gouvernement Balladur, elle sera renforcée par les gouvernements Juppé (1996), Jospin (dans le cadre des « lois Aubry », elles sont destinées à inciter les entreprises à passer aux 35 heures, entre 1998 et 2002), Raffarin (« allègements Fillon », en 2002) et sous le mandat présidentiel de François Hollande (« Pacte de responsabilité et de solidarité », 2014).

II Lutter contre le chômage keynésien

A Le chômage keynésien est un chômage involontaire

■ Pour John Maynard Keynes et les auteurs qui s'inscrivent dans sa tradition, le chômage ne s'explique pas par un coût du travail trop élevé mais par une insuffisance de la **demande globale** de biens et services. En effet, si la **demande anticipée** par les employeurs est insuffisante, ils contracteront leur volume de production, ce qui peut nuire à l'emploi. Keynes désigne cette situation comme un **équilibre de sous-emploi**, dans la mesure où l'offre et la demande de biens et services s'égalisent à un niveau qui ne permet pas l'emploi de tous les travailleurs.

> **JOHN MAYNARD KEYNES (1883-1946)**
> Économiste britannique, Keynes a exercé une influence déterminante sur la pensée économique du XXe siècle. À contre-courant des libéraux, il défendra l'idée que le capitalisme livré à lui-même peut s'avérer déficient (il a tendance à créer des situations de chômage involontaire) et que l'intervention des pouvoirs publics peut être nécessaire. Les politiques économiques menées dans les pays industrialisés durant les Trente Glorieuses sont directement inspirées de ses théories. Ses œuvres principales sont la *Théorie générale de l'emploi, de l'intérêt et de la monnaie* (1936) et *La pauvreté dans l'abondance* (recueil d'articles rédigés entre 1924 et 1938).

■ De surcroît, cette morosité de la demande peut développer un sentiment d'**incertitude** dans l'économie, qui freinera plus encore l'investissement et l'emploi : la réduction de l'activité d'une entreprise réduit ainsi les débouchés des autres entreprises, dans une logique cumulative.

■ La situation décrite ici est celle d'un **chômage involontaire**, dans la mesure où elle ne résulte pas des choix des travailleurs mais d'un dysfonctionnement de l'économie de marché, incapable d'enrayer une baisse cumulative de la demande.

B Les politiques de lutte contre le chômage conjoncturel

■ Pour les keynésiens, un tel chômage est conjoncturel, c'est-à-dire imputable à une réduction temporaire du besoin de main-d'œuvre. Dès lors, ils préconisent la conduite de politiques conjoncturelles de relance, dont l'objectif est de **soutenir la demande globale** de biens et services pour relancer la production et l'emploi.

■ Deux types de politiques conjoncturelles sont envisageables : les **politiques budgétaires de relance**, menées par le gouvernement et consistant à augmenter les dépenses publiques ou réduire les prélèvements obligatoires, et les **politiques monétaires de relance**, menées par la Banque centrale et consistant à stimuler l'emprunt, et donc la dépense, notamment par la baisse des taux d'intérêt pratiqués dans l'économie.

III Lutter contre le chômage structurel

Contrairement aux keynésiens, les libéraux considèrent que le chômage est de nature structurelle. Ils désignent ainsi un chômage durable, qui perdure même lorsque la conjoncture est favorable. Selon cette approche, le chômage s'explique par une **flexibilité du marché du travail** insuffisante, ou encore par l'inadéquation des qualifications des chômeurs. Trois solutions en découlent.

A La flexibilisation des statuts d'emploi

■ À partir des années 1970, l'accélération de l'ouverture des frontières accentue la concurrence entre les entreprises ; afin d'y faire face, ces dernières cherchent à **réduire leurs coûts de production**. Une des solutions envisagées est de faire varier le volume de main-d'œuvre au plus près des besoins de l'activité économique, afin d'éviter les coûts de main-d'œuvre superflus. Il s'agit alors de faciliter les modalités de recrutement et de licenciement des salariés.

■ La flexibilité peut prendre d'autres visages : **flexibilité horaire** (variation du nombre d'heures travaillées en fonction des besoins de l'entreprise) ; **chômage partiel** (permet à une entreprise de réduire sa masse salariale sans perdre son capital humain) ; **flexibilité salariale** (variation des salaires en fonction des résultats de l'entreprise).

ZOOM

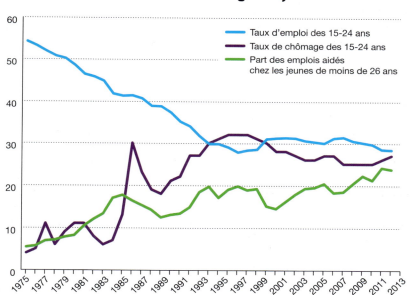

Lutter contre le chômage des jeunes

Champ : France métropolitaine.

Source : Insee.

▶ Le **taux de chômage** des jeunes est le nombre de 15 à 24 ans au chômage (population active inoccupée) par rapport au nombre total des 15 à 24 ans dans la population active (population active occupée et inoccupée). Depuis 1983, les jeunes sont particulièrement touchés par le chômage du fait de leur manque de qualification et d'expérience.

▶ Le **taux d'emploi** des jeunes (nombre de 15 à 24 ans qui ont un emploi par rapport au nombre total de 15 à 24 ans) connaît une baisse depuis 1975, qui s'explique par le chômage et par l'allongement de la durée des études.

▶ Les politiques de l'emploi ont régulièrement pour objectif de lutter contre le chômage des jeunes grâce à des **emplois aidés** (subventionnés par l'État) avec, par exemple, les emplois jeunes en 1998 ou les emplois d'avenir en 2012.

■ Les gouvernements qui se sont succédés depuis ont alors développé des **formes particulières d'emploi** (FPE : CDD et contrats saisonniers, intérim, stages et contrats aidés, apprentissage) s'éloignant de la norme du CDI à temps plein qui s'était imposée durant les Trente Glorieuses. En 2011, ces emplois représentaient 12,3 % de l'emploi salarié, contre 5,4 % en 1982, selon l'Insee (→ chapitre 8).

> Les **contrats aidés** bénéficient d'aides de l'État (subventions, exonération de cotisations sociales ou aide à la formation). Ils sont destinés à des publics connaissant des difficultés d'insertion sur le marché du travail.

B Les politiques de formation

■ Elles visent à assurer l'adéquation entre la demande de **qualification** des entreprises et les demandes de formation des actifs, et à favoriser ainsi l'**insertion professionnelle** des demandeurs d'emploi.

■ En France, la formation professionnelle est prescrite par Pôle emploi, assurée pour 20 % par des organismes publics et 80 % par des organismes privés, et financée par l'État, les régions et les entreprises (ces dernières ont l'obligation légale de consacrer au moins 1,6 % de leur masse salariale à la formation professionnelle). Les dépenses de formation professionnelle représentent environ **1,5 % du PIB en France**.

C La flexicurité

■ La flexicurité est un modèle de gestion de la main-d'œuvre né aux Pays-Bas dans les années 1990 et visant à **concilier la demande de flexibilité de l'emploi des entreprises, et la demande de sécurité des salariés** (ou sécurisation des parcours professionnels). Elle repose sur la combinaison de trois composantes : la facilité des entreprises à embaucher et licencier, des allocations chômage élevées et une politique active de formation continue et de reconversion de la main-d'œuvre.

■ La flexicurité inspire de nombreuses orientations de politique de l'emploi en Europe, notamment en France (« loi relative à la sécurisation de l'emploi » en 2013, « Pacte de responsabilité et de solidarité » et « Loi sur la formation professionnelle » en 2014).

> L'Insee distingue deux **politiques de l'emploi** : les allégements généraux (les exonérations de cotisations sociales) et les dispositifs ciblés (aides à l'emploi, stages de formation professionnelle ou mesures de retrait anticipé d'activité).

RÉCAPITULONS

■ Différentes solutions sont envisagées pour résorber le chômage. La tradition libérale privilégie la réduction du coût du travail et la flexibilité du marché du travail, afin de rapprocher la réalité économique du modèle théorique de la concurrence pure et parfaite. La tradition keynésienne, elle, privilégie le soutien de la demande par la conduite de politiques de relance conjoncturelles.

■ Pour certains analystes, la flexicurité représente un compromis possible entre ces deux propositions, à condition que le volet « sécurité » ne soit pas négligé ; au risque sinon de ne pouvoir contenir une précarisation du salariat.

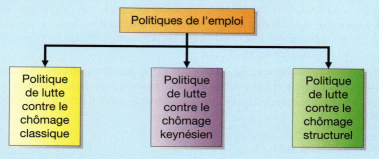

■ Le tableau ci-dessous présente les principales politiques de l'emploi, ainsi que leurs limites :

Chômage visé	Explication	Politique préconisée	Limites
Chômage classique	Rentabilité insuffisante de l'entreprise	Baisse des coûts de production de l'entreprise (coût du travail notamment, via une baisse des cotisations sociales, par exemple)	• Réduction des ressources de la protection sociale • Risque de paupérisation des salariés
Chômage keynésien	Demande de biens et services insuffisante	Politique conjoncturelle de relance budgétaire et/ou monétaire	• Risque de dégradation des comptes publics • Risques inflationnistes
Chômage structurel	Rigidités sur le marché du travail	Flexibilisation du marché du travail (formes particulières d'emploi, formation, flexicurité)	• Risque de précarisation des salariés

COURS | **MÉTHODE** | EXERCICES | CORRIGÉS

Rédiger une conclusion

LA DÉMARCHE

L'épreuve de raisonnement s'appuyant sur un dossier documentaire, tout comme l'épreuve de dissertation, donne lieu à la rédaction d'une conclusion. Les attentes concernant la conclusion sont identiques pour ces deux épreuves, et peuvent se résumer en deux points.

▪ **Reprendre les idées principales.** La conclusion doit rappeler brièvement les grandes étapes de l'argumentation que vous avez développée pour répondre à la question posée par la problématique. En effet, il ne s'agit pas ici de développer à nouveau votre argumentation, mais d'en présenter synthétiquement les grandes lignes.

> Après avoir dressé votre plan, et avant de rédiger votre développement, prenez une dizaine de minutes pour rédiger votre conclusion au brouillon. Cela évitera que vous la sacrifiiez en fin de devoir.

▪ **Proposer une ouverture.** La conclusion est la dernière impression que vous laisserez à votre correcteur, et il peut être avantageux de lui montrer votre capacité à placer la réflexion à laquelle invitait le sujet dans une perspective plus large.

L'EXEMPLE COMMENTÉ

Voici une conclusion possible pour le sujet suivant :
« **La flexibilité du travail permet-elle de réduire le chômage ?** »

▪ <u>Reprendre les idées principales.</u> Certes, la flexibilité du travail peut contribuer à la réduction du chômage : d'une part, elle permet aux entreprises de mieux s'adapter aux fluctuations de la demande et stimule ainsi leur compétitivité ; d'autre part, elle représente pour les demandeurs d'emploi un tremplin vers l'emploi stable.

Mais en facilitant les licenciements et en fragilisant la demande des ménages précarisés, elle réduit les débouchés des entreprises et peut ainsi nuire à l'emploi.

▪ <u>Proposer une ouverture.</u> La domination des idées libérales depuis trente ans s'est traduite par une flexibilisation des marchés du travail dans les pays de l'OCDE. Mais la crise économique actuelle et la persistance du chômage à des niveaux élevés invitent à s'interroger sur la pertinence d'une telle politique. Les politiques conjoncturelles sont-elles mieux à même de répondre à ce défi, comme le suggèreraient les thèses keynésiennes ?

SE TESTER — QUIZ

1 Vrai ou faux ?

Cochez la bonne réponse.

	V	F
a. Le chômage keynésien est un chômage volontaire.	☐	☐
b. En France, la lutte contre le chômage est notamment passée par un allègement de cotisations sociales.	☐	☐
c. Selon les classiques, une baisse du coût du travail est favorable à l'emploi.	☐	☐
d. Un chômage structurel est un chômage qui s'explique par une flexibilité insuffisante de l'emploi, ou encore par l'inadéquation des qualifications des demandeurs d'emploi.	☐	☐

S'ENTRAÎNER

2 QCM

Observez le document puis choisissez la ou les propositions exactes.

DOCUMENT Structure des dépenses pour l'emploi en France (en points de PIB)

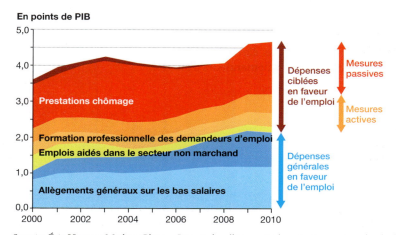

Source : Éric Heyer et Mathieu Plane, « Impact des allègements de cotisations patronales des bas salaires sur l'emploi », *Revue Débats et politique*, n° 26, OFCE, juillet 2012 (www.ofce.sciences-po.fr/pdf/revue/5-126.pdf).

☐ **a.** Les dépenses ciblées en faveur de l'emploi sont composées de mesures « passives » et des mesures « actives ».

☐ **b.** Les prestations chômage sont considérées comme des mesures « passives » de la politique de l'emploi.

☐ **c.** Les dépenses de prestations chômage représentent 4,7 % du PIB environ.

☐ **d.** En 2012, les dépenses pour la formation professionnelle des demandeurs d'emploi représentent 0,4 point de PIB environ.

3 Le vocabulaire de la politique de l'emploi

Complétez le texte ci-dessous avec les mots suivants.

formation • fluctuations • chômage keynésien • coût du travail • rigidités • précarisation • chômage classique • conjoncturelles

■ La théorie économique distingue deux grandes catégories de chômage : le … et le … . Le premier, théorisé par les libéraux, s'expliquerait pas un … trop élevé, résultant de … sur le marché du travail ; le second, conceptualisé par Keynes résulterait d'une insuffisance de la demande de biens et services et aurait pour remède la conduite de politiques … de relance.

■ Pour les libéraux, la flexibilité du travail serait un remède au chômage. En effet, elle permettrait aux entreprises d'adapter leur volume de main-d'œuvre aux … de la demande de biens et services, et de stimuler ainsi leur compétitivité. Afin de limiter les risques de … des travailleurs liés au développement d'une telle flexibilité, le modèle de flexicurité préconise d'y associer des mesures d'indemnisations élevées du chômage et des politiques actives de reconversion et de … des demandeurs d'emploi.

OBJECTIF BAC

Mobilisation des connaissances

4 *Voici deux questions de mobilisation des connaissances sur le thème du chapitre. Lors de l'épreuve, vous devrez répondre à deux questions portant sur deux parties différentes du programme.*

a. Quels sont les effets attendus sur le chômage des politiques de formation ?

b. Pourquoi une baisse du coût du travail serait-elle inefficace pour lutter contre le chômage keynésien ?

> **POUR VOUS AIDER**
> **a.** Distinguez bien les effets sur les actifs inoccupés (insertion) des effets sur les actifs occupés (risque face au chômage).
> **b.** Souvenez-vous que **pour Keynes**, le salaire n'est pas seulement un coût pour l'entreprise, mais également un revenu pour les salariés.

Raisonnement s'appuyant sur un dossier documentaire

5 Les politiques de l'emploi

En quoi la baisse du coût du travail peut-elle stimuler la création d'emplois ? Vous répondrez à cette question à l'aide du dossier documentaire et de vos connaissances.

DOCUMENT 1

« Faut-il alors réduire le coût du travail ? La France l'a fait pour les salariés du bas de l'échelle, les cotisations sociales patronales ayant été plusieurs fois réduites depuis 1993, mais pour les seuls salariés dont les rémunérations horaires sont inférieures à 1,6 fois le SMIC, et donc en général plutôt peu ou pas diplômés. Cela a été assez efficace : le nombre de salariés peu ou pas qualifiés, qui diminuait régulièrement (– 500 000 entre 1982 et 1992), s'est redressé (+ 700 000 entre 1992 et 2008). L'Allemagne l'a fait également, en choisissant en 2007 de baisser de deux points les cotisations sociales et d'augmenter de trois points la TVA. Certes, l'opération était plus ambiguë, puisqu'il s'agissait de réduire à la fois le coût du travail et le déficit public. Mais l'emploi salarié a crû de 4,4 % en

Allemagne entre 2006 et 2008, contre 3,8 % en France. Si on compare la situation allemande avec celle de l'Autriche, pays situé dans l'orbite économique de l'Allemagne et où l'emploi salarié, durant la même période, a progressé de 3,7 %, on peut donc estimer que la « TVA sociale » a contribué à un surplus d'emplois de l'ordre de 0,7 point. À l'échelle française, cela représenterait 160 000 emplois de plus. Il ne faut donc pas attendre des miracles de ce type de politiques, d'autant qu'elles ne sont pas dénuées d'effets pervers : embauche de jeunes surqualifiés en bas de l'échelle dans le cas des baisses de cotisations sociales et hausse du coût de la vie pour tous dans le cas de la « TVA sociale ».

Denis Clerc, Alternatives Économiques Poche n° 052, novembre 2011

DOCUMENT 2 Coût horaire du travail dans l'industrie manufacturière (2015)

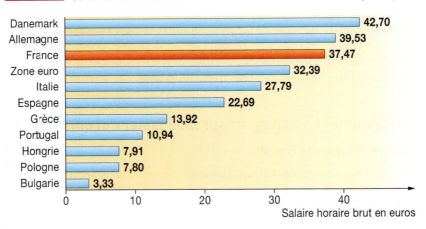

Salaire horaire brut en euros

Source : Eurostat, 2015.

POUR VOUS AIDER

■ **Document 1.** La « **TVA sociale** » désigne une hausse des prélèvements obligatoires sur la consommation (TVA), afin de compenser dans les recettes publiques la baisse des cotisations sociales.

■ **Document 2.** Pensez au fait que les entreprises mettent en relation coût du travail et productivité avant de faire leur choix de localisation. Un coût du travail faible ne suffit donc pas pour attirer les entreprises, encore faut-il une **productivité suffisante**.

SE TESTER

1 Vrai ou faux ?

a. Faux. Le chômage keynésien est un chômage involontaire, car les chômeurs accepteraient de travailler au salaire courant mais l'insuffisance de la demande de biens et services implique une demande de travail trop faible par rapport à l'offre. **b. Vrai.** À de nombreuses reprises et dès 1993, les cotisations sociales ont été allégées à la fois pour diminuer le coût du travail à la charge de l'entreprise et pour ne pas réduire le pouvoir d'achat du salarié. **c. Vrai. d. Vrai.**

S'ENTRAÎNER

2 QCM

a. Vrai. C'est la DARES (centre de recherche et de statistique au service des ministères du Travail et de l'Économie) qui distingue dépenses ciblées et dépenses générales ; la distinction entre mesures « actives » et « passives » est le fait de l'OCDE. Les dépenses ciblées sont composées de mesures « passives » qui visent à rendre le chômage supportable et réduire la population active inoccupée, et de mesures « actives » qui visent à créer de l'emploi. Le qualificatif « passif » peut être trompeur, car les mesures passives (notamment les prestations chômage) peuvent soutenir le pouvoir d'achat, donc la demande globale et l'emploi, dans une logique keynésienne. **b. Vrai.** Il est à noter que ce qualificatif de « passif » est quelque peu discréditant pour ces mesures, car il laisse supposer qu'elles n'ont pas d'effet. **c. Faux.** Elles en représentent 1,5 point de PIB. **d. Vrai.**

3 Le vocabulaire de la politique de l'emploi

■ La théorie économique distingue deux grandes catégories de chômage : le **chômage classique** et le **chômage keynésien**. Le premier, théorisé par les libéraux, s'expliquerait par un **coût du travail** trop élevé, résultant de **rigidités** sur le marché du travail ; le second, conceptualisé par Keynes, résulterait d'une insuffisance de la demande et aurait pour remède la conduite de politiques **conjoncturelles** de relance.

■ Pour les libéraux, la flexibilité du travail serait un remède au chômage. En effet, elle permettrait aux entreprises d'adapter leur volume de main-d'œuvre aux **fluctuations** de la demande de biens et services, et de stimuler ainsi leur compétitivité. Afin de limiter les risques de **précarisation** des travailleurs liés au développement d'une telle flexibilité, le modèle de flexicurité préconise d'y associer des mesures d'indemnisations élevées du chômage et des politiques actives de reconversion et de **formation** des demandeurs d'emploi.

OBJECTIF BAC

4 Mobilisation des connaissances

a. Les politiques de formation ont pour but d'**accroître le capital humain des actifs inoccupés et occupés**. Augmenter le niveau de qualification des chômeurs, pour le rendre compatible avec les évolutions économiques (progrès technique en particulier), doit permettre d'améliorer leur insertion professionnelle. De plus, la formation réduit les risques face au chômage et augmente le niveau de rémunération des actifs occupés, ce qui profite à l'économie d'un point de vue macroéconomique et donc favorise la baisse du chômage.

b. Le chômage keynésien désigne un chômage dont la cause serait l'**insuffisance de la demande globale** de biens et services. En effet, contrairement aux classiques, pour qui le niveau de l'emploi est déterminé sur le marché du travail par la rencontre d'une offre et d'une demande de travail, Keynes considérait que le niveau de l'emploi est déterminé par les seuls employeurs, selon les **anticipations** qu'ils peuvent faire du niveau de la demande de biens et services devant s'adresser à eux. Une demande anticipée en hausse les inciterait à augmenter le volume d'emplois, une demande anticipée en baisse les inciterait à le réduire.

Le chômage keynésien se caractérise donc par une demande anticipée faible, qui amène les entreprises à réaliser un **niveau de production insuffisant** pour employer l'ensemble de la main-d'œuvre disponible. Dans un tel contexte, la baisse du coût du travail, parce qu'elle réduit le revenu des travailleurs, peut accentuer l'insuffisance de la consommation, donc de la demande globale, et entraîner une hausse supplémentaire du chômage plutôt que sa baisse.

5 Raisonnement. Les politiques de l'emploi

Les titres de partie ne doivent pas figurer sur votre copie.

[Introduction] Avec le développement des phénomènes de délocalisation, la France se voit souvent reprocher un coût du travail trop élevé, particulièrement handicapant dans le cadre de la mondialisation. Les occasions se sont multipliées de constater des coûts du travail apparaissant comme trop élevés dans les pays développés d'une part, et le « *dumping* social » auquel se livreraient les pays émergents d'autre part.

Comment la réduction du coût du travail peut-elle stimuler l'emploi ?

I. Parce qu'elle stimule la profitabilité des entreprises, la baisse du coût du travail est favorable à la création d'emplois

1. Pour les libéraux, la baisse du salaire réel stimule la demande de travail

■ En effet, afin de déterminer leur demande de travail, les entreprises comparent le coût que représente un travailleur supplémentaire (son coût salarial unitaire, le salaire réel) et ce qu'il produit (sa productivité marginale).

■ Lorsque la productivité marginale du travail est supérieure ou égale à son coût marginal, il est intéressant pour l'entreprise de recruter, car un travailleur supplémentaire augmentera son profit. À l'inverse, **plus le coût du travail est important, moins le profit sera élevé**, et moins il est intéressant de recruter.

2. Pour les libéraux, la baisse des cotisations sociales dynamise l'emploi

■ C'est dans cette optique que la réduction des cotisations sociales est devenue depuis 1993 une mesure privilégiée de la politique de l'emploi en France. En effet, les cotisations sociales (payées par les salariés et l'employeur) s'ajoutent au salaire net versé aux salariés pour former le coût du travail pour l'entreprise. L'obligation de verser des cotisations sociales peut alors représenter un **handicap pour le recrutement des salariés peu ou pas qualifiés**, dont la productivité est considérée comme peu élevée.

> En dehors du cas où vous devez présenter la thèse d'un auteur, pensez à **nuancer vos propos**. Pour cela, l'usage du conditionnel est utile, ainsi que certaines expressions telles que : « peut agir », « apparaît », « semble », etc. Il n'y a pas d'évidences en SES, mais des débats d'idées.

■ Ces réductions de cotisations sociales se sont donc concentrées sur les salariés dont les rémunérations horaires sont inférieures à 1,6 fois le SMIC (document 1).

II. Parce qu'elle augmente la compétitivité prix des entreprises, la baisse du coût du travail est favorable à la création d'emplois

1. La baisse du coût du travail stimule la compétitivité prix

■ À partir des années 1970, l'accélération de l'ouverture des frontières met en concurrence les travailleurs des différents pays. En effet, la recherche de compétitivité, et notamment de compétitivité prix, incite les entreprises à **réduire les coûts du travail**, au risque sinon de devoir délocaliser leur production.

■ Dans un espace de libre-échange comme l'Union européenne, le coût du travail en France peut apparaître comme un handicap face à ses partenaires de l'Est européen : Eurostat indique ainsi que le coût horaire du travail dans l'industrie manufacturière en France est près de 11 fois supérieur à celui de la Bulgarie en 2015 (document 2).

2. La baisse du coût du travail favorise la compétitivité hors-prix

▌La baisse du coût du travail peut agir à deux niveaux sur la compétitivité d'une entreprise. À court terme, elle permet à l'entreprise de réduire ses prix de vente sans compromettre sa profitabilité. À plus long terme, elle permet à l'entreprise d'augmenter ses profits et ainsi de dégager des ressources financières qu'elle peut **investir dans des efforts de recherche et développement** favorables à l'innovation.

▌L'innovation peut alors **stimuler la compétitivité-prix** par la baisse des coûts unitaires, mais également la compétitivité **hors-prix** par le caractère innovant et la qualité de nouveaux produits. La hausse des exportations qui en résulterait favoriserait ainsi des créations d'emplois dans l'économie exportatrice.

[Conclusion] Parce qu'elle apparaît favorable à la profitabilité et à la compétitivité des entreprises, la réduction du coût du travail est une voie privilégiée dans de nombreux pays pour rétablir l'emploi.

Cependant, elle n'est pas exempte de risque, car si d'un côté, elle stimule l'offre de biens et services des entreprises, elle peut, de l'autre, affaiblir la demande des ménages. Un revenu faible, faute d'un salaire net ou de prestations sociales suffisantes, peut favoriser ainsi le développement d'un chômage de type keynésien.

Enseignements de spécialité
Économie approfondie
Sciences sociales et politiques

CHAPITRE 13
Économie approfondie
Économie et démographie

www.annabac.com

« Il n'est de richesses que d'hommes », affirmait l'économiste français Jean Bodin au XVIᵉ siècle. La croissance démographique participe en effet à la croissance économique en augmentant le facteur travail disponible et la demande de biens et services de consommation. Dans les États européens, les systèmes de protection sociale se sont généralisés après la Seconde Guerre mondiale. Mais aujourd'hui, les évolutions démographiques et économiques contrarient le financement de l'État-providence.

I Comment la dynamique démographique influe-t-elle sur la croissance économique ?

A La dynamique démographique

Le niveau de population d'un pays est déterminé par le mouvement naturel et le mouvement migratoire.

■ L'évolution du **mouvement naturel** dépend du **solde naturel**, c'est-à-dire de la différence entre le nombre de naissances et le nombre de décès. Lorsque le solde est positif, il y a accroissement naturel. Le **taux d'accroissement naturel** est la différence entre le taux de natalité et le taux de mortalité ; il peut être négatif si le nombre de naissances est inférieur au nombre de décès.

■ L'évolution du **mouvement migratoire** est caractérisée par le **solde migratoire**, c'est-à-dire la différence entre le nombre de personnes qui sont entrées dans un pays (immigrants) et celles qui en sont sorties (émigrants).

■ La **fécondité** est un facteur clé de la dynamique démographique. Dans la mesure où le **taux de fécondité** dépend de la structure par âges de la population féminine, les démographes préfèrent recourir à l'**indicateur**

> Le **taux de fécondité** exprime le rapport entre le nombre de naissances durant une année et le nombre de femmes en âge de procréer (15-50 ans).

conjoncturel de fécondité (nombre moyen d'enfants par femme). Pour assurer le renouvellement des générations, celui-ci doit être égal à 2,1.

■ Le **vieillissement démographique** se mesure par l'augmentation de la proportion de personnes âgées de plus de 65 ans par rapport à la population totale. Il a pour origine la baisse de la mortalité associée à l'allongement de l'espérance de vie, ainsi que la baisse de la natalité.

B La transition démographique

■ La théorie de la transition démographique rend compte du passage d'un régime démographique traditionnel à un régime démographique moderne :

– Le **régime démographique traditionnel** se caractérise par une forte natalité liée à une fécondité naturelle (pas d'obstacle à la procréation) et par une mortalité très élevée, particulièrement la mortalité infantile. La croissance démographique est relativement faible.

– La **transition démographique** se déroule en deux phases distinctes. La première est marquée par une diminution de la mortalité, due à une meilleure alimentation des populations, et le maintien d'un niveau élevé de fécondité, ce qui a pour conséquence une hausse de l'accroissement naturel. La seconde phase connaît la persistance de la baisse de la mortalité, mais aussi le fléchissement de la fécondité. On assiste à l'apparition d'une fécondité contrôlée, en lien avec l'amélioration du niveau de vie et des changements dans les systèmes de représentations (statut de la femme, rôle de l'enfant, développement de l'instruction).

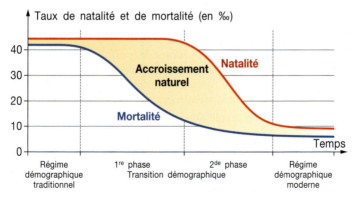

▶ **La transition démographique**

– Le régime démographique moderne associe une faible natalité à une mortalité modérée. Dans les pays occidentaux, la transition démographique, entamée à la fin du XVIIIe siècle, est achevée. Certains pays en développement d'Asie et d'Amérique latine sont entrés dans la seconde phase de la transition démographique.

C Dynamique démographique et croissance économique

1. Croissance démographique et augmentation de la population active

■ L'accroissement démographique, c'est-à-dire l'augmentation de la population, concourt à l'**augmentation du facteur travail** étant donné que la population active est un sous-ensemble de la population totale. À l'inverse, une baisse de la natalité peut raréfier l'offre de travail et ainsi limiter le développement de la production des entreprises.

> La **population active** (28 millions de personnes en France) est constituée de tous ceux qui exercent une activité professionnelle ou en recherchent une (demandeurs d'emploi).

■ Il est cependant possible de faire **appel à l'immigration** pour compenser le déficit en main-d'œuvre. On peut également, dans une logique de substituabilité des facteurs de production, remplacer les hommes par un recours au capital technique.

2. Accroissement démographique, épargne et investissement

■ Le vieillissement de la population engendre une hausse des coûts du financement des retraites dans le budget social d'une nation. Parallèlement, selon la **théorie du cycle de vie** de Modigliani (→ zoom p. 241), le vieillissement se traduirait par un phénomène de désépargne : les ressources épargnées durant la période d'activité seraient consommées au cours de la retraite. La diminution de l'épargne, au niveau national, handicaperait le financement de l'investissement.

> L'**épargne** correspond à la partie du revenu d'un agent économique qui n'est pas utilisée pour la consommation. En France, en 2011, le taux d'épargne était de 16,8 % (224 milliards d'euros sur un revenu disponible de 1 333 milliards).

■ Cependant, l'observation révèle que le taux d'épargne des retraités est équivalent, voire supérieur à celui des actifs. De plus, le **niveau de dépenses des seniors** peut dynamiser la demande et donc, *in fine*, l'investissement des entreprises. Enfin, un pays connaissant un taux d'épargne insuffisant (déficit de la balance courante) peut bénéficier des excédents d'épargne d'autres pays.

Le cycle de vie

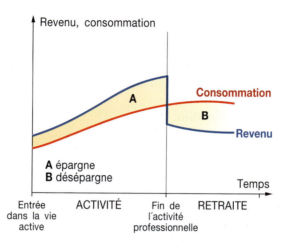

▶ La théorie du cycle de vie de l'économiste américain **Franco Modigliani** (1918-2003) met en relation l'évolution du revenu et de l'épargne selon les différentes périodes qui se succèdent au cours de la **vie** d'un individu.

▶ L'**âge** est un facteur dominant, car les revenus associés à l'activité professionnelle s'accroissent – en général – avec l'ancienneté. L'épargne accompagne l'évolution des revenus d'activité. Faible en début de carrière, elle augmente, atteint un maximum vers 50 ans et diminue ensuite au cours de la retraite.

▶ La **taille de la famille** influe également sur le taux d'épargne. Modigliani, s'appuyant sur des études empiriques menées aux États-Unis, montre que la richesse accumulée par un ménage est une fonction décroissante du nombre d'enfants présents dans le foyer familial. On assiste à un retour à l'épargne lorsque les enfants, une fois adultes, quittent leur famille.

II Quel est l'impact des variables économiques et démographiques sur le financement de la protection sociale ?

A Les systèmes de retraite et leur financement

Les systèmes de retraite relèvent de la fonction étatique de **redistribution** (→ zoom p. 243). On distingue deux principaux modes de financement : l'un fondé sur la répartition, l'autre sur la capitalisation.

1. La retraite par répartition

■ Le système de **retraite par répartition** (système français) relève du modèle corporatiste ou bismarckien (→ chap. 10). Les travailleurs en activité et les entreprises qui les emploient versent des cotisations sociales obligatoires permettant de financer la distribution de pensions de retraite à ceux qui ont cessé leur activité professionnelle.

> Dans *The Theory of Public Finance* (1959), l'économiste américain Richard Abel Musgrave définit les trois grandes fonctions de l'État dans une économie moderne : affectation budgétaire, **redistribution** des ressources et régulation macroéconomique.

■ Ce système repose sur une **solidarité horizontale** entre les générations : une part des ressources des actifs est transférée vers les inactifs âgés. Il est donc très dépendant de variables démographiques, et en particulier du rapport entre le nombre d'individus âgés de plus de 60 ans et le nombre d'individus ayant entre 20 et 59 ans (**ratio de dépendance démographique**).

■ Actuellement, le nombre de ceux qui cotisent diminue, tandis que le nombre de ceux qui perçoivent une pension de retraite augmente. La raison en est l'allongement de l'espérance de vie et le recul de la fécondité, mais aussi la contraction de la croissance et l'augmentation du chômage.

2. La retraite par capitalisation

■ Le système de **retraite par capitalisation** repose sur une épargne salariale volontaire, à laquelle peut s'ajouter une contribution patronale, durant la période active du travailleur. L'épargne accumulée est gérée par des organismes financiers dénommés **fonds de pension**. Ces derniers valorisent sur les marchés financiers les ressources obtenues afin de pourvoir à la distribution de rentes auprès des anciens travailleurs.

■ Ce système a comme avantage de **contribuer au besoin de financement des grandes entreprises** mondiales par l'intermédiation des fonds de pension (→ chap. 15). Cependant, ce système dépend de la dynamique et surtout de la stabilité des marchés financiers. Une crise systémique, à la fois économique et financière, pourrait l'affecter de plein fouet.

ZOOM

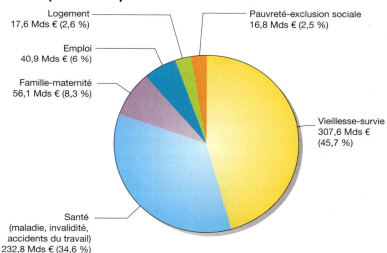

Source : DREES-CPS.

▶ En 2013, les dépenses de protection sociale en France se sont élevées à **672 milliards d'euros**, soit 31,7 % du PIB, près d'un tiers de la richesse produite en France la même année.

▶ Les dépenses de protection sociale concernent principalement la couverture de deux risques essentiels : les dépenses de **vieillesse-survie** et l'**assurance-maladie**. Ces dépenses s'établissent à la hauteur de 540,4 milliards d'euros en 2013, soit près de 80 % de la totalité des dépenses de protection sociale.

▶ Ces deux postes apparaissent incompressibles. Les dépenses associées au versement des pensions de retraite relèvent des **cotisations obligatoires** prélevées sur les actifs durant leur période d'activité. Il s'agit d'un dû auquel ils ont droit en fonction de notre système fondé sur la répartition. Les dépenses d'assurance-maladie, quant à elles, ont tendance à augmenter, ce qui ne peut qu'accroître les prélèvements obligatoires.

▶ Le poste **famille-maternité** est le troisième des dépenses de protection sociale. Il est lié à la politique familiale à laquelle semble être très attachés les Français.

3. Comment équilibrer le financement de la retraite par répartition ?

■ Les pouvoirs publics sont confrontés aux déséquilibres du régime de la retraite-vieillesse. Trois types d'action peuvent être envisagés pour y remédier :
– allonger la **durée de cotisation**, c'est-à-dire la période d'activité. La réforme Fillon a ainsi, en 2010, relevé l'âge légal du départ à la retraite de 60 à 62 ans ;
– baisser le **taux de remplacement** ;
– **augmenter les cotisations sociales** de retraite.

■ Ces deux dernières mesures se traduiraient par une perte de pouvoir d'achat des actifs ou des retraités.

> Le **taux de remplacement** est le montant de la pension de retraite, calculé en pourcentage par rapport à l'ancien salaire d'activité.

B La gestion du système de santé

1. Le système de santé français est de type mixte

■ Le système de santé français associe l'économie marchande et l'intervention des administrations publiques dans une optique de redistribution. L'offre de soins est **à la fois libérale** (médecins de ville, cliniques privées) **et publique** (hôpitaux relevant de l'Assistance publique).

■ Le **financement** du système de santé relève des administrations de sécurité sociale et de l'État. Les ressources proviennent des cotisations d'assurance-maladie versées par les salariés et leurs employeurs, mais aussi du budget de l'État par le biais de la CSG (contribution sociale généralisée). Par ailleurs, les ménages cotisent auprès d'organisations mutualistes ou d'assurances privées dans la mesure où les remboursements des soins médicaux sont souvent inférieurs aux dépenses réelles supportées par les malades.

■ L'intervention des pouvoirs publics dans le secteur de la santé empêche l'éviction des individus présentant des risques de contracter une maladie. Une compagnie d'assurance privée chercherait à diminuer les conséquences de la **sélection adverse** en n'acceptant d'assurer que les personnes présentant le moins de risques et dont les primes d'assurance seraient supérieures aux remboursements des frais de maladie.

> La **sélection adverse** désigne l'asymétrie d'informations entre l'assuré et l'assureur, qui consiste pour l'assuré à dissimuler les risques potentiels qui le caractérisent afin de maximiser ses remboursements.

2. La recherche de l'équilibre du budget des administrations de sécurité sociale

■ L'augmentation des dépenses de santé pose des problèmes liés notamment à leur **financement**. Elles représentent aujourd'hui environ 12 % du PIB de la France. La croissance de la demande de soins résulte de plusieurs facteurs :
– le **vieillissement** de la population ;

– l'élévation du niveau d'instruction, qui se traduit par une plus grande attention accordée par la population à l'état de santé ;
– le recours à l'**innovation médicale** (diagnostic et traitements) ;
– l'offre libérale de soins et l'industrie de la santé (laboratoires pharmaceutiques), qui recherchent la **rentabilité du capital** ;
– la **solidarité nationale** auprès des populations les moins favorisées (couverture maladie universelle, aide médicale d'État pour les étrangers en situation irrégulière).

3. Aléa moral et politique de la santé

■ Un **aléa moral** apparaît en ce qui concerne l'**offre de soins**. Les médecins, prescripteurs de soins, bénéficient de revenus quasiment garantis en raison de l'existence de l'assurance-maladie. Ils peuvent donc prescrire plus de soins que nécessaire, la demande étant peu élastique aux prix puisque les malades sont remboursés.

■ L'aléa moral existe également du côté de la **demande de soins**. Certains assurés peuvent être à l'origine d'une surconsommation médicale ou contracter des habitudes à risques (alcoolisme, toxicomanie) en sachant que le coût des soins sera pris en charge par l'assurance-maladie.

> L'**aléa moral** est une situation contractuelle dans laquelle l'une des deux parties peut être amenée à prendre des risques dans la mesure où leurs conséquences seront couvertes ou endossées par l'autre partie.

■ L'aléa moral contribue à l'augmentation des dépenses de sécurité sociale. Pour y remédier, la politique de la santé cherche à responsabiliser les assurés et à les associer au financement d'une partie de leurs soins, à travers des **incitations pécuniaires**. Ainsi, le ticket modérateur est une part des dépenses de santé qui reste à la charge des patients après les remboursements de l'assurance-maladie, et une **participation forfaitaire** d'un euro a été instaurée.

RÉCAPITULONS

■ La dynamique démographique influe sur la croissance économique : un accroissement démographique se traduit par une augmentation de la population active et une croissance de la demande sur le marché.

■ Le vieillissement démographique peut avoir des effets défavorables sur l'épargne et donc sur l'investissement des entreprises.

■ Les variables économiques et démographiques ont une forte incidence sur le financement de la protection sociale. Le vieillissement accroît les charges pesant sur les actifs et les entreprises. Les structures du système de santé posent de nombreux problèmes quant à leur couverture sociale.

SE TESTER — QUIZ

1 Vrai ou faux ?

Cochez la bonne réponse.

	V	F
a. Le taux d'accroissement naturel est toujours positif.	❏	❏
b. La seconde phase de la transition démographique associe une baisse de la mortalité à une fécondité élevée.	❏	❏
c. Selon Franco Modigliani, la taille de la famille a une influence sur le taux d'épargne.	❏	❏
d. L'offre de soins, en France, repose conjointement sur la médecine libérale et le secteur public de santé.	❏	❏
e. Le ticket modérateur désigne la part des dépenses de santé qui reste à la charge des patients.	❏	❏

OBJECTIF BAC

2 Quelles sont les difficultés qui pèsent sur le système de protection sociale français ?

DOCUMENT

« Le vieillissement de la population pose un défi à notre système de protection sociale, tant sur les assurances à offrir que sur les modes de financement. […] Ainsi, au-delà de la création de protections face à de nouveaux risques tels que la perte d'autonomie, les retraites constituent aujourd'hui la principale dépense de la Sécurité sociale. Depuis trente ans, l'ensemble des prestations sociales ne cesse d'augmenter pour représenter plus d'un tiers du produit intérieur brut (PIB). Le mode de financement de la protection sociale, qui repose à plus des deux tiers sur les cotisations prélevées sur les salaires, se heurte à la baisse de la part des actifs occupés dans la population. Outre le vieillissement, la persistance d'un chômage de masse sape les bases d'un modèle de protection universelle financée par les salariés. Ces deux tendances pèsent en effet à la fois sur les dépenses de la Sécurité sociale, par une augmentation des besoins des assurances vieillesse et chômage, et sur ses recettes, par la diminution mécanique de la base de prélèvements qu'ils entraînent.

David Belliard, « Protection sociale, un modèle à réformer », *Alternatives économiques*, hors-série n° 90, octobre 2011.

POUR VOUS AIDER
- Recensez les principaux types de difficultés qui pèsent sur la viabilité future du système de protection sociale français.
- Réfléchissez au décalage qui peut exister entre les décennies de mise en place de la protection sociale et les évolutions qui caractérisent la situation actuelle.

SE TESTER

1 Vrai ou faux ?

a. Faux. Le taux d'accroissement naturel peut être négatif si le nombre de naissances est inférieur au nombre des décès. On assiste alors à une baisse numérique de la population. **b. Faux.** La seconde phase de la transition démographique se caractérise par une baisse de la mortalité mais associée à une diminution de la fécondité. **c. Vrai. d. Vrai. e. Vrai.**

OBJECTIF BAC

2 Quelles sont les difficultés qui pèsent sur le système de protection sociale français ?

Les titres de parties ne doivent pas figurer dans votre copie.

[Introduction] Le système de protection sociale français a surtout été développé après la Seconde Guerre mondiale, notamment avec la création de la Sécurité sociale en 1945. Durant les Trente Glorieuses, l'**État-providence** a largement rempli sa mission en permettant la réduction des inégalités, la prise en charge collective des risques sociaux et un soutien indirect à l'activité économique. Cependant, les années de crise et le vieillissement démographique posent le **problème de la pérennité du système** en raison des difficultés associées à ses modes de financement.

I. La dépendance démographique rend plus difficile le financement des retraites

■ L'équilibre financier de la branche vieillesse de la Sécurité sociale dépend, dans notre système de répartition, du **rapport entre les actifs** qui cotisent **et les inactifs** âgés de plus de 60 ans qui ont cessé leur activité. L'entrée plus tardive sur le marché du travail des jeunes générations, associée à une **cessation plus précoce de l'activité professionnelle**, pose le problème de la relation entre le montant des cotisations et la distribution des pensions : les actifs sont de moins en moins nombreux, les retraités de plus en plus.

> En 1981, l'**âge de la retraite** en France a été abaissé à 60 ans.

■ Le **vieillissement** de la population, conséquence du recul de la mortalité et de l'allongement de l'espérance de vie, s'accroît avec l'arrivée à l'âge de la retraite des générations du baby-boom. On vit plus vieux, ce qui entraîne *ipso facto* une plus longue période de transferts de pensions.

■ Par ailleurs, la fréquence des consultations médicales et des consommations de santé augmentant avec l'âge, le vieillissement de la population accroît les dépenses de l'assurance-maladie.

II. L'environnement et l'activité économiques contrarient la pérennité de la protection sociale française

■ Le système de protection sociale français s'est construit progressivement durant les **Trente Glorieuses**, marquées par une forte croissance économique et le plein-emploi. Depuis la fin des années 1970, le ralentissement de la croissance a pour conséquence une baisse des revenus d'activité, donc **moins de rentrées fiscales et de cotisations sociales** pour l'État et la Sécurité sociale. Pourtant, dans le même temps, ceux-ci doivent dépenser davantage en raison de l'augmentation du chômage.

■ Les structures mêmes du système de protection sociale ajoutent à ses difficultés de financement. L'existence d'une **médecine libérale** mue par les principes de marché, mais remboursée par des fonds sociaux, ne peut se traduire que par des dépenses supérieures aux recettes. Il y a en effet un **aléa moral** aussi bien du point de vue de l'offre que de la demande de soins médicaux.

[Conclusion] Le système de protection sociale français qui trouve ses origines dans les principes constitutionnels de solidarité nationale, est l'**un des plus performants** des pays développés. Cependant, afin d'en conserver les bénéfices collectifs, il est nécessaire de l'adapter aux nouvelles données démographiques et socioéconomiques de ce début de XXIe siècle.

CHAPITRE 14 — Économie approfondie
Stratégies d'entreprises et politique de concurrence dans une économie globalisée

Le marché assure la rencontre entre l'offre et la demande. Cependant, les entreprises tendent à s'émanciper des lois du marché et de la contrainte de la concurrence, et cherchent à exercer un « pouvoir de marché ». Il revient aux pouvoirs publics de faire respecter les principes de la libre concurrence dans l'intérêt des consommateurs en encadrant certaines pratiques prédatrices des entreprises.

I Dans quelles circonstances les entreprises peuvent-elles exercer un pouvoir de marché ?

A La diversité des structures de marché

1. Le marché concurrentiel

■ La concurrence entre les entreprises est le mécanisme de base de l'économie de marché. Les **économistes néoclassiques** ont développé un modèle de **concurrence pure et parfaite** (CPP) construit sur la base de cinq hypothèses :
– L'**atomicité de l'offre et de la demande** : un grand nombre de vendeurs fait face à un grand nombre de consommateurs. Chaque participant est dans une position d'égalité par rapport à tous les autres ; aucun ne peut influer, d'une quelconque façon, sur le niveau et le prix des transactions. Les entreprises doivent accepter les prix du marché indépendamment de leur propre

> Les économistes qualifiés de **néoclassiques** sont favorables à l'initiative individuelle, à la supériorité du marché comme mode de régulation économique et à une faible intervention de l'État, limitée le plus souvent à ses seules fonctions régaliennes.

stratégie : elles sont en position de **preneur de prix** (*price takers*) et non de **faiseur de prix** (*price makers*).

– L'**homogénéité des produits** : tous les produits sont identiques les uns aux autres. Aucune caractéristique (emballage, marque) ne les différencie.

– La **libre entrée dans l'industrie** : une nouvelle entreprise peut toujours s'ajouter à celles déjà présentes sur le marché d'un produit. Il n'existe pas de « barrières à l'entrée ».

– La **transparence du marché** : tous les participants ont une parfaite connaissance des produits, des quantités offertes et demandées, ainsi que des prix auxquels se concluent les transactions.

– La **fluidité du marché** : les facteurs de production (travail, capital) sont parfaitement mobiles. Ils peuvent se déplacer d'une activité économique à une autre en fonction des niveaux de salaire proposés ou de la recherche d'une meilleure rentabilité du capital.

2. Les marchés imparfaits

Les marchés réels sont qualifiés de « marchés imparfaits », car ils s'écartent de la logique de la concurrence pure et parfaite en raison, le plus souvent, d'une **insuffisante atomicité de l'offre**. Les entreprises peuvent alors exercer, à des degrés divers, un **pouvoir de marché**, c'est-à-dire s'approprier les fonctions du marché en devenant « faiseuses de prix ».

■ Le **monopole** ou **marché monopolistique** met en présence un vendeur unique face à la multitude des consommateurs. L'existence d'un monopole s'oppose à l'atomicité de l'offre mais aussi à la libre entrée dans l'industrie, puisque la totalité du marché est occupée par une seule entreprise. À ce titre, le monopole est contraire à la législation de la plupart des pays développés.

■ L'**oligopole** ou **marché oligopolistique** réunit quelques très grandes entreprises, souvent d'envergure internationale, face à la multitude des consommateurs. La plupart des marchés dans les économies contemporaines sont des marchés oligopolistiques (produits alimentaires, biens durables, électronique grand public).

■ La **concurrence monopolistique** est une situation de marché qui réunit à la fois, de façon paradoxale, la concurrence entre les firmes et l'existence de monopoles. Pour les consommateurs, le choix d'un produit s'effectue entre quelques grandes entreprises. Comme les produits sont dans la plupart des cas identiques, toute la stratégie de la firme va s'articuler autour de la **différenciation du produit** de façon à ce que celui-ci

> Le concept de **concurrence monopolistique** a été développé par l'économiste américain Edward Chamberlin dans *The Theory of Monopolistic Competition* (1933).

Le *sportswear*, un marché où règne la concurrence monopolistique

▶ À l'origine exclusivement portés sur les stades et dans les gymnases, les vêtements de sport sont devenus à partir des années 1980, des éléments **incontournables** de la panoplie vestimentaire de nombreux jeunes du monde entier. Pour leurs achats, les consommateurs se trouvent confrontés dans leur choix à **quelques grandes marques** comme Nike ou Adidas.

▶ Le marché du vêtement et de la chaussure de sport est un exemple de concurrence monopolistique, car la libre entrée dans l'industrie est difficile en raison de la **forte image des marques** auprès de leur public. Cette image, entretenue très largement par la publicité, s'incarne dans un **logo** distinctif, clairement visible sur l'ensemble des produits fabriqués par les entreprises de *sportswear*.

apparaisse comme unique auprès des consommateurs. Chaque entreprise cherche à singulariser sa production par des signes distinctifs tels que la marque, le logo, l'emballage, les garanties ou le service après-vente (➜ zoom p. 251).

B Les stratégies de prix du monopole discriminant

■ La théorie du monopole discriminant rend compte de stratégies d'entreprises en position de faiseuses de prix. Les prix ne découlent alors plus de la libre confrontation entre l'offre et la demande : les entreprises définissent **plusieurs prix pour un même produit**, bien ou service, en fonction de la quantité consommée ou du pouvoir d'achat des consommateurs.

■ Si le prix d'un produit est trop élevé, l'entreprise perd, parmi ses clients potentiels, ceux dont le pouvoir d'achat est insuffisant. En revanche, si le prix est trop faible, l'entreprise connaît un manque à gagner puisqu'une partie des consommateurs auraient été prêts à payer plus cher. L'entreprise, afin de maximiser son profit, pratique alors une politique de **tarification en fonction de chaque catégorie de consommateurs**.

■ Les compagnies aériennes, les sociétés d'autoroute, les secteurs de l'hôtellerie ou de la téléphonie mobile adoptent cette politique de prix. Par exemple, les « Gîtes de France » proposent les mêmes locations saisonnières sur la base de trois tarifs : haute saison (juillet-août), moyenne saison (autres vacances scolaires) ou basse saison (hors congés scolaires).

C Les barrières à l'entrée

La notion de « barrières à l'entrée » fait référence à la présence d'obstacles qui perturbent ou **empêchent l'arrivée d'une nouvelle entreprise** sur un marché. Contraires aux principes d'atomicité de l'offre et de libre entrée dans l'industrie, les barrières permettent aux entreprises d'établir et de maintenir un pouvoir de marché.

1. Les barrières à l'entrée liées à la structure des marchés

■ L'**importance des capitaux** à mettre en œuvre est parfois telle qu'il semble difficile pour une jeune entreprise de pénétrer le marché considéré. C'est le cas par exemple de l'industrie automobile. Par ailleurs, pour certains types de production, l'existence de plusieurs entreprises semble impossible pour des questions de rentabilité. Une seule entreprise occupe alors la totalité du marché : on parle de « monopole naturel » (ex. : transport ferroviaire).

■ La **différenciation des produits** avantage les firmes déjà présentes sur le marché. La plupart des marchés relèvent de la concurrence monopolistique. Ainsi la **publicité** fidélisant les consommateurs à une marque, il devient plus difficile – et plus coûteux – pour une nouvelle entreprise de bénéficier de l'adhésion des consommateurs.

> La **publicité** fait partie des « 4 P » associés aux techniques du marketing : Produit, Prix, Publicité et Positionnement du produit.

■ L'importance stratégique de la **distribution** peut constituer une barrière à l'entrée. Une nouvelle entreprise risque de rencontrer des difficultés dans l'écoulement de ses produits auprès des distributeurs (grandes surfaces, petits détaillants, etc.), susceptibles de se montrer réticents face à une firme qui n'est pas connue des consommateurs.

■ Les entreprises présentes sur un marché bénéficient d'avantages importants en matière de coûts de production, du fait de la **maîtrise de leur métier** ou du niveau d'**innovation** (dépôt de **brevets**) lié à leurs produits.

2. Les barrières à l'entrée établies par les entreprises déjà présentes sur le marché

■ Pour empêcher l'arrivée de nouveaux concurrents, les entreprises déjà présentes sur un marché peuvent pratiquer des **prix de vente inférieurs** à ceux qui permettraient des profits importants à court terme. Les objectifs poursuivis sont l'**étalement des profits** sur le long terme, l'élimination des concurrents éventuels et le maintien de la structure oligopolistique du marché.

■ Le développement de **capacités de production excédentaires** dissuade également l'entrée dans l'industrie. Les firmes présentes se réservent la capacité d'accroître, à tout moment, leur niveau de production et empêchent ainsi l'investissement dans la branche où elles sont en position dominante.

II Quel est le rôle de la politique de la concurrence ?

A La politique de la concurrence : enjeux et acteurs

■ La politique de la concurrence consiste pour l'Union européenne et les États à faire respecter les règles de la concurrence en assurant l'**égalité** entre toutes les entreprises. Il s'agit de réduire la propension de certaines firmes à exercer un pouvoir de marché au détriment des consommateurs, mais aussi de réglementer les interventions publiques (aides d'État). La puissance publique, garante de l'intérêt général, cherche à défendre l'atomicité des marchés.

■ La **Commission européenne** veille à la bonne application de la réglementation en matière de concurrence. Elle dispose de pouvoirs de contrôle et de sanction, qui lui permettent de mener des enquêtes, d'organiser des auditions et d'accorder des exemptions. Les autorités nationales ont l'obligation de prévenir la Commission lorsqu'elles ont l'intention de verser des subventions à une entreprise.

■ L'**Autorité de la concurrence**, en France, est une organisation administrative indépendante créée en 2008. Elle remplit ses missions sur les bases de la législation nationale (Code du commerce) et des traités européens. Elle dispose d'un pouvoir de sanction et peut être saisie par les pouvoirs publics, les entreprises qui s'estiment victimes de pratiques anticoncurrentielles et les associations de consommateurs.

B Les domaines d'intervention de la politique de la concurrence

■ Les autorités de la concurrence contrôlent et examinent les projets de **fusion-acquisition** car ceux-ci, en réduisant le nombre de vendeurs sur un marché, peuvent conduire à l'apparition de pratiques monopolistiques.

> Les **fusions-acquisitions** sont des pratiques financières qui consistent pour une entreprise à acquérir une partie du capital d'une autre entreprise par l'achat d'actions afin de s'en assurer le contrôle.

■ L'**abus de position dominante** caractérise une entreprise qui, de façon stratégique, utilise sa notoriété ou celle de son produit pour imposer des prix élevés et empêcher le jeu de la concurrence (→ zoom p. 255). La mesure de l'abus de position dominante s'effectue grâce au principe de **marché pertinent** ou marché de référence. Il s'agit de calculer, en pourcentage, le périmètre de pénétration d'un produit en termes de parts de marché. On distingue deux types de marchés pertinents :
– un **marché pertinent géographique** délimite un territoire sur lequel la concurrence entre l'offre et la demande pour un produit est soumise à des conditions identiques ;
– un **marché pertinent du point de vue du produit** concerne l'ensemble des produits que le consommateur considère comme substituables.

■ Les **accords de cartel** reposent sur une entente concertée entre des entreprises indépendantes et concurrentes, dans le but de maintenir des prix élevés, de se partager un marché et d'empêcher l'arrivée d'un nouveau concurrent. Le cartel peut être **horizontal** (deux ou plusieurs entreprises qui se partagent le même marché) ou **vertical** (ex. : entre un vendeur et un distributeur). En 2005, les sociétés Orange, SFR et Bouygues Télécom ont ainsi été condamnées à une amende de 534 millions d'euros pour partage de marché (entente horizontale).

ZOOM

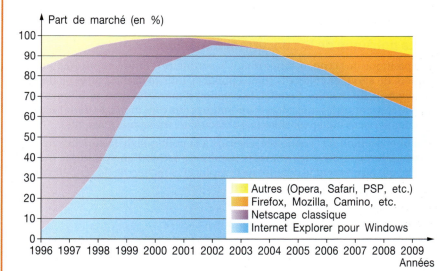

La guerre des navigateurs Internet

▶ Une entreprise peut, de façon légale, bénéficier d'une position dominante sur le marché d'un produit. C'est le cas de **Microsoft** avec son système d'exploitation Windows, qui équipe 90 % des PC vendus dans le monde. À ce titre, Microsoft est surveillé des deux côtés de l'Atlantique par les autorités de régulation de la concurrence.

▶ À partir du milieu des années 1990, le navigateur de Microsoft, Internet Explorer, est intégré par défaut dans Windows. Grâce à ce procédé dit de **vente liée**, Internet Explorer a progressivement supplanté le navigateur **Netscape**, pionnier auparavant très majoritaire sur le marché.

▶ Par sa décision du 16 décembre 2009, la Commission européenne a contraint Microsoft à donner aux consommateurs le **choix du navigateur** qu'ils souhaitent utiliser, en insérant dans Windows une fenêtre répertoriant tous les navigateurs existants.

■ La politique européenne de la concurrence limite les **aides publiques** sous forme de subventions aux entreprises nationales, car elles peuvent nuire à la concurrence. Pour la même raison, elle impose le démantèlement de tout **monopole public** produisant des biens et des services pouvant relever du secteur concurrentiel, c'est-à-dire du secteur privé.

C La politique de la concurrence en débat

■ La politique de la concurrence réduit le périmètre d'intervention étatique en matière de **services collectifs** (biens publics), indispensables pour pallier les défaillances du marché. En effet, la création d'infrastructures publiques permet de restreindre les inégalités économiques entre les ménages dans l'accès à certains services indispensables (eau, électricité, transports collectifs).

■ La libéralisation de l'économie associée à la politique de la concurrence au niveau européen prive les pouvoirs publics du levier d'une **politique industrielle**, qui favoriserait la défense de l'emploi et la recherche de l'équilibre des échanges commerciaux avec le reste du monde.

RÉCAPITULONS

■ Les économistes prennent comme référence le marché de concurrence pure et parfaite (CPP) pour souligner les bienfaits de la compétition entre entreprises. Mais la réalité des marchés concrets en souligne les imperfections : monopole, oligopole et situation de concurrence monopolistique.

■ La recherche de la rentabilité du capital oblige les dirigeants d'entreprise à réduire les contraintes issues de la libre concurrence. Ainsi apparaissent des barrières à l'entrée afin d'empêcher de nouveaux arrivants de pénétrer sur des marchés lucratifs et déjà occupés.

■ Les pouvoirs publics font respecter le droit de la concurrence aux niveaux européen et national en sanctionnant les pratiques entrepreneuriales et les interventions étatiques contraires aux lois du marché.

SE TESTER — QUIZ

1. Vrai ou faux ?

Cochez la bonne réponse.

	V	F
a. En concurrence pure et parfaite, les entreprises sont toutes preneuses de prix (*price takers*).	☐	☐
b. Un oligopole est un marché que l'on peut qualifier d'imparfait.	☐	☐
c. Un monopole discriminant applique les mêmes tarifs à l'ensemble de ses clients.	☐	☐
d. La différenciation des produits ne constitue pas une barrière à l'entrée de nouveaux concurrents.	☐	☐

OBJECTIF BAC

2. Comment l'État peut-il faire respecter les règles de la concurrence ?

DOCUMENT

« Le maire de Paris propose au conseil de Paris de saisir l'Autorité de la concurrence afin qu'elle « examine la situation concurrentielle du marché » de la distribution alimentaire dans la capitale et propose « toute mesure utile au renforcement de la concurrence ».

La grande distribution est dans le collimateur de Bertrand Delanoë. Deux jours après la publication des avis de l'Autorité de la concurrence sur les méthodes à adopter pour assurer davantage de mobilité dans le secteur de la distribution alimentaire, le maire de Paris vient d'annoncer qu'il souhaite saisir les sages de la rue de l'Échelle de la situation qui prévaut sur le marché parisien.

L'enquête sectorielle de l'Autorité de la concurrence assure en effet que le groupe Casino et Carrefour se partagent le marché de la distribution alimentaire. Le groupe de Saint-Étienne, sous ses multiples enseignes (Casino, Monoprix, Leader Price, Franprix, etc.) détiendrait « plus de 60 % du marché », selon l'instance de régulation de la concurrence. Et, toujours selon elle, Carrefour représenterait moins de 20 % du marché.

Bertrand Delanoë a déjà fait plancher l'Atelier parisien d'urbanisme (APUR) sur le sujet. « Sur 22 % du territoire parisien, les magasins du groupe Casino ne subissent pas la concurrence des autres groupes », observe la Ville de Paris, en ajoutant que

« cette forte position pourrait peser sur la diversité de l'offre proposée aux consommateurs et pousser les prix à la hausse ». Le maire de Paris propose donc « que la Ville de Paris saisisse pour avis l'Autorité de la concurrence ». À charge pour elle d'enquêter sur la situation concurrentielle du marché, son impact sur les prix pratiqués et de proposer toute mesure utile au renforcement de la concurrence.

Contacté par *La Tribune*, Casino n'a pas souhaité commenter cette information. Le groupe présidé par Jean-Charles Naouri risque gros. Car, « depuis la loi de modernisation de l'économie, l'Autorité de la concurrence peut, après avoir établi un abus de position dominante, enjoindre la revente de magasins », a rappelé mardi l'Autorité de la concurrence.

Juliette Garnier, « Delanoë dénonce la position dominante de Casino et Carrefour à Paris », *La Tribune*, 9 décembre 2010.

POUR VOUS AIDER
- Recensez dans l'article les différentes parties prenantes qui interviennent dans ce cas de restriction de la concurrence.
- Après avoir identifié l'organisme public de régulation chargé de faire respecter les règles de la concurrence, définissez ses moyens d'intervention et les réponses qu'il peut apporter en cas d'abus de position dominante.

SE TESTER

1 Vrai ou faux ?

a. Vrai. **b.** Vrai. **c.** Faux. Un monopole discriminant applique une politique différenciée de tarification en fonction des capacités pécuniaires de chaque catégorie de consommateurs. **d.** Faux. La différenciation des produits crée une barrière à l'entrée pour une nouvelle entreprise qui chercherait à pénétrer un marché, dans la mesure où ni elle, ni son produit ne sont suffisamment connus des consommateurs.

OBJECTIF BAC

2 Comment l'État peut-il faire respecter les règles de la concurrence ?
Les titres de parties ne doivent pas figurer dans votre copie.

[Introduction] Le marché concurrentiel est le système qui permet la régulation de l'activité économique au sein des pays membres de l'Union européenne.

Les États se sont dotés de réglementations cherchant à **limiter le pouvoir de marché des entreprises** en vue de garantir aux consommateurs les produits dont ils ont besoin à des prix abordables pour le plus grand nombre.

I. L'État, défenseur du marché et des droits des consommateurs

■ Face à l'émergence de pouvoirs de marché exercés par des entreprises qui cherchent à imposer leurs produits et leurs prix en réduisant le nombre de leurs concurrents, les pouvoirs publics interviennent pour faire respecter le **droit de la concurrence** défini par des textes législatifs et des règlements européens et nationaux. La Commission européenne et l'Autorité de la concurrence en France ont pour mission de défendre le marché.

■ L'Autorité de la concurrence peut être **saisie** par des élus politiques. Ainsi, le maire de Paris s'inquiétait, en 2010, du faible niveau de concurrence dans la distribution alimentaire dans la capitale. Les représentants de la société civile (entreprises et associations de consommateurs) peuvent également alerter l'autorité de régulation.

II. Les moyens d'investigation et de sanction de l'Autorité de la concurrence

■ Les instances de régulation de la concurrence surveillent l'atomicité du marché essentiellement du point de vue de l'**offre de produits**. Elles se fondent sur le principe de **marché pertinent** afin de mesurer le poids prépondérant de certaines entreprises. Ainsi, l'Autorité de la concurrence a pu évaluer le poids du groupe Casino dans la grande distribution à Paris (60 %).

■ Les instances de régulation de la concurrence peuvent avoir recours à des **sanctions** (ici, la revente de magasins) comme l'autorise la **loi de modernisation de l'économie**. La menace de sanctions amène, le plus souvent, les contrevenants à adopter des stratégies plus propices aux intérêts des consommateurs.

> Promulguée en 2008, la **loi de modernisation de l'économie** (LME) crée l'Autorité de la concurrence.

[Conclusion] Face aux stratégies parfois prédatrices des grandes entreprises, les pouvoirs publics ont comme mission de défendre les agents les plus sensibles à la domination commerciale des grands groupes. La démocratie politique ne peut s'entendre sans un minimum de **démocratie économique**. À la liberté d'entreprendre, doit correspondre l'égalité des conditions de marché.

CHAPITRE 15
Économie approfondie
Instabilité financière et régulation

www.annabac.com

Les marchés financiers permettent aux agents économiques de se procurer les capitaux dont ils ont besoin pour leur activité. Néanmoins, ils sont souvent le théâtre de krachs ou de crises qui, par contagion, se répercutent sur les établissements bancaires pour ensuite affecter l'ensemble des activités économiques. La globalisation financière amorcée dans les années 1980 a accru les risques d'instabilité au niveau des prix des matières premières, des cours des monnaies et des valeurs boursières. Il semble indispensable que les marchés soient encadrés par des instances de régulation afin d'éviter l'émergence d'une crise systémique.

I Qu'est-ce que la globalisation financière ?

A La notion d'actif financier

■ Les actifs financiers sont des avoirs qui peuvent prendre plusieurs formes en fonction du degré de liquidité et du niveau de risque attaché à l'évolution de leur valeur dans le temps. On distingue :
– les **actifs strictement monétaires** (monnaie, dépôts en compte courant) ;
– les **actifs financiers** proprement dits tels que les produits boursiers (actions, obligations) mais aussi d'autres produits comme les devises ou l'or.

> La **liquidité** caractérise la capacité d'un actif à être transformé plus ou moins rapidement en monnaie, actif parfaitement liquide

■ Les actifs monétaires sont parfaitement liquides et ne présentent pas de risques, contrairement aux valeurs mobilières dont les cours peuvent évoluer à la hausse ou à la baisse en fonction du marché.

B Les marchés financiers

On distingue les marchés de capitaux, qui servent au financement de l'économie, et le marché des changes, sur lequel s'échangent les devises.

■ Le **marché monétaire** est le marché des capitaux à court terme (transactions généralement d'une durée inférieure à un an). Il comprend notamment le marché interbancaire dont les opérateurs sont la Banque de France, les banques commerciales, les investisseurs institutionnels et certaines grandes entreprises. Le taux de l'argent au jour le jour se détermine sur ce marché où se confrontent les offres et les demandes de monnaie, notamment entre les établissements bancaires.

■ Les **Bourses des valeurs** constituent le marché des capitaux à long terme (plus d'un an). Sur ce marché, s'échangent des titres comme les actions et les obligations. Les investisseurs tirent profit de leurs ressources inexploitées sous forme de **revenus du capital** et participent parallèlement à la croissance et au développement des entreprises.

> Les **revenus du capital** sont les intérêts (obligations) et les dividendes (actions), ainsi que les plus-values tirées de la différence entre l'achat et la revente d'un actif financier (action, devise, or, etc.).

■ Le **marché des changes** est le marché des devises ou monnaies étrangères. Cependant, de nombreux opérateurs spéculent sur la hausse ou la baisse de telle ou telle devise à des fins de plus-value financière. Les devises deviennent alors des produits financiers comme n'importe quel autre.

C Les acteurs des marchés financiers

■ Les **particuliers** (ménages) et les **entreprises** ayant des capacités de financement peuvent placer des capitaux pour en tirer des revenus, soit à titre principal (rentiers) soit en supplément de leurs revenus d'activité.

■ Les **établissements de crédit** (banques) drainent d'importantes liquidités qu'ils cherchent à faire fructifier pour le compte de leur clientèle mais aussi pour valoriser leurs capitaux propres.

■ Les **États** proposent des titres d'obligations publiques pour financer leur déficit budgétaire.

■ Les **fonds de pension** gèrent l'épargne issue du système de retraite par capitalisation (→ chap. 13). Ils sont à la tête d'immenses ressources : les fonds américains détiennent près de la moitié de la capitalisation boursière de la place de New York, première Bourse mondiale.

■ Les **fonds d'investissement** collectent l'épargne des agents à capacité de financement et valorisent les fonds ainsi obtenus en les plaçant sur les marchés financiers. En France (→ zoom p. 263), les organismes de placement collectif en valeurs mobilières (**OPCVM**) appartiennent à cette catégorie.

■ Les **fonds spéculatifs** (*hedge funds*) ont des stratégies qui relèvent de la gestion dite « active ». Ils empruntent des fonds à des organismes financiers, achètent des titres dont ils pensent qu'ils sont sous-évalués et les revendent en récupérant la plus-value réalisée.

■ Les **fonds souverains** proviennent d'une vingtaine d'États qui disposent d'importants excédents commerciaux, comme la Chine, ou des entrées de devises liées aux exportations de pétrole (Émirats arabes unis, Koweït, Libye, Norvège). Ces fonds, qui orientaient traditionnellement leur épargne vers les obligations d'État, élargissent désormais leurs investissements aux grands groupes mondiaux, aux sociétés de Bourse et à l'immobilier.

D La globalisation financière

La globalisation financière désigne la **mondialisation du marché des capitaux**. Ce processus est né durant les années 1980 et correspond à la mondialisation des activités productives. Il repose sur trois facteurs : la désintermédiation, la déréglementation et le décloisonnement des activités financières.

■ La **désintermédiation** concerne les modes de financement des grandes entreprises et des grandes **banques**. Si, auparavant, les entreprises s'adressaient en priorité aux banques afin d'obtenir des liquidités, elles ont aujourd'hui tendance à avoir recours aux marchés financiers par l'émission d'actions ou d'obligations sur une place financière mondiale. Ce financement concerne essentiellement les grandes firmes.

> Les **banques** sont considérées comme des intermédiaires financiers entre les agents à besoins de financement et les agents à capacité de financement.

■ La **déréglementation** découle du démantèlement des réglementations nationales en matière de transferts de fonds d'un pays à un autre. L'objectif est de permettre la libre circulation des capitaux à l'échelle planétaire.

■ Le **décloisonnement** des marchés repose sur la quasi-disparition des barrières qui existaient entre les différents types de produits financiers. Les marchés du capital à court terme (marché monétaire), du capital à long terme (marché financier) et le marché des devises (marché des changes) sont aujourd'hui décloisonnés. Les opérateurs internationaux, qu'ils soient prêteurs ou emprunteurs, peuvent passer d'un titre à un autre, d'une monnaie à une autre, d'une place financière à une autre.

ZOOM

Qui sont les investisseurs de la place de Paris ?

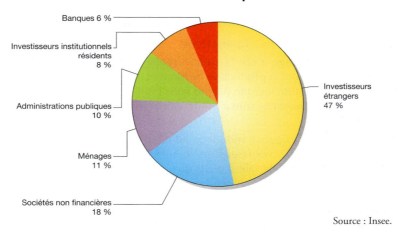

▲ Répartition du stock d'actions cotées détenues par les différents agents économiques en France (2009)

▶ Les **investisseurs institutionnels**, organismes financiers qui gèrent d'importantes liquidités au niveau international (fonds de pension, fonds d'investissement, fonds spéculatifs), ont très largement supplanté les épargnants individuels sur les places financières. Ainsi, en 2009, les placements en actions des ménages français ne représentent que 11 % de la capitalisation boursière d'une place comme Paris. En revanche, les banques, les investisseurs institutionnels résidents et les sociétés non financières possèdent 32 % de la valeur des actions cotées à la Bourse de Paris.

▶ Les **investisseurs étrangers**, qui sont pour la plupart institutionnels (fonds de pension ou fonds d'investissement anglo-saxons), détiennent 47 % du capital des entreprises françaises cotées. Ce pourcentage souligne bien l'**interpénétration des économies** dans le cadre de la globalisation financière.

▶ La globalisation financière peut avoir comme conséquence une **contradiction** entre les intérêts des investisseurs étrangers et les intérêts économiques et sociaux nationaux, notamment en matière de sauvegarde de l'emploi. Il devient alors beaucoup plus difficile pour les pouvoirs publics de défendre les grands équilibres macroéconomiques.

II Comment expliquer les crises financières et réguler le système financier ?

A Les origines et les retombées des crises financières

1. Les origines des crises financières

■ Il existe un **décalage** entre la **sphère réelle** de l'économie, c'est-à-dire la création de valeur par la production de biens et de services, et la **sphère financière**, qui obéit à une logique propre sous l'impulsion des acteurs qui l'animent. Les gains financiers sont alors déconnectés de toute création de valeurs économiques.

■ Les acteurs de la finance mondiale adoptent des **comportements mimétiques** en matière d'investissements financiers. Chaque investisseur achète non pas en fonction de la valeur réelle du produit financier mais de l'évolution attendue de son cours qui dépend de son attractivité pour les autres acheteurs. Ces stratégies donnent lieu à l'apparition de **bulles spéculatives** qui gonflent, puis finissent par éclater. Il suffit qu'un doute apparaisse quant à un produit financier, par exemple une action, pour que quelques opérateurs vendent. Le cours du titre commence à perdre de sa valeur et c'est l'ensemble des détenteurs qui se retirent, entraînant la chute du titre. Si la chute des cours se généralise à l'ensemble des titres d'une place financière, on assiste à un **krach** financier.

■ Les anticipations des investisseurs sont **autoréalisatrices** : si un grand nombre d'investisseurs anticipent une hausse d'un titre à court ou moyen terme, celui-ci va prendre de la valeur ; en revanche, si le titre perd de sa crédibilité, le retrait des opérateurs se traduit par une chute de son cours.

■ La **titrisation** a transféré les risques inhérents à un prêt à d'autres agents, ce qui a favorisé la prise de risque (**aléa moral**). La crise des *subprimes*, en 2008, est la conséquence de telles pratiques.

> La **titrisation** est une opération de montages financiers à partir de valeurs souvent très volatiles (taux de change, indices boursiers, créances sur l'économie

2. Trois crises en dix ans

■ En 2000, c'est l'**éclatement de la bulle Internet** (→ zoom p. 267) après une envolée fulgurante des titres des entreprises orientées vers les nouvelles techniques de l'information et de la communication (NTIC). Après l'engouement pour les produits de haute technologie, la méfiance est apparue chez les investisseurs et le cours des titres s'est effondré. Dans la mesure où les bénéfices des entreprises de la nouvelle économie n'ont pas grimpé à la même vitesse que la Bourse, il n'en a pas fallu plus pour déclencher le dégonflement de la bulle internet et la chute du **NASDAQ**, en mars 2000. La perte sèche pour les investisseurs s'élève à 3 000 milliards de dollars.

> Le **NASDAQ**, sigle du *National Association of Securities Dealers Automated Quotation System* est un marché des valeurs technologiques. Des firmes comme Apple, Dell, eBay, Intel et Microsoft y sont cotées.

■ En 2008, c'est la **crise des *subprimes***, prêts immobiliers accordés aux États-Unis à des ménages, sans que leurs capacités réelles de remboursement ne soient prises en considération. Les banques à l'origine des prêts transforment ces créances en titres négociables sur les marchés à destination d'un grand nombre d'établissements financiers et d'investisseurs institutionnels du monde entier. Lorsque les ménages endettés apparaissent dans l'incapacité d'honorer leurs remboursements, ces titres ne valent plus rien. En septembre 2008, Lehman Brothers, grande banque d'affaires américaine fondée en 1850, dépose son bilan sous le poids des créances immobilières douteuses.

■ Depuis 2010, on assiste à la crise de la **dette souveraine**. Un certain nombre de pays européens, membres de la zone euro, se retrouvent face à une dette publique qui dépasse les 60 % du PIB prévus par le Pacte de stabilité et de croissance européen (2006). La dette financée par des obligations d'État acquises notamment par les banques pourrait ne pas être remboursée. Certains pays comme la Grèce se trouveraient dans l'incapacité de faire face à la charge de la dette.

> La **dette souveraine** d'un État (ou dette publique) est la somme de ses déficits budgétaires antérieurs.

3. Les conséquences des crises financières

Les crises financières n'affectent pas seulement les marchés et les seuls spéculateurs, elles frappent également l'**économie réelle**. On évoque alors les dangers d'une **crise systémique**. Une forte dégradation des marchés financiers impacte forcément les banques mondiales qui sont, le plus souvent, opératrices de marché. Une crise au sein du système bancaire empêche les établissements de crédit d'assurer leurs fonctions auprès des entreprises et des ménages (consommation, investissement). Par un effet de domino (réaction en chaîne), c'est l'ensemble du système économique mondial qui est touché par contagion.

B La régulation des marchés financiers

Les marchés financiers livrés à la seule logique de la spéculation peuvent générer un **risque systémique** préjudiciable à l'équilibre mondial. Aux niveaux international, européen et national, des organisations publiques et privées cherchent à encadrer les activités de marché.

> On nomme **risque systémique** les retombées d'une crise financière sur l'économie réelle à l'échelle planétaire. L'ensemble du système économique mondial est alors touché par la crise.

■ Les **agences de notation** (Standard & Poor's, Fitch Ratings et Moody's) sont des organismes privés qui mesurent la solvabilité des nations, des entreprises et des banques quant à leurs capacités à rembourser leurs dettes. La notation repose sur les quatre premières lettres de l'alphabet, suivies le cas échéant d'un signe positif ou négatif : du triple A (entité sans risques) jusqu'au D (entité en défaut).

■ Pour les États, elles établissent une note en fonction de la stabilité budgétaire, de la politique monétaire et de la situation économique. Elles informent ainsi les investisseurs potentiels sur les **risques** qu'ils peuvent encourir en se procurant des titres, par exemple des emprunts d'État. La **fiabilité des agences de notation** fait néanmoins débat, car elles sont rémunérées par les émetteurs des titres qu'elles notent : il y a conflit d'intérêts.

■ Le **contrôle des agents** et des **activités financières** est organisé par des organismes publics qui veillent à l'information des actionnaires et à la régularité des transactions sur les marchés financiers. Aux États-Unis, il s'agit du *Securities and Exchange Commission* (SEC) pour la Bourse de New York et, en France, de l'Autorité des marchés financiers (AMF) pour la place de Paris.

■ La **réglementation prudentielle** consiste à la fois à intervenir dans la gestion des établissements bancaires et à assurer la stabilité financière globale. Au niveau européen, les accords de Bâle (2010) ont été à l'origine de l'accroissement des fonds propres des banques afin d'améliorer leur solvabilité.

ZOOM

Les effets des bulles spéculatives sur la place de Paris

▲ Évolution du CAC 40 depuis sa création

▶ Le CAC 40 est le principal indice de la Bourse de Paris depuis 1988. Il mesure l'évolution, au jour le jour, du **cours des titres des 40 plus grandes entreprises françaises** en fonction de leur capitalisation boursière. Il est mesuré en points (1 000 points lors de sa création).

▶ L'évolution du CAC 40 ne reflète pas seulement les performances des groupes qui le composent. En effet, la globalisation financière s'est traduite par une **très forte intégration de toutes les places financières** et de l'activité économique mondiale.

▶ Le graphique souligne la présence des **deux bulles qui ont secoué la finance mondiale** et leur impact sur le CAC 40. Ainsi, la bulle Internet a fait gagner près de 5 000 points à l'indice entre 1996 et 2000 ; puis, son éclatement s'est soldé par un retour à environ 2 500 points en 2003.

RÉCAPITULONS

■ Les marchés financiers regroupent principalement le marché monétaire, la Bourse des valeurs et le marché des changes. Sur ces marchés, les opérateurs échangent des actifs en vue d'obtenir la meilleure rentabilité possible.

■ La globalisation financière se traduit par un marché unique du capital au niveau mondial. La recherche de la plus-value peut pousser les investisseurs à adopter des stratégies spéculatives dangereuses pour l'équilibre économique et financier mondial.

■ Les instances de régulation financière ont pour mission d'encadrer les marchés financiers et de surveiller les pratiques des opérateurs en vue d'éradiquer les risques de crise systémique.

SE TESTER — QUIZ

1 Vrai ou faux ?

Cochez la bonne réponse.

	V	F
a. La liquidité d'un actif mesure sa capacité à servir de moyen de paiement dans les échanges.	☐	☐
b. Les fonds souverains sont à la recherche de la rentabilité des capitaux investis.	☐	☐
c. Les crises financières n'ont que peu d'impact sur l'économie réelle.	☐	☐
d. Les États ne cherchent pas à intervenir sur les marchés financiers.	☐	☐

OBJECTIF BAC

2 Comment peut-on expliquer la formation et l'éclatement des bulles financières ?

DOCUMENT

« L'apparition des nouvelles techniques de l'information et de la communication (NTIC) dans les années 1990 fut rapidement appréhendée, dans un monde avide de nouveauté et d'argent facile, comme une innovation motrice comparable à la révolution textile du XVIIIe siècle [...]. De nombreuses *start-up* virent le jour, notamment aux États-Unis. La Bourse entra dans la danse et les titres des entreprises de la nouvelle économie connurent la ferveur des opérateurs internationaux. Le NASDAQ, marché international orienté vers les valeurs de la haute technologie, connut une envolée fulgurante, l'indice composite du NASDAQ passa de 1 500 points en 1998 à 5 000 points au début de l'année 2000. Seulement, les bénéfices des entreprises de la nouvelle économie n'ont pas grimpé à la même vitesse que la Bourse. L'exacerbation de la concurrence, la lourdeur des investissements nécessaires et surtout une surestimation de la demande des ménages et des entreprises en produits de haute technologie ont amené certains investisseurs à se retirer brusquement du marché. Il n'en fallait pas plus pour déclencher le dégonflement de la bulle Internet et la chute du NASDAQ. C'est ainsi que l'indicateur phare de la nouvelle économie retrouva, en 2002, son niveau de 1998.

Jean-Claude Drouin, *Les maîtres de l'économie, crise et régulations*, Larousse, 2009.

SE TESTER

1 Vrai ou faux ?

a. Vrai. **b.** Vrai. **c.** Faux. Les crises financières peuvent avoir de graves conséquences sur l'économie réelle : en mettant en difficulté le secteur bancaire, elles assèchent les crédits à l'économie pour les entreprises et les ménages. **d.** Faux. Les États, dans leur mission de sauvegarde de l'intérêt général, cherchent à limiter les crises éventuelles, porteuses de déséquilibres macroéconomiques (faillites, baisse de la demande, chômage).

OBJECTIF BAC

2 Comment peut-on expliquer la formation et l'éclatement des bulles financières ?

Les titres de parties ne doivent pas figurer dans votre copie.

[Introduction] La notion de « bulle financière » repose sur une métaphore qui rend compte de l'**évolution accélérée** de la valeur d'un actif financier, puis de sa chute rapide et soudaine à la suite d'un renversement de tendances boursières.

I. La naissance et le développement de la bulle

■ La valorisation d'un titre ou des titres associés à une activité économique peut être expliquée par le climat général des affaires ou l'innovation technologique dans une logique de **recherche de rentabilité du capital**.

■ Au cours des années 1990, l'engouement pour les *start-up* et les nouvelles technologies déclencha une forte croissance du NASDAQ et des sociétés qui y sont cotées. Les comportements mimétiques des investisseurs expliquent l'augmentation des cours des titres.

> Une *start-up* est une micro-entreprise spécialisée dans les nouvelles technologies.

II. L'éclatement de la bulle et le retour à la réalité économique

■ Les résultats économiques et comptables des nouvelles entreprises ne furent pas ceux qui étaient escomptés par les investisseurs. Ces derniers se sont progressivement retirés, et ce fut la fin du boom de la « nouvelle économie ».

■ Le mécanisme des **anticipations autoréalisatrices**, qui avait soutenu l'envolée des cours du NASDAQ, contribue aussi à expliquer la baisse des cours.

[Conclusion] Les bulles financières et les désordres boursiers font ressortir l'écart qui existe entre la sphère financière et la sphère productive de l'économie.

COURS   MÉTHODE   EXERCICES   CORRIGÉS   16

www.annabac.com

CHAPITRE 16

Sciences sociales et politiques
Le système politique démocratique

Le système politique démocratique peut connaître différents aménagements des institutions politiques : régimes parlementaire, présidentiel ou semi-présidentiel. La désignation des dirigeants repose sur le suffrage universel après une période de campagne électorale, temps fort de la mobilisation partisane. Les modes de scrutin influencent très largement la structure gouvernementale. La démocratie est un système qui évolue dans nombre de pays développés vers de nouvelles formes de participation politique, animées par des groupes d'intérêt.

I Quelles sont les composantes institutionnelles des régimes politiques démocratiques ?

A Les caractéristiques du système politique démocratique

■ La démocratie – du grec *demos*, « peuple » et *cratos*, « pouvoir » – est un système politique fondé sur le **pouvoir du plus grand nombre**. Selon Aristote, elle s'oppose à la monarchie (pouvoir d'un seul) et à l'oligarchie (pouvoir de quelques-uns). Pour reprendre la formule du président américain Abraham Lincoln (1809-1865), « la démocratie, c'est le gouvernement du peuple, par le peuple et pour le peuple ».

■ On distingue **démocratie directe et démocratie représentative**. L'exemple le plus caractéristique de la démocratie directe reste la démocratie athénienne, où tous les citoyens participaient à l'élaboration des règles gouvernant la Cité. La forte population des États démocratiques, la complexité de l'organisation et de la gestion des sociétés modernes ne permettent pas un tel fonctionnement. La démocratie y est donc indirecte : on passe d'une citoyenneté active (ou citoyenneté-participation) à une citoyenneté reposant sur la délégation du pouvoir politique à des **représentants élus**.

■ Le système démocratique repose également sur la **séparation des pouvoirs** : le pouvoir législatif qui élabore la loi (Parlement), le pouvoir exécutif qui fait appliquer la loi par les règlements (gouvernement) et le pouvoir judiciaire qui tranche les litiges relatifs à l'application des lois et des règlements. Par ailleurs, des organes juridictionnels ont pour mission de **contrôler la conformité des lois** par rapport à la Constitution (Conseil constitutionnel en France, Cour suprême aux États-Unis).

> Charles-Louis de Secondat, baron de **Montesquieu** (1689-1755) est un penseur politique majeur du XVIIIe siècle, favorable à une monarchie parlementaire. Dans *De l'esprit des lois* (1748), il formule la théorie de la séparation des pouvoirs : « Il faut que, par la disposition des choses, le pouvoir arrête le pouvoir. »

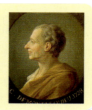

B Les régimes politiques démocratiques

On utilise le terme de « **régime politique** » pour caractériser le fonctionnement des pouvoirs publics dans les démocraties. On en distingue trois types, selon la manière dont ils organisent les relations entre pouvoir législatif et pouvoir exécutif.

1. Le régime parlementaire : l'exemple britannique

■ Le régime parlementaire est né dans l'Angleterre du XIIIe siècle de la volonté de **limiter le pouvoir royal**. Le Parlement est alors une assemblée constituée de représentants de l'aristocratie auxquels s'ajouteront, par la suite, des représentants de la petite noblesse puis de la bourgeoisie des villes. Face au pouvoir exécutif s'établit un contre-pouvoir législatif, représentant les intérêts de la société civile. Ainsi naît la séparation des pouvoirs.

■ Le pouvoir exécutif repose sur le souverain et le cabinet. Le **souverain**, actuellement la reine Elizabeth II, représente l'unité et la pérennité du Royaume-Uni sans exercer de rôle politique. Le pouvoir politique effectif est exercé par le **cabinet**, dirigé par le Premier ministre, qui doit être soutenu par la majorité de la Chambre des communes.

■ Le pouvoir législatif est de **type bicaméral** : la Chambre des communes et la Chambre des lords. Les députés de la **Chambre des communes** sont élus au suffrage uni-

> Le **bicaméralisme** caractérise un système politique constitué de deux chambres ou assemblées : une chambre haute et une chambre basse qui peut faire contrepoids aux décisions de la chambre haute.

versel. Ils votent les lois et le budget. La **Chambre des lords** réunit les pairs du royaume mais ne joue plus de rôle politique.

■ Pouvoir exécutif et pouvoir législatif sont **interdépendants** : le Premier ministre peut dissoudre le Parlement et être renversé par lui.

2. Le régime présidentiel : l'exemple des États-Unis

■ Le pouvoir exécutif repose sur un **président** élu pour quatre ans au suffrage universel indirect. Le président est à la fois chef de l'État et chef du gouvernement. Les secrétaires d'État sont réunis pour avis consultatif auprès du président, qui dispose d'un droit de veto sur les lois votées par le Congrès.

■ Le pouvoir législatif relève du **Congrès** (Sénat et Chambre des représentants), qui vote les lois, le budget et contrôle la politique étrangère. Le président et le Congrès sont deux pouvoirs indépendants : le président ne peut dissoudre le Congrès, le Congrès ne peut renverser le président. La séparation des pouvoirs est **stricte**.

3. Le régime semi-présidentiel : l'exemple français

■ Le régime français est de type semi-présidentiel depuis l'adoption de la loi du 6 novembre 1962 relative à l'élection du président de la République au suffrage universel direct.

■ C'est un **modèle mixte** qui emprunte aux deux précédents (→ zoom p. 275).

II. Comment s'organise la compétition politique en démocratie ?

A. Compétition électorale et modes de scrutin

Dans une **démocratie pluraliste** reposant sur le suffrage universel, les électeurs ont à choisir entre plusieurs candidats. Les modalités de l'élection peuvent toutefois prendre plusieurs formes.

> La **démocratie pluraliste** suppose que plusieurs formations politiques puissent promouvoir leurs idées, présenter leurs programmes et leurs candidats lors des élections.

1. Le scrutin uninominal majoritaire

■ Il peut se dérouler sur **un ou deux tours**. Dans le premier cas (ex. : élections générales au Royaume-Uni), il suffit d'arriver en tête pour être élu. Dans le second cas, il faut obtenir la majorité absolue (50 % des suffrages exprimés plus une voix) au premier tour ; sinon, un second tour de scrutin est organisé entre les candidats arrivés en tête.

■ Le scrutin uninominal majoritaire à deux tours est retenu en France pour les **élections présidentielles et législatives**.

■ Le scrutin majoritaire permet, au sein d'une assemblée, de dégager une **majorité stable** et cohérente. Il est ainsi porteur d'une plus grande efficacité dans la prise de décision politique et facilite la constitution d'un gouvernement.

2. Le scrutin de liste à la proportionnelle

■ Ce mode de scrutin, appliqué pour les **élections européennes**, permet à chaque liste de candidats d'obtenir un nombre de sièges proportionnel à son score. Il ne comporte généralement qu'un seul tour.

■ Le scrutin proportionnel est souvent présenté comme le plus « démocratique » dans la mesure où il permet l'expression d'une **plus grande variété de sensibilités politiques**. Néanmoins, cela peut se traduire par une exacerbation des débats, qui ralentit la prise de décisions et favorise l'**instabilité gouvernementale**. Pour minimiser ces risques, le scrutin proportionnel s'accompagne souvent d'un seuil minimum de voix pour obtenir des sièges (5 % aux élections européennes).

B Les évolutions de la vie démocratique

1. La recherche de la parité hommes-femmes dans la représentation politique française

■ La loi du 6 juin 2000 instaure le principe de la parité pour les élections municipales, régionales, européennes et sénatoriales. Les listes partisanes doivent comporter **autant de femmes que d'hommes**. La loi du 23 juillet 2008 modifie de l'article 1 de la Constitution : « La loi favorise l'égal accès des femmes et des hommes aux mandats électoraux et fonctions électives, ainsi qu'aux responsabilités professionnelles et sociales. »

■ Les résultats de cette politique sont **mitigés** : si le nombre de femmes dans les assemblées augmente, on est encore loin de la parité.

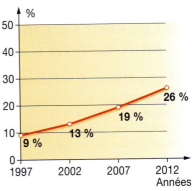

▶ **La part des femmes à l'Assemblée nationale.** Les dates correspondent aux élections législatives.
Source : Assemblée nationale.

Zoom

Le régime de la Vᵉ République

▶ La Constitution, promulguée le **4 octobre 1958**, restreint les pouvoirs du Parlement et accroît ceux du président. L'existence d'une majorité acquise à celui-ci élimine les oppositions à la politique gouvernementale, ce qui réduit la portée du débat démocratique.

▶ Le pouvoir exécutif est divisé entre le **président** et le gouvernement dirigé par un **Premier ministre**. Le gouvernement est responsable devant le Parlement qui peut, par un vote de défiance (motion de censure), l'obliger à démissionner. Le président est élu au suffrage universel direct, ce qui lui confère une forte légitimité, renforcée depuis la mise en place du quinquennat. Il peut avoir recours au référendum ou dissoudre l'Assemblée nationale.

▶ Le pouvoir législatif est exercé par le **Parlement** composé de l'Assemblée nationale et du Sénat. L'**Assemblée nationale** regroupe les députés élus tous les cinq ans au suffrage universel direct. Les **sénateurs** sont élus au suffrage universel indirect pour six ans (renouvelés par moitié tous les trois ans) par un collège de représentants des collectivités locales.

2. Vers de nouvelles formes de démocratie ?

■ La perte de crédibilité de la classe politique, la dépolitisation et la montée de l'absentéisme électoral **remettent en cause le fonctionnement de la démocratie représentative** et amènent à s'interroger sur l'évolution de l'exercice démocratique.

■ La **démocratie participative** consiste à organiser des espaces permettant aux citoyens de participer à la politique. La loi de février 2002 crée ainsi des conseils de quartier dans les communes de plus de 80 000 habitants, dans le cadre d'une « **démocratie de proximité** ». Ces conseils de quartier jouent le rôle d'intermédiaires entre la population et l'administration municipale, et permettent à celle-ci de mieux connaître les attentes et les difficultés des habitants.

■ Plus ambitieuse, la **démocratie délibérative** suppose que les décisions politiques aient pour origine des **délibérations publiques** de citoyens libres et égaux. Par la constitution de jurys citoyens, dont les membres seraient tirés au sort, le peuple pourrait participer aux décisions qui l'engagent. Proche de la démocratie directe à l'athénienne, la démocratie délibérative rencontre un certain nombre de limites quant à son mode de fonctionnement dans la mesure où tous les citoyens ne s'intéressent pas à la vie publique, ou n'ont pas forcément le temps de participer au débat politique.

III Quelle est la contribution des organisations politiques au fonctionnement de la démocratie ?

A Partis politiques et mobilisation électorale

1. Comment définir les partis politiques ?

■ Max Weber définit les partis comme des **entreprises politiques** destinées à procurer à leurs chefs le pouvoir au sein d'un groupement de domination et à leurs militants des chances de poursuivre des buts objectifs, d'obtenir des avantages personnels, ou de réaliser les deux ensemble. Cette définition permet de caractériser les partis par leur objectif : la **conquête du pouvoir politique**.

■ Les **partis politiques** sont caractérisés par quatre éléments :
– la **durabilité** ;
– le **lien** entre le local et le national, grâce à des permanences et des représentants locaux ;
– la volonté de **conquérir et d'exercer le pouvoir**, qui différencie les partis des groupes de pression ;
– la recherche d'un **soutien populaire** auprès des citoyens.

> Les **partis politiques** sont régis par la loi de 1901 sur les association

2. Les fonctions des partis politiques

■ Les partis politiques sélectionnent et investissent des candidats et **définissent des programmes**. En faisant référence à certaines valeurs et en prenant position dans les débats, ils éclairent les choix des citoyens et contribuent à structurer l'opinion.

■ Les partis politiques sont les acteurs privilégiés de la **mobilisation électorale** : pour inciter les électeurs à voter pour eux, ils recourent à des moyens tels que l'affichage public, la distribution de tracts ou le porte-à-porte. En outre, la présence des leaders politiques sur les plateaux de télévision entretient la relation entre l'offre et la demande politique.

■ Les partis politiques assurent une **fonction d'intermédiation** entre le gouvernement et la population. Ils interprètent les besoins et aspirations qui émanent du corps social, notamment des groupes de pression, et les formulent en termes politiques de façon à les intégrer à leur programme (➜ zoom p. 278).

B Société civile et régulation démocratique

■ La société civile organisée est partie intégrante de la vie politique dans les démocraties avancées. Les citoyens ne se limitent plus au seul geste électoral, ils s'engagent dans des syndicats et associations pour exprimer des exigences et intérêts communs, et interpeller les autorités politiques. La science politique nomme **groupes d'intérêt ou de pression** ces organisations qui ne cherchent pas à conquérir le pouvoir politique, mais à influencer ses décideurs.

> Le terme de société civile renvoie à la partie de la société qui est extérieure au périmètre d'intervention de l'État. La **société civile organisée** désigne alors l'implication volontaire des citoyens au sein d'organisations afin de défendre leurs valeurs et leurs droits.

■ Les modalités de l'action des groupes d'intérêt sont diverses :
– Ils peuvent chercher à **influencer** les partis politiques et les autorités, voir à **coopérer** avec eux, afin de faire avancer leurs projets. Les partis y trouvent l'occasion d'alimenter leurs programmes et les autorités de montrer leur capacité à répondre aux besoins exprimés par le corps social.
– Les groupes d'intérêt ayant acquis une certaine représentativité auprès de l'opinion publique peuvent ainsi obtenir une **mise sur agenda** de leurs revendications. Ainsi, les mouvements féministes ont été à l'origine des lois relatives à la contraception (1967) et à la légalisation de l'avortement (1975).
– Les syndicats de salariés recourent souvent à la **contestation** pour infléchir les décisions relatives au droit du travail. En 2010, ils ont ainsi obtenu des aménagements au recul de l'âge de la retraite pour les actifs entrés tôt dans la vie active.

ZOOM

Le système politique et son environnement

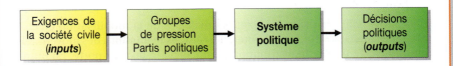

▶ Dans *A System Analysis of Political Life* (1965), le politologue canadien David Easton propose une théorie des relations entre un système politique national et son environnement. Le système politique convertit des **exigences** (*inputs*) qui émanent de la société en **décisions** (*outputs*) qui doivent y répondre.

▶ Ces exigences sont de tout type : hausse du pouvoir d'achat, réduction du chômage, création de logements sociaux, etc. Elles sont **exprimées par des groupes de pression** (syndicats, associations) et **régulées par les partis politiques**.

▶ Les **autorités gouvernementales** doivent ensuite donner satisfaction aux exigences des citoyens (*inputs*) par de nouvelles lois (*outputs*). Ainsi, le système politique assure l'**équilibre** entre les différentes composantes de la société.

RÉCAPITULONS

■ Fondée sur le pouvoir du peuple, la démocratie peut s'incarner dans trois types de régimes : parlementaire, présidentiel ou semi-présidentiel.

■ Les régimes politiques démocratiques ont notamment en commun la désignation des gouvernants au suffrage universel, des évolutions comparables (augmentation du nombre de femmes élues, réflexion sur la démocratie participative ou délibérative) et un fonctionnement qui repose non seulement sur la mobilisation orchestrée par les partis politiques, mais aussi sur les interventions de la société civile organisée.

SE TESTER — QUIZ

1. Vrai ou faux ?

Cochez la bonne réponse.

	V	F
a. Le Parlement britannique est de type bicaméral.	☐	☐
b. Le régime de la Ve République est de type parlementaire.	☐	☐
c. En France, le président de la République est élu au scrutin majoritaire.	☐	☐
d. Les groupes d'intérêt ont pour objectif la conquête des postes étatiques.	☐	☐

OBJECTIF BAC

2. Quels sont les héritages et les principes de la Ve République ?

DOCUMENT

« Les principes fondamentaux de la République française sont énoncés dans sa devise : « Liberté, Égalité, Fraternité ». […] L'article 1er de la Constitution […] proclame que « la France est une République indivisible, laïque, démocratique et sociale ».

« Une République indivisible » : aucune partie du peuple, ni aucun individu, ne peut s'attribuer l'exercice de la souveraineté nationale. Seul le peuple exerce cette souveraineté par la voie de ses représentants […] ou du référendum. L'unité et l'indivisibilité garantissent une application uniforme du droit sur l'ensemble du territoire national.

Le caractère laïque de la République découle à la fois du principe de la liberté de croyance et du principe d'égalité des citoyens devant la loi et implique la séparation des Églises et de l'État. Aucune religion n'a ainsi de statut privilégié au sein de la République et chaque individu dispose de la liberté de ses opinions et de sa foi.

Le caractère démocratique de la République implique le respect des libertés fondamentales et la désignation des différents pouvoirs au suffrage universel […].

Enfin, le caractère social de la République résulte de l'affirmation du principe d'égalité. Il s'agit de contribuer à la cohésion sociale et de favoriser l'amélioration de la condition des plus démunis.

Par ailleurs, les dernières révisions de la Constitution ont introduit de nouveaux principes.

Ainsi, la révision constitutionnelle du 28 mars 2003 a établi le principe de l'organisation décentralisée de la République. Celle du 1er mars 2005 a proclamé l'attachement du peuple français « aux droits et devoirs définis dans la Charte de l'environnement », dont notamment le développement durable et le principe de précaution.

Enfin, la loi constitutionnelle du 23 juillet 2008 a complété les dispositions en faveur de l'égal accès des femmes et des hommes aux mandats électoraux et fonctions électives en les étendant aux « responsabilités professionnelles et sociales » (article 1 de la Constitution).

Source : www.vie-publique.fr

> **POUR VOUS AIDER**
> ■ Réfléchissez aux deux termes importants de l'intitulé de la question proposée : **héritages** et **principes**. Le système constitutionnel de la Ve République résulte de l'histoire de la Nation et de la volonté politique d'établir un modèle démocratique.
> ■ La démocratie politique s'accompagne de l'égalité des conditions sociales et de la recherche de la solidarité entre ses membres. Par ailleurs, les différentes révisions constitutionnelles montrent que le système français peut s'adapter aux évolutions et aux besoins de la société.

SE TESTER

1 Vrai ou faux

a. Vrai. b. Faux. Le régime de la Ve République n'est pas un régime parlementaire. Il est de type mixte, à la fois parlementaire (le Parlement peut renverser le gouvernement) et présidentiel (le président est élu, depuis 1962, au suffrage universel direct). Aussi parle-t-on de régime semi-présidentiel. **c. Vrai. d. Faux.** Les groupes d'intérêt ont pour objectif de défendre des « intérêts » auprès des décideurs politiques, en s'appuyant généralement sur l'opinion publique.

OBJECTIF BAC

2 Quels sont les héritages et les principes de la Ve République ?

Les titres de parties ne doivent pas figurer dans votre copie.

[Introduction] La Constitution de la Ve République réorganise la structure du pouvoir politique en France. Héritière des institutions républicaines antérieures, elle en réaffirme les **fondements** tout en s'ouvrant aux **évolutions contemporaines**.

I. La Ve République est l'héritière de la démocratisation de la société politique française

■ La République s'est progressivement construite en opposition avec les principes de la société d'ordres et de la monarchie d'Ancien Régime. La société démocratique repose sur l'**égalité des conditions**. Le principe de liberté est inscrit dans le droit, la fraternité découle d'une République d'égaux.

■ La Constitution de la Ve République fait référence aux principes développés dans la **Déclaration des droits de l'Homme et du citoyen** de 1789 ainsi qu'au préambule de la Constitution de 1946.

II. Les principes de la Ve République confortent la démocratie politique

■ La **souveraineté nationale** appartient au peuple par l'intermédiaire de ses représentants élus au suffrage universel. Le scrutin, égalitaire et secret, est ouvert à tous les citoyens majeurs.

■ La **laïcité** de la République reconnue par la loi de séparation des Églises et de l'État de 1905 découle de l'esprit de liberté. L'obligation de **solidarité** favorise le consensus social, la réduction des inégalités et l'amélioration des conditions d'existence des moins favorisés.

III. Le régime de la Ve République s'adapte aux évolutions de la société

■ De nouveaux principes ont été introduits dans le droit par plusieurs révisions constitutionnelles. Ainsi en est-il de la loi de **décentralisation** et de la Charte de l'environnement.

■ Par ailleurs, dans un souci de **parité**, la loi de 2008 introduit de nouvelles dispositions en faveur de l'accès des femmes aux mandats électifs.

[Conclusion] Le régime de la Ve République repose sur plus de deux siècles d'avancées politiques. Il a permis plus d'un demi-siècle de **stabilité politique**, par sa capacité à assurer la régulation des conflits inhérents à toute société civile et à intégrer les évolutions de celle-ci.

CHAPITRE 17

Sciences sociales et politiques
La participation politique

www.annabac.com

On nomme participation politique les modalités selon lesquelles les citoyens interviennent dans la sphère politique. Quels en sont les formes et les facteurs ? Les individus se constituent une culture politique au cours d'un processus de socialisation. Ils se familiarisent ainsi avec des comportements politiques, qui puisent dans de vastes répertoires d'action politique. Parmi ceux-ci, le vote dépend des caractéristiques socio-économiques des individus et de l'offre politique du moment.

I Quelle est l'influence de la culture politique sur les attitudes politiques ?

A Culture politique et socialisation politique

■ La **culture politique** constitue l'ensemble des normes, valeurs, représentations et croyances qui renvoient à l'histoire politique du pays et influencent les choix politiques de chacun. Elle permet donc de se construire une identité, de concevoir le champ politique, de s'y situer mais aussi d'y agir.

■ La culture politique se transmet par la **socialisation politique**. Celle-ci est tout d'abord assurée par la famille lors de la **socialisation primaire**, mais elle n'est pas toujours intentionnelle : c'est davantage l'imprégnation que l'inculcation qui est à l'œuvre.

■ D'autres agents de socialisation interviennent comme l'école, avec notamment les cours d'éducation civique, juridique et sociale (ECJS), le groupe des pairs ou les médias, avec des émissions de télévision telles que *Les Guignols de l'info*. Des événements marquants (ex. : Mai 68) peuvent également jouer un rôle important. La **socialisation secondaire**, qui a lieu à l'âge adulte, peut ainsi conforter la socialisation primaire, la contredire, voire la complexifier. En effet, le citoyen devient de plus en plus actif dans la constitution de sa propre culture politique.

B La culture politique façonne les attitudes politiques

■ Les **attitudes politiques** sont des dispositions à agir que l'on acquiert lors de la socialisation politique et qui structurent les **comportements politiques**, c'est-à-dire les actes de participation du citoyen.

■ Les attitudes politiques peuvent se traduire par l'**identification partisane**. En France, le clivage gauche/droite oppose des valeurs économiques et sociales, mais aussi des groupes sociaux (patronat à droite, fonctionnaires à gauche). Il devient cependant moins pertinent, les programmes des partis politiques témoignant d'un certain « brouillage des valeurs ».

> L'**identification partisane** est la sympathie déclarée pour un parti ou une organisation politique. Elle apparaît surtout lors de la socialisation secondaire.

■ Certaines **questions de société** réactivent toutefois ce clivage, comme le montrent les enquêtes d'opinion.

D'accord en %	Gauche	Droite
Il faudrait rétablir la peine de mort	20	45
L'homosexualité est acceptable	85	71
On n'est en sécurité nulle part	29	47
Il faut que l'État donne plus de liberté aux entreprises	59	85
Les chômeurs pourraient trouver du travail s'ils le voulaient vraiment	40	75

D'après Cevipof, *Baromètre politique français*, 2007.

II Quels sont les répertoires de l'action politique ?

La participation politique des citoyens fait appel à des répertoires d'action politique, c'est-à-dire à un ensemble de pratiques visant à **défendre un intérêt commun**. La notion de **répertoire d'action politique** fait référence à celle de répertoire d'action collective, proposée par l'historien américain Charles Tilly pour désigner les « moyens d'agir en commun sur la base d'intérêts partagés », utilisés dans les mouvements de contestation en France, de 1600 à nos jours.

A Les répertoires d'action politique conventionnels

■ Ils accordent une place essentielle aux représentants élus. Ils peuvent être **individuels** (vote, participation à des débats politiques, à des élections primaires) ou **collectifs** (appartenance à un parti politique, un syndicat ou une association).

■ Le vote constitue un **rituel** : il est encadré par des règles strictes (échéances électorales, mode de scrutin), se déroule dans des lieux sacralisés (l'isoloir), ponctue l'activité sociale et contribue à la socialisation en réactivant des valeurs communes (la Nation, la légitimité du pouvoir par le peuple, etc.).

■ Le vote peut être un **acte protestataire**, un moyen d'exprimer une insatisfaction vis-à-vis de l'offre politique, par le vote blanc ou en faveur de certains partis capables d'institutionnaliser la contestation (on parle de « **fonction tribunitienne** »).

B Les répertoires d'action politique non conventionnels

Les répertoires dits non conventionnels relèvent généralement d'une logique de contestation (pétition, manifestation, grève, etc.) (→ zoom p. 285).

■ Les modes d'action **légaux** (ex. : grève) ne s'opposent pas au fonctionnement de la démocratie. La **protestation** participe d'une « démocratie en continu » qui complète la démocratie ponctuelle rythmée par les échéances électorales. Par ailleurs, le mouvement social reste démocratique, car il se déroule dans l'espace public, face aux médias, et justifie ses positions, contrairement à certains groupes d'intérêt agissant davantage « en coulisses » (→ chap. 9).

■ L'action politique peut être **illégale** avec l'idée d'une **désobéissance civile** organisée et souvent assumée. Ainsi, RESF (Réseau éducation sans Frontières) lutte contre la loi sur les expulsions des enfants sans-papiers. L'action illégale peut prendre des formes violentes (ex. : « black blocs » contestant l'ordre néolibéral lors des réunions du G20).

> La **désobéissance civile** est une action citoyenne utilisant des moyens publics et non violents pour exprimer un désaccord ou résister à des décisions politiques jugées contraires à des principes éthiques (démocratie, santé, libertés fondamentales, etc.).

C Les mutations de la participation politique

■ Sur le temps long, le jeu parlementaire contribue à **pacifier** la société, parce qu'il permet de discuter des désaccords et d'exprimer des points de vue différents dans le cadre d'un **État de droit**.

■ Plus récemment, la **montée de l'individualisme** transparaît dans l'engagement politique. D'un niveau d'études plus élevé, les citoyens comprennent mieux les faits politiques et sociaux, et le développement d'Internet permet de prendre part à une contestation à distance (ex. : pétitions en ligne).

■ La concentration du pouvoir politique entre les mains d'une élite de « professionnels de la politique » entraîne en réaction un mouvement d'**antiprofessionnalisation** et l'attrait pour les formes de démocratie participative (→ chap. 16).

zOOm

Les répertoires d'action des mouvements sociaux

▶ Les **syndicats** utilisent un répertoire « classique » : grèves, manifestations avec banderoles, slogans, tracts, etc. Les mobilisations sont organisées au niveau national, s'adressent en général à l'État et portent des revendications matérialistes concernant surtout l'emploi.

▶ Les **nouveaux mouvements sociaux** (→ chap. 9) privilégient des moyens tels que la pétition, la dérision, la maîtrise de leur image médiatique, et s'appuient sur une capacité d'expertise. Ils mènent une contestation plus internationale pour défendre des valeurs universelles (préservation de l'environnement, féminisme, etc.).

▶ Des **mouvements récents**, comme les Indignés, les anti-OGM, les Anonymous ou encore RESF (Réseau éducation sans frontières), ont choisi la **désobéissance civile** (occupation d'espaces publics, fauchage de parcelles plantées en semences OGM, etc.) pour exprimer leur désaccord avec certaines lois ou leur opposition à la mondialisation néolibérale.

III Comment expliquer le comportement électoral ?

A Participation et abstention

■ La participation électorale dépend d'abord du contexte institutionnel, qui détermine qui a le droit de voter et à quelle élection. Elle requiert l'**inscription sur les listes électorales**, mais celle-ci n'est pas nécessairement synonyme d'une participation au vote, en raison de la montée de l'abstention. Le taux de ceux qui ne vont pas voter alors qu'ils sont inscrits varie en fonction des élections.

■ Si l'abstention concerne avant tout les moins diplômés, les ouvriers et les femmes, **ses motivations sont diverses**. Il peut s'agir du sentiment d'être « en dehors du jeu politique » ou incompétent pour saisir les enjeux électoraux. Mais les abstentionnistes peuvent au contraire être « dans le jeu politique » et manifester leur défiance vis-à-vis des hommes politiques.

> Le **taux d'abstention** est le rapport entre le nombre d'abstentionnistes et le nombre d'inscrits. En France, il est généralement faible lors des élections présidentielles (19,6 % au 2^d tour en 2012) mais plus fort lors des législatives (45 % au 2^d tour en 2012) et des européennes (60 % en 2009).

B Les variables lourdes du comportement électoral

■ Le comportement électoral est en partie déterminé par des variables lourdes. Ainsi, aux élections présidentielles de 2012, 51 % des électeurs ayant un revenu de plus de 4 200 € par mois ont voté à droite, et 59 % des salariés du secteur public ont voté à gauche.

■ Cependant, l'influence de ces variables recule : le « vote de classe » est en déclin (→ zoom p. 287). En outre, de plus en plus d'électeurs se déterminent en fonction de l'offre politique propre à chaque élection : on parle de **vote « sur enjeu »**. Celui-ci implique une **volatilité électorale**, c'est-à-dire la capacité de l'électeur (raisonnant en termes de coûts/avantages) à passer d'un parti à un autre ou du vote à l'abstention. Ainsi, lors du référendum sur le traité constitutionnel européen (2005), des catégories de citoyens qui d'ordinaire votent peu se sont inhabituellement mobilisées en faveur du vote « non ».

> On appelle **variables lourdes** les caractéristiques sociologiques des électeurs qui structurent leurs représentations politiques et influencent leurs choix électoraux : PCS, niveau de patrimoine, pratique religieuse, âge, sexe, etc.

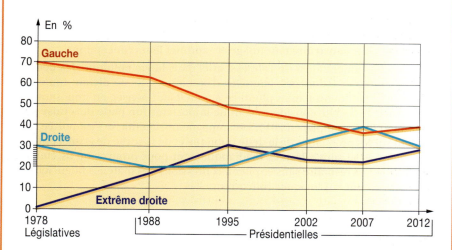

L'évolution du vote ouvrier

▶ Très marquée aux élections législatives de 1978 (1er tour), la **spécificité du vote ouvrier** décline depuis la fin des années 1970.

▶ En 2002, les ouvriers ne sont plus que 43 % à voter à gauche, ce qui correspond à la **moyenne des Français**. En revanche, ils sont 24 % à s'exprimer en faveur de l'**extrême droite**, soit 7 points de plus que la moyenne nationale, ce qui s'explique par le report d'une partie des ouvriers votant à droite sur le Front national dès le début des années 1980.

▶ Les raisons de ces évolutions sont complexes et sont à rechercher dans les **effets de génération** (la désaffection à l'égard du Parti communiste diminuant avec l'âge), l'**affaiblissement des syndicats**, le chômage et la précarisation du monde ouvrier. Le **déclin du rôle d'intégration et d'encadrement social** que jouait le PCF, à travers ses organisations socioculturelles et les municipalités qu'il contrôlait, n'est sans doute pas à négliger.

C Médias et communication politique

■ Étudiant la campagne pour les élections présidentielles américaines, Paul Lazarsfeld a montré dès les années 1940 que les médias ne forgeaient pas l'avis des électeurs, mais ne faisaient que le renforcer. Pourtant, les hommes politiques utilisent largement les médias et les techniques de communication modernes pour **construire leur image** et exprimer leurs conceptions.

■ Les médias jouent ainsi un **rôle essentiel** dans la vie politique des démocraties modernes (sondages, enquêtes d'opinion…). Ils ne dictent toutefois pas ce qu'il faut penser, mais plutôt ce à quoi il faut penser, en imposant les problèmes de société considérés comme importants (on parle de **« mise sur agenda »**). Par exemple, en 2012, la campagne présidentielle s'est portée largement sur les problèmes de la dette publique et de la sortie de crise. Les partis politiques se sont affrontés médiatiquement pour prouver qu'ils étaient capables de les résoudre sans se plier aux pressions des marchés financiers et sans contrevenir aux logiques concurrentielles.

RÉCAPITULONS

■ Chaque individu acquiert une culture politique transmise lors de la socialisation politique, ce qui détermine ses attitudes et comportements politiques.

■ Les répertoires de l'action politique, qu'ils soient individuels ou collectifs, peuvent prendre des formes conventionnelles ou non conventionnelles.

■ Le comportement électoral dépend de variables lourdes, mais aussi de critères plus pragmatiques comme le contexte (vote sur enjeu).

SE TESTER QUIZ

1 Vrai ou faux ?

Cochez la bonne réponse.

	V	F
a. L'identification partisane dépend uniquement de la socialisation politique primaire organisée par la famille.	☐	☐
b. Depuis les années 1960, l'abstention augmente quelle que soit l'élection (législatives, présidentielles, etc.).	☐	☐
c. Le vote ouvrier était nettement orienté à gauche pendant les Trente Glorieuses, mais ce n'est plus le cas aujourd'hui.	☐	☐
d. La grève et la désobéissance civile font partie du répertoire d'action politique qu'utilisent les citoyens.	☐	☐
e. Le clivage gauche/droite continue à opposer des valeurs sociales, économiques, etc. auxquelles les citoyens se réfèrent.	☐	☐

OBJECTIF BAC

2 Comment expliquer le comportement électoral ?

DOCUMENT 1

« Les hommes et femmes politiques portent une attention constante à leur image médiatique. […] En fait, les électeurs ne se laissent pas si facilement manipuler, et les capacités de décryptage, de filtrage, de sélection de l'information de chacun d'entre nous ne sont nullement négligeables. En revanche, si les médias ne nous disent pas quoi penser, ils nous invitent, par leur focalisation partagée sur certains thèmes d'actualité, à quoi réfléchir. Collectivement, ils possèdent un fort pouvoir de « mise sur agenda » des thèmes de la campagne électorale […] [ce qui] montre la capacité des médias à influencer le choix des électeurs […]. Dans le cas français, la focalisation des médias lors de la campagne présidentielle de 2002 sur les problèmes d'insécurité […] n'a sans doute pas été sans avantager les candidats de droite et d'extrême droite.

Christophe Bouillaud, « Les médias : un rôle limité », *Sciences humaines*, n° 236, avril 2012.

DOCUMENT 2 Profil de l'électorat aux élections présidentielles de 2012 (2ᵈ tour)

		Suffrages exprimés (en % des suffrages exprimés)		Abstention (en % des inscrits)
		Vote Hollande	Vote Sarkozy	
Ensemble de la population		**51,6**	**48,4**	**19,6**
Sexe	Hommes	54	46	21
	Femmes	50	50	19
PCS	Ouvriers	68	32	32
	Employés	58	42	22
	Professions intermédiaires	52	48	20
	Cadres et professions intellectuelles	57	43	17
Âge	18-24 ans	60	40	34
	25-34 ans	53	47	24
	35-49 ans	56	44	24
	50-64 ans	54	46	17
	65 ans et plus	40	60	10

Source : Cevipof.

POUR VOUS AIDER

■ Attention aux **pourcentages** du tableau (doc. 2) : ils sont calculés à partir de deux ensembles différents (les suffrages exprimés et les inscrits).
■ Les documents suggèrent des pistes de réponse, mais vous devez aussi mobiliser un certain nombre de notions (comportement électoral, variables lourdes, etc.).

SE TESTER

1 Vrai ou faux ?

a. Faux. Un grand nombre d'instances interviennent dans la socialisation politique (médias, école, etc.) et c'est tout au long de sa vie que le citoyen construit son identité politique. **b. Faux.** L'abstention varie selon les élections. Elle est par exemple plus forte aux élections européennes ; aux présidentielles, elle fut moins élevée en 2007 qu'en 2002. **c. Vrai.** Les ouvriers ne votent pas de manière homogène. Aux présidentielles de 2002, ils ont autant voté à gauche que la moyenne des Français. **d. Vrai.** Dans les répertoires de l'action collective, on distingue les actions conventionnelles (ex. : vote) des actions non conventionnelles (ex. : grève, désobéissance civile). **e. Vrai.** Le clivage gauche/droite oppose encore des valeurs économiques (l'importance de l'État), sociales (le mariage gay), etc.

OBJECTIF BAC

2 Comment expliquer le comportement électoral ?

Les titres de parties ne doivent pas figurer dans votre copie.

[Introduction] Selon le Cevipof (Centre de recherches politiques de Sciences Po), 60 % des Français se déclarent intéressés par l'actualité politique, malgré le niveau préoccupant de l'abstention. Les **comportements électoraux**, c'est-à-dire les actions des candidats et des électeurs dans le cadre de la compétition électorale, ne sont pas seulement le résultat de choix individuels. En effet, l'individu est un produit social qui connaît une **socialisation politique** pesant sur ses choix. En somme, quels sont les déterminants qui influencent les comportements électoraux ?

Nous verrons tout d'abord le rôle de **variables lourdes**, pour ensuite constater que d'autres instances interviennent dans les choix électoraux.

> Cette épreuve est très courte. Vous devez tout rédiger (pas de schéma) et être clair. Respectez pour chaque sous-partie la logique A – E – I (Affirmer – Expliquer – Illustrer).

I. Le comportement électoral semble déterminé par les caractéristiques socio-économiques

1. Le poids de l'âge et de la religion

■ L'âge influence le **niveau d'abstention** : plus les électeurs sont âgés, moins ils s'abstiennent. Ainsi, chez les plus de 65 ans, l'abstention ne représente que 10 % des inscrits, contre plus de 30 % chez les 18-24 ans. De même, on observe une préférence pour la **gauche** chez les plus jeunes (60 % des 18-24 ans) et pour la **droite** chez les seniors (60 % des plus de 65 ans).

■ La corrélation entre appartenance ou pratique religieuse et vote (non représentée dans le document 2) est assez stable : **les athées votent davantage à gauche** que les croyants et les pratiquants.

2. Le poids de la PCS et le vote de classe

■ La PCS a aussi une influence sur le comportement électoral. Les PCS les plus modestes se réfugient davantage dans l'abstention (document 2). Les PCS les plus favorisées votent en majorité **à droite**, si l'on prend en compte le niveau de patrimoine par exemple.

■ Existe-t-il pour autant un « vote de classe » ? Pendant les Trente Glorieuses, les **ouvriers** votaient de manière très caractéristique pour la gauche. Le document 2 montre qu'au second tour des présidentielles de 2012, ils maintiennent ce choix. Pourtant, l'analyse de long terme prouve que les ouvriers votent aujourd'hui autant à gauche que la moyenne des Français et que c'est parmi l'électorat du Front national qu'ils sont proportionnellement les plus nombreux.

II. Mais d'autres variables permettent de l'expliquer

1. Le rôle des médias et du type d'élection

■ Les médias influencent les problématiques du moment (**mise sur agenda**), ainsi que nos comportements électoraux (document 1).

■ Les élections sont plus ou moins mobilisatrices. L'**abstention** dépend ainsi du type d'élection (elle est plus forte aux élections européennes par exemple). Dans les communes de petite taille, pour les élections locales, on vote souvent plus pour une personne qu'en fonction d'une appartenance politique.

■ Enfin, d'après la sociodémographie, le lieu d'habitation pèse sur le vote, en raison de l'histoire de chaque région et de sa composition socio-économique.

> La **sociodémographie** peut par exemple expliquer que la surreprésentation de cadres supérieurs à Paris implique un faible vote en faveur du FN, puisque cette catégorie vote surtout pour le PS ou l'UMP.

2. L'individu est acteur de son comportement politique

■ Avec l'individualisation, la montée des réseaux sociaux sur Internet et la multiplicité des instances de socialisation politique, l'individu est aussi en mesure de se fonder sa propre opinion politique.

■ Les individus plus scolarisés sont plus à même de se forger une opinion propre et de modifier leur choix politique en fonction d'un **vote sur enjeu**.

■ La rationalisation des comportements électoraux pourrait alors expliquer que les électeurs orientent leur choix électoral d'après un **calcul coûts/avantages**, en fonction de leurs intérêts.

[Conclusion] Les variables sociologiques pèsent toujours sur les comportements électoraux, même s'il devient difficile d'identifier un vote de classe. Cependant, il ne faut pas négliger la capacité croissante des individus à **construire leur propre identité politique**, grâce notamment aux réseaux sociaux, et ainsi à faire leur choix électoral en fonction d'enjeux.

Sciences sociales et politiques
L'ordre politique européen

L'Union européenne (UE) résulte d'un processus sans précédent : l'association volontaire de différents États dans les domaines économique et politique. Lancée dans les années 1950, elle eut d'abord pour objectif le maintien de la paix en Europe, et pour méthode la gestion commune de secteurs stratégiques. Pour mener à bien ce projet, l'Union s'est dotée d'un cadre institutionnel au sein duquel l'action publique se déploie selon des modalités originales.

I Quel est le cadre institutionnel de l'UE ?

Quatre institutions principales contribuent à la prise de décision dans l'UE. Deux sont **intergouvernementales** (le Conseil européen et le Conseil de l'Union européenne) et représentent à ce titre les intérêts des États membres ; deux sont **supranationales**, la Commission européenne et le Parlement européen, et représentent respectivement l'intérêt de l'Union et celui des citoyens. Les deux sources de souveraineté reconnues par l'UE (les États membres et les peuples) sont ainsi représentées.

A Le Conseil européen, centre de décision de l'UE

Le **Conseil européen** donne les impulsions nécessaires au développement de l'UE, en définit les priorités et les orientations politiques générales. Il n'exerce pas de pouvoir législatif et se prononce le plus souvent par consensus, même si la majorité qualifiée peut être mobilisée dans certains cas.

B Le partage des pouvoirs exécutif et législatif au sein du « triangle institutionnel »

- Le « **triangle institutionnel** » est composé de trois institutions (→ zoom p. 295) :
– la Commission européenne ;
– le Parlement européen ;
– le Conseil de l'Union européenne.

■ La Commission détient le **pouvoir exécutif** : elle exécute les politiques et les actes adoptés par le Conseil, ainsi que le budget, et gère les politiques communes et les fonds européens. Elle est également la gardienne des traités. De surcroît, elle partage le **pouvoir législatif** avec le Parlement et le Conseil. Elle détient le monopole de l'initiative : dans le cadre de la procédure législative ordinaire, elle seule peut présenter des propositions d'actes législatifs. Celles-ci sont soumises au Parlement et au Conseil des ministres, qui doivent s'accorder sur le texte avant que celui-ci ne soit adopté (procédure de codécision).

■ Le **Parlement européen** peut néanmoins demander à la Commission, à la majorité de ses membres, de soumettre une proposition sur un domaine précis. Il possède aussi un pouvoir de contrôle sur la Commission, qu'il investit et qu'il peut contraindre à démissionner.

II Comment est menée l'action publique au sein de l'UE ?

Aux côtés des États membres et de l'UE, les échelons régionaux et locaux coopèrent également à la prise de décision, dessinant une **gouvernance multiniveaux** indissociable du principe de subsidiarité. On observe ainsi une **européanisation** de l'action publique.

> L'**action publique** désigne l'ensemble des mesures prises par les autorités publiques pour répondre aux besoins relevant de l'intérêt général.

A Le partage des compétences entre l'UE et les États membres

Le traité de Lisbonne (2007, entré en vigueur en 2009) clarifie la répartition des compétences entre l'UE et les États membres, en distinguant trois types de compétences :
– les **compétences exclusives** : l'UE est la seule à pouvoir légiférer et adopter des actes contraignants (ex. : union douanière, politique commerciale commune, politique monétaire pour la zone euro) ;
– les **compétences d'appui** : l'UE n'intervient que pour soutenir, coordonner ou compléter l'action des États membres (ex. : éducation avec le programme Erasmus, formation professionnelle, jeunesse et sport, culture, santé) ;
– les **compétences partagées** : les États membres exercent leur compétence dans la mesure où l'UE n'exerce pas la sienne (ex. : environnement, transports,

ZOOM

L'architecture institutionnelle de l'Union européenne

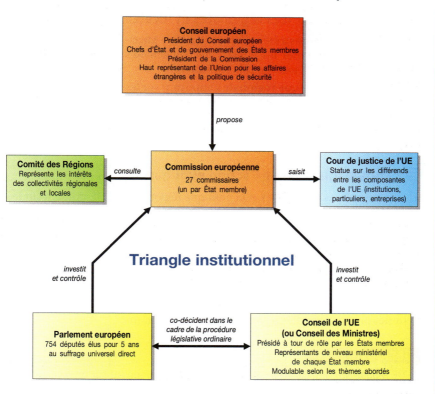

▶ L'architecture institutionnelle de l'UE est **loin d'être figée** : ainsi, le Conseil européen, créé en 1974, n'est reconnu comme institution à part entière qu'en 2007 (traité de Lisbonne). De même, le Parlement européen, créé en 1952, n'est désigné au suffrage universel direct qu'à partir de 1979 et doit attendre le traité de Maastricht (1992) pour pouvoir partager le pouvoir de décision législative avec le Conseil.

▶ L'UE possède d'autres institutions, notamment la **Banque centrale européenne** (BCE).

énergie, PAC). Dans ce dernier cas, c'est le **principe de subsidiarité** qui s'applique.

B Le rôle des autorités régionales et locales

■ Le **Comité des Régions** a été créé par le traité de Maastricht afin de représenter les intérêts des collectivités régionales et locales. Il joue un rôle consultatif.

■ L'UE mène une **politique régionale** s'appuyant sur les **fonds structurels** (FEDER ou FSE). Ces fonds sont gérés par les préfets de région et privilégient les besoins des territoires ou des populations en difficulté.

> Le **principe de subsidiarité** a été introduit dans le droit communautaire par le traité de Maastricht (1992). Il consiste à réserver uniquement à l'échelon supérieur (Communauté européenne) ce que les échelons inférieurs (États, régions) ne pourraient effectuer que de manière moins efficace.

C L'européanisation de l'action publique

■ Le partage des compétences et la politique régionale de l'UE influent sur les **modalités de l'action publique nationale et locale**. La stratégie de coordination dans le domaine des retraites, ouverte au niveau européen en 2001, a ainsi fortement inspiré les réformes françaises (relèvement de l'âge de départ à la retraite, création de dispositifs d'épargne salariale facultatifs).

■ Au niveau local, la **politique régionale de l'UE** repose sur des orientations stratégiques que les régions peuvent adopter pour bénéficier des fonds structurels européens. C'est par exemple ce qu'a fait la région Nord-Pas-de-Calais, pour des programmes liés à l'innovation technologique.

RÉCAPITULONS

L'UE repose sur un système politique original. Fonctionnant sur un mode à la fois supranational et intergouvernemental, elle intervient à travers une gouvernance multiniveaux, fondée sur le principe de subsidiarité.

SE TESTER — QUIZ

1 **Vrai ou faux ?**

Cochez la bonne réponse.	V	F
a. Le Conseil européen participe à l'élaboration des lois européennes.	☐	☐
b. La Commission européenne est l'organe exécutif de l'Union européenne.	☐	☐
c. La gouvernance multiniveaux ne fait pas intervenir les autorités régionales et locales.	☐	☐

OBJECTIF BAC

2 Quels sont les effets de la construction européenne sur l'action des pouvoirs publics ?

DOCUMENT 1 Budget 2011 de l'UE, voté par le Parlement européen le 15 décembre 2010

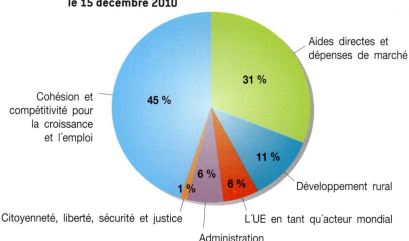

- Aides directes et dépenses de marché : 31 %
- Cohésion et compétitivité pour la croissance et l'emploi : 45 %
- Développement rural : 11 %
- Administration : 6 %
- L'UE en tant qu'acteur mondial : 6 %
- Citoyenneté, liberté, sécurité et justice : 1 %

Total : 141,9 MdS €

Source : Commission européenne.

DOCUMENT 2

« Le principe de subsidiarité ne s'applique qu'aux questions relevant d'une compétence partagée entre la Communauté et les États membres, qui posent fréquemment des problèmes d'attribution. Il ne concerne pas les domaines relevant de la compétence exclusive de la Communauté (ex. : PAC), ni ceux qui demeurent de la seule compétence des États (ex. : droit de la nationalité). Ce principe, d'un côté, protège les compétences des États, mais de l'autre, permet l'intervention de la Communauté si « les objectifs [d'une] action envisagée ne peuvent pas être réalisés de manière suffisante » par les États mais peuvent davantage l'être à son niveau (art. 5 TCE). Enfin, il répond à un souci de démocratie, les décisions devant « être prises le plus près possible des citoyens » (art. 1 du traité sur l'Union européenne).

Source : « Qu'est-ce que le principe de subsidiarité ? », www.vie-publique.fr

POUR VOUS AIDER
- Pour démarrer votre réflexion, répertoriez les différents domaines d'intervention des pouvoirs publics, puis confrontez-les au cadre européen.
- Essayez d'évaluer ce que représente le budget de l'UE en 2011 en comparaison du budget de la France (390 milliards d'euros en 2011).

SE TESTER

1 Vrai ou faux ?

a. Faux. Dans le cadre de la procédure législative ordinaire, seule la Commission peut proposer des lois, qu'elle soumet ensuite au Parlement européen et au Conseil de l'Union européenne.

b. Vrai. La Commission veille à la bonne application des politiques et exécute le budget de l'UE.

c. Faux. La gouvernance multiniveaux désigne la répartition des compétences entre les niveaux territoriaux (Union, États membres, autorités régionales et locales), selon le principe de subsidiarité.

OBJECTIF BAC

2. Quels sont les effets de la construction européenne sur l'action des pouvoirs publics ?

[Introduction] La construction européenne représente un projet inédit. Pour la première fois, des nations ont décidé de s'associer librement et de renoncer à une partie de leur souveraineté. De ce projet européen débutant par la CECA (1952), est né un **ordre juridique et économique** articulé avec ceux des nations européennes. L'Union européenne (UE) fait partie intégrante de la vie nationale, ce qui n'est pas sans conséquence sur l'organisation et les attributions des **pouvoirs publics**, c'est-à-dire du gouvernement et de l'ensemble des services chargés de l'administration de l'État ou d'une collectivité territoriale. Il convient alors de mesurer les effets de cette construction sur les pouvoirs publics français. Dans quelle mesure la construction européenne procède-t-elle à une réorganisation des pouvoirs publics au sein de la nation française ?

La construction européenne opère un mouvement de centralisation des compétences juridiques et économiques au profit des autorités européennes, mais dans le même temps renforce un processus de décentralisation qui bénéficie aux collectivités territoriales.

I. La construction européenne limite les prérogatives des pouvoirs publics en opérant une centralisation économique et juridique au profit des autorités européennes

1. Centralisation de la politique monétaire et encadrement budgétaire

■ La **Banque centrale européenne**, indépendante, gère la politique monétaire (taux de change, etc.) sans en référer aux États membres. Elle ne peut donc pas financer directement les déficits des États.

■ Il existe un **budget européen**, modeste mais pluricompétent (doc. 1). Quant à la politique budgétaire, elle appartient à l'échelon national, mais fait l'objet d'un encadrement strict : le Pacte de stabilité et de croissance (1997) et, plus récemment, le traité sur la stabilité. Enfin, l'UE, par le biais de la Commission européenne, surveille les subventions publiques pour assurer la défense du principe de concurrence libre et non faussée.

2. La construction européenne fait naître un ordre juridique qui s'impose pour partie aux États

■ Le principe de **subsidiarité** (doc. 2) organise le partage des compétences selon les échelons administratifs. Ainsi, dans certains domaines (social, justice…), les décisions doivent être prises à l'échelon le plus bas. Cela assure de la souplesse et une proximité, tout en laissant le dernier mot à l'Europe si besoin est.

■ Le droit peut parfois être supranational, dans le domaine de l'économie en particulier (règles de la concurrence). Il s'impose alors à tous les États membres.

II. La construction européenne amplifie le mouvement de décentralisation

1. La construction européenne laisse aux nations des prérogatives…

■ En matière **sociale**, les États déterminent seuls le régime de protection sociale. En France, les systèmes des retraites et de l'assurance-maladie sont du ressort du gouvernement.

■ En matière **fiscale**, il n'existe aucune harmonisation européenne. La nature et le montant des prélèvements obligatoires sont fixés nationalement.

2. … mais contribue à la redistribution des compétences en faveur des régions

■ Le principe de subsidiarité est devenu un principe de l'organisation nationale et du partage des compétences entre l'État central et les collectivités territoriales. La **décentralisation** française fait qu'aujourd'hui, les marges de manœuvre (budgétaires, fiscales…) existent surtout au niveau des régions.

■ L'échelon devenu le plus pertinent en matière de gestion des affaires publiques est la **région**. Celle-ci concentre les compétences économiques et constitue l'échelon de référence pour l'organisation de projets entre États membres de l'UE.

[**Conclusion**] L'UE pèse nettement sur l'action des pouvoirs publics français d'un point de vue budgétaire et surtout monétaire. Mais les États ont gardé des prérogatives essentielles, préservant ainsi leur souveraineté. L'**harmonisation européenne** pourrait toutefois constituer le chemin du renforcement de cette dernière dans le domaine social et la fiscalité par exemple.

Index-lexique

A, B

Abstention électorale 286
Lorsqu'un électeur inscrit sur les listes électorales ne vote pas. Elle se distingue donc du vote blanc ou nul. On la mesure par le taux d'abstention (nombre d'inscrits qui n'ont pas voté par rapport au nombre total d'inscrits).

Abus de position dominante 254
Lorsqu'une entreprise dispose d'un pouvoir de marché (elle fait les prix) qu'elle utilise à son avantage pour déformer la concurrence et, en général, augmenter son profit.

Accumulation du capital 15, 26
Processus par lequel s'accroît le stock de capital. Lorsqu'il s'agit du patrimoine, c'est l'épargne ou l'héritage qui permet cette accumulation qui pourra soit être consommée plus tard (théorie du cycle de vie), soit être transmise à la descendance.

Actifs financiers.................. 260
Ils font partie du patrimoine des agents et regroupent au sens strict les titres de propriété (actions) et de créance (obligations). Ils procurent un revenu ou un gain en capital au détenteur, mais peuvent aussi être risqués.

Action publique................... 294
Action par laquelle un gouvernement ou une autorité publique intervient dans la société, l'économie. L'intégration européenne a modifié celle des pays membres (ex. : subventions interdites aux entreprises nationales).

Aléa moral 204, 245, 264
En situation d'asymétrie d'information, lorsqu'un agent économique adopte un comportement opportuniste (ex. : un assuré qui aurait une surconsommation médicale sachant qu'il sera remboursé).

Allocation des ressources 87
Affectation des ressources (monétaires, financières, etc.) à certains usages plutôt qu'à d'autres. Selon les libéraux, le marché assure une meilleure allocation des ressources que l'État.

Anomie 149
Affaiblissement des règles et normes d'une société, perte de repères pour les individus dont le comportement ne sera plus régulé par la société (ex. : lors de la Révolution industrielle qui a bouleversé le fonctionnement social, les statuts et les rôles de chacun).

Assistance 148, 190, 244
Modalité de la protection sociale qui est universaliste, car son objectif est de protéger les plus démunis. Son financement est assuré par la fiscalité (impôts). Les prestations sociales sont d'un montant uniforme (ex. : RMI). Ce système est unique et géré par l'État.

Assurance 190, 244
Modalité de la protection sociale qui oblige les salariés à payer des cotisations en fonction de leur salaire en échange d'une couverture sociale (santé, chômage, retraite) grâce à des prestations sociales. Celles-ci dépendent de la durée et du montant des cotisations. Ce sont les partenaires sociaux qui en assurent la gestion.

Asymétrie d'information . 18, 204, 244
Situation dans laquelle l'information est inégalement répartie. Sur le marché du travail, on distingue : l'anti-sélection (avant l'embauche, le demandeur de travail ne peut pas connaître la productivité marginale de l'offreur de travail) et l'aléa moral (après l'embauche, le salarié ne travaillera pas forcément au maximum de sa productivité) → **aléa moral**.

Avantages comparatifs 40, 56
Principe développé par David Ricardo pour soutenir le libre-échange. Il montre qu'un pays n'a pas intérêt à se spécialiser dans tous les biens pour lesquels il a la plus grande rapidité de production, mais dans la production du bien pour lequel il est relativement le plus avantagé, donc le plus rapide en termes d'heures de travail.

Banque centrale 224, 295
Institution financière de premier rang qui a pour fonctions principales l'émission de monnaie fiduciaire, l'orientation de la politique monétaire et de la politique de change, la régulation et le contrôle des banques de second rang, et le rôle de prêteur en dernier ressort.

Barrières à l'entrée 250, 252
Tout ce qui empêche ou retarde l'entrée de nouvelles entreprises sur un marché et limite donc la concurrence. Elles peuvent être juridiques (monopole public), économiques (importance des coûts fixes pour entrer sur le marché), etc.

Bien commun 81, 85
Bien dont la consommation est non exclusive (on ne peut pas empêcher les agents de le consommer) et rivale (ce qui est utilisé par un agent ne peut l'être par un autre). Par exemple, le climat est un bien commun. Ce type de bien a tendance à disparaître s'il n'est pas régulé.

C

Capital 14
Ensemble des biens durables (machines, bâtiments, etc.) utilisés pour produire. Avec le capital, ils constituent les facteurs de production.

Capital culturel 108, 122, 131, 140
Selon Pierre Bourdieu, ensemble des ressources culturelles plus ou moins légitimes donc reconnues, qui prend la forme de titres scolaires, de biens culturels (livres) et de dispositions incorporées (s'exprimer, aller au musée). Le capital culturel est déterminant dans la réussite scolaire.

Capital humain 15, 26, 49, 56
Ensemble des savoirs, savoir-faire et de toutes les dispositions qui rendent l'individu efficace dans sa production. On prend en compte ses diplômes, son expérience et sa santé.

Capital naturel 81
Ensemble des ressources renouvelables et non renouvelables mises à disposition par la nature et qui peuvent engendrer un service productif (la mer, le sous-sol).

Capital physique 15, 85
Biens produits par l'Homme et utilisés pour produire (bâtiments, machines).

Capital social 93, 108
Selon Pierre Bourdieu, ensemble des relations mobilisables pour améliorer sa position professionnelle, son patrimoine, son pouvoir, etc.

Capital institutionnel 85, 93
Institutions qui cadrent et contraignent les activités humaines en structurant les interactions économiques, sociales et politiques. Ce sont les normes, les administrations, etc., capables de favoriser le bien-être de la population et la croissance économique.

Cartel de producteurs 254
Entente entre des entreprises qui fixent un prix à leur avantage ou se partagent le marché dans le but de réduire la concurrence et d'accroître leur pouvoir de marché.

Catégories socioprofessionnelles (CSP ou PCS) 110
Nomenclature de l'Insee qui permet de regrouper les individus en fonction de leur statut, niveau de diplôme, etc. Elles sont utilisées pour étudier la stratification et la mobilité sociales.

Chômage 203, 222, 225, 234
Aussi appelé « population active inoccupée », il désigne l'ensemble des personnes en âge de travailler (15 ans ou plus) sans emploi et en recherchant un. Calculé par Pôle emploi et l'Insee, il peut être conjoncturel (insuffisance de la demande de biens et services), structurel (manque de flexibilité du marché du travail) ou classique (coût du travail trop élevé).

Classes sociales 98
Pour Marx, elles sont réelles et rassemblent ceux qui occupent la même place dans le système de production (classe en soi) et qui ont conscience d'appartenir à leur classe (classe pour soi). Pour Max Weber, elles ne sont que nominalistes et relèvent de l'ordre économique qui mesure la capacité d'accès aux biens et services.

Cohésion sociale 144, 164
La cohésion sociale se caractérise par la stabilité des liens sociaux, par leur force et leur nombre. Elle permet de relier les membres du groupe social ou de la société et crée un fort sentiment d'appartenance.

Commerce intrafirme 40
Également appelé « commerce captif », il désigne les échanges entre les filiales d'une même entreprise. Il s'est développé avec l'apparition de la division internationale du processus de production.

Compétitivité-prix 47, 236
Capacité à proposer des prix inférieurs à ceux de la concurrence. Elle dépend de la compétitivité-coût (ex. : coût des salaires), du comportement de marge des entreprises (prix pratiqués en fonction de la clientèle) et du taux de change (produire dans un pays avec une monnaie à faible valeur réduit le prix à l'exportation).

Compétitivité hors prix ou structurelle 47, 236
Capacité pour une entreprise à proposer des biens de meilleure qualité que ceux de la concurrence, à mieux différencier le produit, à y intégrer de l'innovation, voire à s'adapter à la demande.

Comportement mimétique 264
Lorsque les agents forment leurs anticipations en imitant les autres, en général parce que l'information est imparfaite.

Comportements politiques....... 283
Ensemble des activités par lesquelles les gouvernés influencent directement ou indirectement les gouvernants. Ils peuvent être conventionnels (voter) ou non conventionnels (grève de la faim).

Conflit 163
Situation d'affrontement explicite et ouvert entre des individus ou des groupes dont les intérêts sont différents et qui cherchent à instaurer un rapport de force qui leur est favorable.

Conflits sociaux 163
Lorsque deux groupes sociaux défendent une distribution inégale des ressources (monétaires, symboliques...). Ils peuvent rester latents ou devenir effectifs et prendre la forme d'une grève, d'une pétition, etc.

Contrat de travail 206
Accord par lequel un salarié met à disposition sa force de travail sous l'autorité de sa hiérarchie en échange d'une rémunération.

Conventions collectives 170, 208
Accords écrits entre les partenaires sociaux (syndicats patronaux et salariés) qui fixent les conditions d'embauche, de licenciement, de travail, de rémunération, etc. Elles sont spécifiques à chaque entreprise ou branche d'activité (l'automobile, le textile, etc.).

Cotisations sociales 192, 235, 242
Prélèvements effectués sur les revenus du travail pour financer la protection sociale relevant de la logique d'assurance. Si on ajoute au salaire net les cotisations salariales, on obtient le salaire brut ; si on ajoute ensuite les cotisations sociales patronales, on obtient le salaire super brut ou coût du travail.

Coût marginal 235
Coût supplémentaire résultant de la production d'une unité supplémentaire de biens ou services.

Crise économique 28, 265
Au sens strict, point de retournement à la baisse du cycle, donc passage de l'expansion à la récession. Au sens large, ralentissement de l'activité économique, hausse du chômage, etc.

Croissance économique 10, 27, 78, 238
Augmentation soutenue pendant une longue période du produit intérieur brut en termes réels, elle correspond ainsi à une augmentation de la valeur ajoutée.

Croissance endogène 14
Accumulation de quatre capitaux (physique, technologique, humain, public) qui favorise l'apparition du progrès technique, crée des externalités positives et permet une croissance auto-entretenue.

Culture politique. 282
Ensemble des normes, des valeurs, des pratiques et des connaissances qui influencent les comportements politiques d'un individu.

Cycle de vie. 241
Théorie selon laquelle l'agent cherche à maintenir un niveau constant de consommation tout au long de sa vie. Pour cela, il va s'endetter pendant sa jeunesse, épargner à l'âge adulte pour se désendetter et constituer un patrimoine qu'il consommera quand il sera vieux.

D

Déclassement. 126
Lorsqu'un individu occupe une position sociale inférieure à celle de ses parents (mobilité descendante intergénérationnelle) ou à celle qu'il occupait précédemment (mobilité descendante intragénérationnelle).

Défaillances du marché 256
Lorsque la régulation par le marché est sous-optimale. Les principales sont les externalités et les biens communs.

Déflation. 33
Baisse auto-entretenue du niveau général des prix, mais aussi des autres grandeurs nominales comme les salaires nominaux et la masse monétaire. Elle est la cause et la conséquence de la dépression.

Délocalisation 45, 125
Au sens strict, c'est lorsqu'une entreprise ferme une unité de production sur le territoire national pour l'ouvrir à l'étranger. Au sens large, c'est lorsqu'une entreprise ouvre une unité de production à l'étranger au lieu de l'ouvrir dans son pays d'appartenance.

Demande anticipée 223, 234
D'après Keynes, niveau de la demande de biens de consommation et de biens de production auquel les entrepreneurs s'attendent et vont fixer leur niveau de production, d'investissement et d'emploi. Elle doit donc être augmentée pour lutter contre le chômage.

Demande globale 33, 223
Ensemble des achats de biens et services effectués au cours d'une année. Elle est composée de la demande de biens et services de consommation finale des ménages, de la demande de biens et services des administrations, de la demande de biens d'investissement, des exportations nettes (exportations – importations) et de la variation des stocks.

Démocratie délibérative 276
Régime politique dans lequel les citoyens doivent participer aux décisions collectives sur la base de libres discussions publiques et argumentées (ex. : referendum).

Démocratie participative 276
Régime politique dans lequel les citoyens ne délèguent pas entièrement leur pouvoir de décision à leurs représentants et vont donc intervenir directement.

Démocratie représentative 276
Régime politique dans lequel les citoyens délèguent par le vote leur pouvoir de décision à des représentants.

Dépression 28
Il y a dépression lorsqu'une récession, six mois de baisse consécutive du PIB, donc de croissance négative, se prolonge sur plusieurs années. La dépression est caractérisée par une baisse de la demande, des revenus réels, une montée du chômage, etc. C'est la cause et la conséquence de la déflation.

Désaffiliation sociale ... 146, 161, 190
D'après Robert Castel, la *zone* de désaffiliation sociale se caractérise par un isolement (rupture des liens sociofamiliaux) et une extrême pauvreté (absence d'intégration dans le travail). Le *processus* de désaffiliation sociale désigne une dégradation de l'intégration dans le travail et de l'insertion sociofamiliale. Par exemple, la perte d'emploi conduit à la perte des collègues donc à la diminution du réseau social, ce qui réduit encore plus les chances de trouver un emploi.

Désinflation 33, 209
Ralentissement de l'inflation. Les prix continuent donc à augmenter, mais moins vite qu'à la période précédente.

Devises 44, 47, 261
Créance libellée en monnaie étrangère (le dollar est une créance sur les États-Unis). Elles s'achètent et se vendent sur le marché des changes en fonction de leur cours.

Discrimination 186
Remise en cause du principe d'égalité en traitant différemment les individus en fonction de critères illégaux (sexe, origine...). La discrimination positive consiste à prendre un désavantage social et à en faire un avantage (ex. : les élèves en zone d'éducation prioritaire ont un accès privilégié à certaines grandes écoles).

Disqualification sociale 148
D'après Serge Paugam, processus de fragilisation et de stigmatisation de l'individu qui se retrouve exclu, car il ne peut plus « compter sur » (solidarité) et ne « compte plus pour » (reconnaissance) ses liens électifs (amis), organiques, de filiation (ses parents) et de citoyenneté (État). Elle se décompose en trois phases : fragilité, dépendance et rupture.

Dotations factorielles 41
Ressources que possède un pays en termes de travail, capital et ressources naturelles et qui expliqueraient le choix de spécialisation (ex. : la Chine fortement dotée en travail non qualifié se spécialisera dans le textile).

Droits de propriété 17, 18, 82
Capacité légale d'utiliser librement un bien (le vendre, le louer, etc.). Par exemple : un quota d'émission qui est un droit de propriété sur le climat, un brevet sur une innovation.

E

Égalité 187
Situation dans laquelle les individus ou les groupes sociaux sont traités de la même manière. On retiendra l'égalité des droits (mêmes droits pour tous), l'égalité des chances (les positions sociales sont accessibles par tous) et l'égalité de situation (les conditions matérielles de vie sont proches en termes de revenus, de logement...).

Épargne 100, 195, 240
C'est la partie du revenu qui n'est pas consommée. C'est un flux qui augmente le stock de patrimoine.

État de droit 18, 284
Système dans lequel l'État est lui-même soumis au droit, pour cela il existe une hiérarchie des normes juridiques (la Constitution s'impose aux normes internationales qui s'imposent aux lois nationales, etc.) garantissant l'égalité des personnes et l'existence de juridictions indépendantes.

État providence 148, 190
Au sens large, c'est l'ensemble des interventions économiques et sociales de l'État. Au sens strict, c'est l'intervention de l'État dans le domaine social, particulièrement grâce à la protection sociale.

Euro 61, 265, 294
Monnaie unique européenne créée en 1999, partagée par 19 pays européens et gérée par la Banque centrale européenne.

Externalisation 16
Délégation d'une activité d'une entreprise à une autre entreprise (ex. : Apple a délégué à Foxconn en Chine l'assemblage de l'iPhone).

Externalités 11, 81
Activité économique qui a des conséquences positives ou négatives sur un agent sans qu'il y ait de compensation monétaire. Par exemple, toute production pollue l'environnement sans que les agents soient indemnisés.

Facteurs de production 14, 56
Moyens mis en œuvre dans la combinaison productive pour produire un bien ou un service. En économie, on distingue le facteur travail et le facteur capital.

Faiseur de prix. 250
Agent qui acquiert un pouvoir de marché, c'est-à-dire la capacité à influer sur les prix (cas du monopole).

Financement direct et indirect . . 188
Le financement est direct lorsqu'un agent en besoin de financement est en relation directe avec un agent en capacité de financement. Il est indirect quand un intermédiaire (institution financière) s'occupe de réunir les capitaux nécessaires à l'agent emprunteur.

Firme multinationale (FMN). . . . 40, 45
Firme composée d'une société mère et d'au moins une filiale (au moins 50 % du capital social est détenu par la société mère) à l'étranger (ex. : Toyota et ses 74 sites de production dans 26 pays différents).

Fiscalité 188
Ensemble des impôts directs (impôts sur le revenu) et indirects (TVA) prélevés par les pouvoirs publics qui servent à financer les services collectifs, une partie de la protection sociale...

Flexibilité du marché du travail 161, 224
Suppression des rigidités sur le marché du travail pour permettre de lutter contre le chômage. Elle peut être quantitative et permettre aux entreprises de faire augmenter librement le nombre d'heures de travail de leurs salariés ou de salariés extérieurs (intérimaires), ou fonctionnelle en développant la polyvalence des salariés, ou enfin salariale (primes au résultat...).

Fluctuations économiques. 30
Variations successives de sens opposés d'une grandeur économique comme les prix ou le PIB.

Fluidité sociale 126, 130
Chances relatives d'un individu appartenant à un milieu social d'atteindre un statut social par rapport à un autre individu qui n'appartient pas au même milieu social. Par exemple, grâce aux tables de destinées et aux odd ratios, on peut calculer qu'un fils de cadre a dix fois plus de chances qu'un fils d'ouvrier de devenir cadre. La fluidité sociale parfaite correspond à la situation dans laquelle il n'existe pas de lien entre l'origine et la destinée sociales.

Fonctions économiques de l'État
. . . . 18, 148, 188, 242
Elles regroupent la fonction de répartition (revenus), de stabilisation (politiques économiques) et d'allocation. Celle-ci concerne la production non marchande, la

mise en place d'une politique de concurrence garantissant l'absence d'entente, la sanction des comportements anticoncurrentiels, etc.

G

Gains à l'échange 40
Avantages (baisse des prix, augmentation des quantités, accès à de nouveaux marchés, etc.) résultant de la participation d'un pays au libre-échange international.

Gouvernance multiniveaux 294
Action publique européenne qui n'est pas centralisée, mais confiée à des acteurs publics (Commission européenne, gouvernements nationaux) et privés (groupes d'intérêts, experts) qui agissent à différents niveaux (échelon européen, national, local...).

Groupe d'appartenance. 110, 132, 134
Groupe social dont un individu est objectivement membre, il sera donc socialisé au sein de ce groupe.

Groupe de référence 110
Groupe social auquel l'individu aimerait appartenir. Pour cette raison, il échappera un peu à la socialisation de son groupe d'appartenance et connaîtra une socialisation anticipatrice. D'après Boudon, les enfants de milieux modestes n'auront pas les mêmes groupes de référence que les enfants de milieux favorisés, ce qui explique leur plus faible mobilité sociale, (un fils d'ouvrier acceptera plus aisément de devenir technicien).

Groupe d'intérêt 271, 277, 284
Organisation qui participe au débat public et tente d'influencer les pouvoirs et l'opinion publics, dans le but d'obtenir des décisions qui vont dans le sens des intérêts qu'ils défendent (ex. : Greenpeace).

Groupe de statut 105, 107
Dans la stratification sociale de Max Weber, il existe l'ordre économique, politique et social. Celui-ci définit le groupe de statut de l'individu, c'est-à-dire sa capacité à accéder au prestige et à l'honneur.

Groupe social................112, 164
Ensemble d'individus qui ont des caractéristiques sociales et économiques communes, qui sont en interaction, se sentent appartenir à ce groupe et sont reconnus par les autres comme appartenant à ce groupe (ex. : les jeunes).

I

Incitations pécuniaires 245
Versements monétaires qui ont pour but de modifier le comportement d'un agent en changeant le système de prix (ex. : un individu bénéficiant d'une très bonne assurance-santé aura tendance à se surmédicaliser).

Indice de développement humain (IDH)............................ 11, 80
Indicateur élaboré par Amartya Sen pour mesurer le niveau de développement et de bien-être. Il prend en compte la santé (espérance de vie), la scolarisation (taux de scolarisation et d'alphabétisation) et la richesse (PIB par habitant en parité de pouvoir d'achat).

Inégalités économiques 100
Différences qui créent une hiérarchie dans l'accès aux ressources économiques valorisées par la société (ex. : revenu,

patrimoine, emploi ou salaire). Pour l'évaluer, on utilise la courbe de Lorenz, l'indice de Gini, l'écart et le rapport interquantiles.

Inégalités sociales 100
Différences qui créent des hiérarchies dans l'accès aux ressources sociales valorisées par la société (ex. : l'accès au diplôme, à la culture).

Inflation 32
Augmentation cumulative et durable du niveau général des prix.

Institutions 18
Cadre contraignant constitué de normes, valeurs, etc., à l'intérieur duquel les agents interagissent. Elles peuvent être de stabilisation, de légitimation, de réglementation, etc. (+ règles formelles ou informelles)

Intermédiation financière 262
Lorsque les institutions financières interviennent entre les agents économiques en besoin de financement et ceux en capacité de financement.

Investissement 15
L'investissement matériel correspond à l'acquisition de biens de production ou d'équipement (machines, bâtiments). L'investissement immatériel correspond aux dépenses en recherche et développement, en formation, en logiciels et en publicité.

L, M

Libre-échange 42
Théorie et doctrine qui, en appliquant les thèses libérales aux échanges internationaux, préconisent la spécialisation internationale et la suppression de toutes les barrières (tarifaires et non tarifaires) aux échanges.

Marché 18, 202
Lieu fictif sur lequel se rencontrent l'offre et la demande en fonction du prix. Il peut être en concurrence pure et parfaite et permettre théoriquement la détermination d'un prix et de quantités d'équilibre.

Marché des quotas d'émission ... 82
Instrument de la politique climatique consistant à diviser le climat en droits de propriété pour les distribuer aux entreprises sous forme de quotas d'émission (mesurés en tonnes de CO_2). Les entreprises pourront alors vendre ou acheter ces quotas d'émission au prix fixé par le marché.

Marché pertinent 254
Ensemble des produits substituables à l'intérieur d'un territoire (ex. : l'avion et le train). Les pouvoirs publics vérifient si une entreprise est dominante sur ce marché pertinent et si elle en abuse (en devenant faiseur de prix), ce qui peut mener à des sanctions conformément à la politique de la concurrence.

Marchés concurrentiels 249
Marchés sur lesquels la loi de l'offre et de la demande est le mécanisme de régulation fondé sur la flexibilité des prix.

Marchés imparfaitement concurrentiels 250
Marchés sur lesquels le mécanisme de la loi de l'offre et de la demande fondé sur la flexibilité des prix ne fixe pas les prix et les quantités, car il existe des oligopoles, des monopoles, des asymétries d'information.

Mobilisation électorale 276
Participation effective à un vote. Elle désigne aussi l'ensemble des actions

mises en œuvre par les partis politiques en particulier, pour inciter les électeurs à participer effectivement au vote.

Mobilité intergénérationnelle 126
Mobilité d'un individu par rapport à la position sociale qu'occupaient ses parents. Dans les tables de mobilité, elle est mesurée en comparant la PCS du fils et du père. Elle peut être verticale ascendante (promotion sociale), descendante (déclassement) ou horizontale (changement de PCS, mais pas de statut social).

Mobilité intragénérationnelle 126
Mobilité d'un individu au cours de sa vie. Elle est en général mesurée à partir des PCS. Elle peut être verticale ascendante (promotion sociale), descendante (déclassement) ou horizontale (changement de PCS, mais pas de statut social).

Mobilité observée 128, 139
Ensemble des individus qui ont changé de position sociale, que ce soit une mobilité verticale (ascendante ou descendante), horizontale, structurelle...

Modes de scrutin 273
Processus qui permet la désignation des représentants d'un corps électoral. Le mode de scrutin peut être majoritaire, proportionnel, mixte à un ou deux tours.

Monopole 250
Lorsqu'un offreur est seul à produire un bien ou un service face à une multitude de demandeurs. Il a un pouvoir de marché et devient faiseur de prix.

Monopole discriminant 252
Lorsque l'entreprise en situation de monopole vend un même produit à des prix différents en fonction des caractéristiques des demandeurs et de leur prix de réservation (ex. : dans le même train, la SNCF pratiquera des prix différents pour les étudiants, la première classe, etc).

Mouvement migratoire 238
Différence entre le nombre d'entrées et le nombre de sorties d'un territoire. Lorsque le solde est positif, on parle d'accroissement migratoire. Lorsqu'il est négatif, on parle de diminution migratoire.

Mouvement naturel 238
Différence entre le nombre de naissances et le nombre de décès pour une population. Lorsque le solde naturel est positif, on parle d'accroissement naturel. S'il est négatif, on parle de diminution naturelle.

Mouvements sociaux ... 166, 181, 285
Actions collectives concertées en faveur d'une cause et adressées à un adversaire identifié. Ils cherchent à modifier l'ordre social. On distingue les anciens mouvements sociaux qui mobilisent la classe ouvrière sur des thèmes matérialistes (salaires, conditions de travail) avec un répertoire d'actions collectives classiques (grève, manifestation) et les nouveaux mouvements sociaux qui mobilisent la classe moyenne sur des thèmes post-matérialistes (écologie) et utilisent des répertoires d'actions collectives renouvelés (pétition, événements médiatiques).

Offre et demande 33, 87, 202, 249
L'offre correspond aux quantités d'un bien ou service que l'on souhaite vendre à un certain prix. La demande correspond aux quantités d'un bien ou service que l'on souhaite acheter à un prix donné.

Oligopole 250
Lorsque les offreurs sont peu nombreux (trois ou quatre) face à une multitude de demandeurs. Chaque offreur dépend donc étroitement du comportement des autres offreurs, avec le risque qu'ils décident de former un cartel pour s'entendre sur les prix, les quantités, etc.

Paradoxe d'Anderson 134, 140
Les enfants qui ont des diplômes plus élevés que leurs parents n'ont pas forcément une meilleure position sociale en raison de l'accroissement du nombre de diplômes par rapport aux emplois qualifiés disponibles. Par exemple, les générations des Trente Glorieuses étaient peu diplômées, mais bénéficiaient d'emplois typiques ; alors qu'aujourd'hui, le nombre de diplômés a augmenté, mais les emplois atypiques aussi. Cela pose la question de la dévalorisation des diplômes.

Parité 274
Synonyme d'égalité. En France, c'est la loi du 6 juin qui impose à chaque parti politique d'avoir une égalité d'hommes et de femmes sur leur liste électorale.

Partenaires sociaux 208
Représentants des salariés (CGT, CFDT, Solidaires...) et du patronat (Medef essentiellement) qui participent entre autres à établir les conventions collectives (donc aussi à fixer les salaires) lors de négociations collectives par branche, par entreprise...

Participation électorale 286
Lorsqu'un électeur inscrit sur les listes électorales se rend à son bureau de vote pour voter, même si c'est un vote blanc ou nul → **abstention électorale**.

Pauvreté 188, 190
D'un point de vue économique, il existe une pauvreté absolue (ne pas pouvoir répondre à ses besoins vitaux) ou relative (avoir moins de 50 % ou 60 % du revenu médian). D'un point de vue social, la pauvreté, c'est ne pas avoir accès à certains biens ou services considérés comme essentiels par la société (santé, éducation...). La pauvreté augmente les risques d'exclusion.

Pluralisme politique 273
Forme d'organisation politique qui reconnaît et favorise l'existence de plusieurs opinions et partis politiques.

Politique budgétaire 61
Politique économique conjoncturelle de l'État consistant à faire varier le volume et la structure de son budget (recettes et dépenses) afin de réguler l'activité économique (chômage, inflation, croissance économique et l'équilibre extérieur).

Politique conjoncturelle .. 74, 224, 227
Action à court terme de l'État et/ou de la Banque centrale pour lutter contre des déséquilibres économiques en termes de croissance, d'emploi, d'équilibre extérieur et d'inflation. Elle regroupe la politique budgétaire et la politique monétaire.

Politique monétaire 61, 266, 294
Politique économique conjoncturelle de la Banque centrale consistant à faire varier la masse monétaire et les taux d'intérêts directeurs afin de réguler l'activité économique (chômage, inflation, croissance économique et l'équilibre extérieur).

Population active 111, 225, 240
Elle est composée de la population active occupée (ceux qui occupent un emploi) et

de la population active inoccupée ou des chômeurs (ceux qui n'ont pas d'emploi et qui en recherchent un).

Pouvoir de marché 249
Capacité pour un agent économique de fixer son prix sur un marché, on dit alors qu'il est faiseur de prix et non plus preneur de prix (ex. : entreprise en monopole)
→ **faiseur de prix, preneur de prix**.

Précarité.....................146, 202
Situation économique et sociale marquée par une forte instabilité de l'emploi (donc du salaire, du contrat de travail) et des conditions de vie (logement, liens sociaux). Elle est particulièrement liée au développement du chômage de longue durée, des formes particulières d'emploi et à l'individualisme, et accroît le risque d'exclusion.

Prélèvements obligatoires 192
Versements obligatoires par les agents économiques aux pouvoirs publics sous forme d'impôts directs (impôt sur le revenu) ou indirects (taxe sur la valeur ajoutée) et de cotisations sociales. Ils servent à financer le fonctionnement des pouvoirs publics ainsi que la protection sociale.

Preneur de prix 250
Agent économique qui ne peut influencer la détermination du prix sur un marché. On dit alors qu'il n'a aucun pouvoir de marché.

Prestations sociales 190
Revenus de transfert versés aux assurés sociaux par les pouvoirs publics au titre de la protection sociale. Elles permettent de faire face à une baisse de revenu (chômage) ou une augmentation de dépense (santé) grâce à des prestations sociales financières (allocations chômage) ou en nature (remboursement de médicaments). Elles proviennent surtout des cotisations sociales.

Principe de subsidiarité 296
Dans les domaines qui ne relèvent pas de sa compétence exclusive et seulement si les objectifs de l'action engagée (ex. : un conflit juridique) ne peuvent être atteints de manière suffisante par les États membres, alors l'Union européenne intervient (Cour européenne des droits de l'Homme).

Prix et quantités d'équilibre 203
Le prix d'équilibre est celui qui égalise l'offre et la demande sur un marché. Lorsque l'offre et la demande sont égales, on les nomme alors les quantités d'équilibre.

Production non marchande
.... 10, 188, 201
Biens et services fournis à titre gratuit ou quasi gratuit (c'est-à-dire à un prix inférieur à 50 % du coût de production) à ses utilisateurs. Par exemple, la santé dans les hôpitaux publics.

Production marchande 10
Biens et services produits pour lesquels l'acheteur doit payer un prix déterminé par le marché ; elle est réalisée par des organisations productives dont les ressources proviennent essentiellement de la vente de leur production.

Productivité 14, 25, 95
Elle mesure l'efficacité de la combinaison productive et se calcule en divisant la production en euros par la quantité utilisée de capital (en euros) ou de travail (en heures pour obtenir la productivité horaire du travail). On calcule aussi la

productivité marginale du travail qui correspond à ce que rapporte une unité supplémentaire de travail.

Productivité globale des facteurs 14, 22
Elle se calcule en divisant la valeur de la production par l'ensemble des quantités de facteurs de production utilisés. Lorsqu'elle augmente, il existe des gains de productivité. Elle est essentiellement due au progrès technique → **progrès technique**.

Produit intérieur brut (PIB) 10
Valeurs des biens et services produits sur un territoire national en une année. Il est mesuré à partir de la somme de toutes les valeurs ajoutées (+ impôts sur les produits [TVA, etc.] − subventions) et permet de mesurer la croissance économique (qui n'est autre que la variation du PIB).

Profit........................209, 213
Part de la valeur ajoutée qui revient à l'entreprise. Il provient de la différence entre les recettes et les dépenses et permet l'investissement, l'épargne, le versement des dividendes…

Progrès technique... 14, 27, 81, 93, 149
Nouveaux produits, procédés et organisations qui permettent de mieux produire. Il correspond aux innovations de produit (ex. : *smartphone*), de procédé (ex. : e-commerce) et d'organisation (ex. : toyotisme).

Protection sociale... 19, 148, 189, 242
Système collectif de prévoyance contre les risques sociaux (chômage, maladie, vieillesse…). Pour lutter contre une baisse du revenu (chômage) ou une hausse des dépenses (santé), les pouvoirs publics versent des prestations sociales financières (allocations chômage) ou en nature (remboursement des médicaments). La protection sociale s'appuie sur deux grands modèles : l'assurance et l'assistance → **assurance, assistance**.

Protectionnisme 42, 55
Ensemble des mesures visant à protéger (parfois provisoirement comme le protectionnisme éducateur) la production d'un pays contre la concurrence étrangère grâce au recours à des barrières tarifaires (droits de douane) et non tarifaires (quotas, normes).

Q, R

Qualification............ 102, 126, 234
La qualification de l'emploi correspond aux qualités requises par le poste de travail (maîtrise d'un logiciel, d'une langue étrangère…). La qualification individuelle représente les connaissances professionnelles d'un individu (formation, expérience, savoir-faire).

Ratio de dépendance............. 242
Rapport entre le nombre de retraités et le nombre de cotisants. Ce rapport diminue dans les pays comme la France ce qui, d'après les défenseurs de la retraite par capitalisation, met en danger la retraite par répartition.

Rationnement 203
Lorsque les agents ne trouvent pas à acheter (ou à vendre) autant de biens ou de services qu'ils le souhaitent au prix de marché. Sur le marché du travail, c'est lorsque les pouvoirs publics fixent un prix plancher supérieur au prix d'équilibre (qui rationne l'offre de travail) ou un prix

plafond inférieur au salaire d'équilibre (qui rationne la demande de travail).

Recette marginale............ 209, 213
Recette supplémentaire résultant de la vente d'une unité de produit supplémentaire.

Recette moyenne 209, 213
Recette totale divisée par le nombre de produits vendus, c'est donc la recette moyenne obtenue par unité produite.

Redistribution....... 25, 148, 189, 242
Modification de la répartition primaire des revenusen mettant en place des prélèvements obligatoires effectués par les pouvoirs publics pour ensuite verser des revenus de transfert (prestations sociales financières ou en nature) verticalement (vers ceux qui ont un revenu plus faible), ou horizontalement (ex. : vers ceux qui ont des enfants).

Régime parlementaire 272
Régime politique démocratique dans lequel la séparation entre le pouvoir exécutif et législatif est souple.
Le Parlement peut être dissous par le chef de l'exécutif et le gouvernement est responsable devant le Parlement.

Régime présidentiel.............. 273
Régime politique démocratique dans lequel le président concentre le pouvoir exécutif et tire sa légitimité de son élection au suffrage universel. Le pouvoir exécutif et le législatif sont strictement séparés.

Régime semi-présidentiel........ 273
Régime politique démocratique dans lequel le président est élu au suffrage universel et nomme le chef du gouvernement qui est responsable devant les députés, comme en France.

Réglementation 42, 83
En tant qu'instrument de la politique climatique, c'est l'ensemble des normes, des lois, etc., qui a pour but la préservation de la planète.

Régulation des conflits 170, 184
Encadrement des conflits par des institutions et des règles sociales, qui permet une expression des désaccords et leur résolution. Les syndicats sont des acteurs majeurs de cette institutionnalisation des conflits, car ils participent aux négociations collectives et plus largement sont reconnus comme légitimes par les pouvoirs publics.

Régulation....................... 266
Pour les marchés financiers, c'est l'ensemble des règles juridiques qui organisent et encadrent le secteur financier. On distingue la réglementation prudentielle (solvabilité minimale des banques devient obligatoire), le contrôle des conflits d'intérêt (les agences de notations trop influentes) et la transparence des marchés (lutte contre les paradis fiscaux).

Répartition et capitalisation..... 242
Systèmes de financement des pensions de retraite. La retraite par capitalisation consiste à financer la retraite d'un agent grâce à sa propre épargne qu'il confie aux institutions financières avec le risque de faillite associé. La retraite par répartition consiste à prélever de cotisations sociales sur le salaire des actifs d'aujourd'hui pour les redistribuer aux retraités d'aujourd'hui.

Répertoires d'action politique ... 283
Ensemble des moyens politiques dont disposent les individus et qui composent un répertoire dans lequel ils peuvent

piocher pour participer à la vie politique. La participation est conventionnelle (vote, adhésion à un parti) ou non conventionnelle (*sit-in*, désobéissance civile).

Réseaux sociaux 292
Ensemble des relations sociales entre les individus, qu'elles soient amicales ou professionnelles. Cette approche remet en cause celle en termes de groupes sociaux. En effet, avec les réseaux sociaux, ce qui est important, ce sont les relations individuelles et leur configuration : taille du réseau, densité (nombre de liens), nature (liens faibles ou forts)...

Revenus 100, 148, 189, 261
Ressources d'un agent économique constituées des revenus du travail, du capital, mixtes et de transfert. Pour mesurer les inégalités, on utilise le revenu disponible brut qui est égal au revenu primaire (tous les revenus avant prélèvements obligatoires) auquel on retire les prélèvements obligatoires (impôts directs, indirects et cotisations sociales) et on ajoute les revenus de transfert.

Revenus de transfert 189
Revenus qui ne proviennent pas d'une participation à l'activité productive. Ils sont essentiellement constitués par la redistribution organisée par les pouvoirs publics sous la forme de prestations sociales qui sont soit monétaires (allocation chômage), soit en nature (remboursement des médicaments). L'objectif étant de soutenir les ménages face à une baisse de revenu (chômage...) ou une hausse de dépenses (santé...).

Risque de crédit 264
Probabilité qu'un emprunteur ne rembourse pas entièrement sa dette. Plus cette probabilité est élevée, plus le taux d'intérêt pratiqué par le prêteur sera fort.

Risque systémique 266
Les difficultés rencontrées par un acteur ou un marché financier risquent de se propager à l'ensemble du système (sphère financière et économie réelle) et provoquer son effondrement.

S

Salariat 206
Lien entre les salariés et les employeurs concrétisé par un contrat de travail (mise à disposition de la force de travail dans une logique hiérarchique) qui procure un revenu (salaire) et un statut social et professionnel donc une place dans la hiérarchie sociale.

Salaire 148, 161, 170, 202
Rémunération du travail et principale ressource des ménages. Il dépend généralement du niveau d'expérience, du diplôme, du type de contrat de travail, etc. D'après les néoclassiques, il est fixé en fonction de la loi de l'offre et de la demande, mais il dépend aussi de l'État qui fixe le salaire minimum, les cotisations sociales et le salaire des fonctionnaires ou des conventions collectives signées entre partenaires sociaux.

Salaire d'efficience 204, 219
Salaire plus élevé que le salaire déterminé par le marché et donc supérieur à la productivité marginale du travail. Le principe étant de limiter l'anti-sélection en attirant les salariés les plus productifs et l'aléa moral en incitant le salarié à maximiser sa productivité → **aléa moral**.

Salaire minimum 206, 220
Salaire minimum au-dessous duquel il est légalement interdit de rémunérer un salarié. Son existence crée le chômage des moins qualifiés d'après les néoclassiques, car leur productivité marginale du travail est inférieure au salaire minimum. À l'inverse, pour les keynésiens, il permet de soutenir la demande globale grâce à la consommation.

Segmentation du marché du travail 204
Le marché du travail est divisé entre le marché primaire et le marché secondaire. Le premier représente un marché des emplois typiques (contrat à durée indéterminée, temps complet), à haute rémunération. Le second regroupe les emplois atypiques (formes particulières d'emploi) nécessitant peu de qualifications, avec de faibles rémunérations et un risque élevé de chômage.

Sélection adverse 204, 244
Situation provoquée par l'asymétrie d'information et qui peut conduire un agent à faire un mauvais choix de bien ou de service (ex. : une assurance-santé pratiquant des tarifs élevés va attirer les plus malades)
→ **asymétrie d'information**.

Services collectifs 189
Services non marchands auxquels les pouvoirs publics estiment que tous les citoyens doivent avoir accès, gratuitement ou quasi gratuitement sur l'ensemble du territoire. En France, 65 % de la baisse des inégalités s'expliquent par l'existence des services collectifs de santé et d'éducation.

Sociabilité 145
Capacité d'un individu à créer des liens sociaux formels, informels, faibles ou forts au sein de différentes instances (famille, travail, etc.). L'analyse en termes de réseaux sociaux permet d'évaluer l'intensité de la sociabilité d'un individu.

Socialisation 144
Processus par lequel les individus intègrent tout au long de leur vie (lors de la socialisation primaire puis secondaire) les normes, les valeurs, les pratiques propres à leur groupe social d'appartenance ou de référence (socialisation anticipatrice). Elle est assurée par des instances de socialisation (famille, travail, école) et transmet à chacun des statuts et des rôles sociaux.

Socialisation politique 282
Processus par lequel un individu intègre les normes, les valeurs et les comportements politiques propres à un groupe social ou à une société.

Socialisation anticipatrice 144
Lorsque l'individu intériorise les normes et les valeurs non pas de son groupe d'appartenance, mais de son groupe de référence, auquel il aimerait appartenir.

Socialisation primaire 145
Processus d'intégration des normes, des valeurs et des pratiques sociales propres à un groupe social et qui se déroule pendant l'enfance. C'est aussi le moment où les parents transmettent aux enfants certaines dispositions politiques (opinions, clivage gauche/droite, etc.).

Socialisation secondaire 145
Processus d'intégration des normes, des valeurs et des pratiques sociales propres à un groupe social et qui se déroule pendant l'âge adulte. Elle prolonge en la modifiant plus ou moins fortement la socialisation primaire. Le comportement

politique dépendra alors de l'interaction avec le monde du travail, mais aussi des événements politiques, des médias, etc.

Société civile organisée.......... 277
Ensemble des organisations (syndicats, associations...) grâce auxquelles les citoyens vont tenter d'influencer les décisions politiques.

Solidarité 141
Le sentiment d'appartenance à une même société nous a incités à nous soutenir collectivement. Par exemple, les salariés d'aujourd'hui financent les jeunes d'aujourd'hui (école gratuite) et cotisent pour les retraités d'aujourd'hui qui avaient eux-mêmes cotisé.

Solidarité mécanique........ 142, 159
D'après Durkheim, elle est caractéristique des sociétés où la division du travail est faible et donc les individus peu différenciés. Elle est fondée sur l'imitation, une conscience collective forte et une conscience individuelle faible. Le droit est répressif pour ne pas remettre en cause les croyances communes. Elle existe encore aujourd'hui (famille) même si la division du travail a rendu majoritaire la solidarité organique → **solidarité organique**.

Solidarité organique.......... 142, 159
D'après Durkheim, elle est caractéristique des sociétés où la division du travail est forte et donc les individus très différenciés. Elle est fondée sur l'interdépendance, une conscience individuelle forte et une conscience collective faible. Le droit est réparatif pour maintenir l'interdépendance. La solidarité organique est aujourd'hui majoritaire même si la solidarité mécanique existe encore (famille).
→ **solidarité mécanique**.

Soutenabilité 81
C'est lorsque le développement est durable donc quand le développement des générations actuelles est assuré sans compromettre le développement des générations futures (rapport Brüntland). Elle allie les dimensions économique, sociale et environnementale. La soutenabilité forte (le capital naturel doit être préservé pour lui-même) s'oppose à la soutenabilité faible (le capital naturel est substituable).

Spécialisation 40, 141
Processus au terme duquel des entreprises ou des nations ont abandonné un grand nombre d'activités pour se consacrer à quelques activités spécifiques en général pour lesquelles elles sont performantes.

Syndicats.................... 169, 182
Associations indépendantes de salariés (CGT, Solidaires) ou de patrons (Medef) ayant pour but de défendre leurs intérêts. En France, les syndicats sont les partenaires sociaux de l'État, gèrent la protection sociale et participent aux négociations collectives.

T

Taux de chômage 225
Proportion de chômeurs dans la population active. Les chômeurs font partie de la population active et sont aussi appelés « population active inoccupée ».

Taux d'emploi 225
C'est le rapport entre la population active occupée et l'ensemble de la population âgée de 15 à 65 ans. Cela permet

d'évaluer la part de ceux qui occupent un emploi par rapport à tous ceux qui pourraient en occuper un.

Taux de remplacement 244
Il représente pour un retraité le pourcentage de son ancien salaire qu'il perçoit. Techniquement, il dépend de la durée et du montant de nos cotisations, mais réellement, il dépend du niveau de richesses de la société et de ses choix en termes de redistribution.

Taux de salaire réel 30
Coût réel par unité de travail (par heure en général), c'est donc le prix réel du travail qui est égal au salaire nominal divisé par les prix. Pour les néoclassiques, le demandeur de travail maximise son profit en égalisant la productivité marginale du travail de l'offreur de travail et son taux de salaire réel (horaire).

Taux d'intérêt 30, 62, 69, 73
Le taux d'intérêt représente à la fois le prix de l'emprunt et la rémunération du prêt.

Taxation 81
Instrument de la politique climatique qui repose sur un prélèvement imposé par les pouvoirs publics pour augmenter les prix et ainsi inciter les agents à moins polluer. C'est le principe du « pollueur-payeur » dont l'objectif est d'internaliser les externalités en leur donnant un prix (ex. : les bonus/malus écologiques).

Travail 14, 204, 240
Nombre d'heures de travail utilisées pour produire. Avec le capital, ils constituent les facteurs de production.

Union économique et monétaire
.... 59, 61
D'après Bela Balassa, c'est la cinquième et dernière étape de l'intégration régionale d'un groupe de pays consistant à adopter des objectifs communs de politiques économiques et une monnaie commune ou unique. L'Europe a franchi cette étape en 1999 avec l'Euro dans le cadre du Pacte de stabilité et de croissance (1997).

Valeur ajoutée 10
Richesse économique créée par une organisation productive, elle est égale au chiffre d'affaires diminué des consommations intermédiaires (ce qui est détruit ou transformé pendant la production).

Variables lourdes du comportement électoral 286
Ensemble des caractéristiques sociales (religion), économiques (patrimoine), démographiques (âge) qui influencent le vote des individus.

Vote sur enjeu 286
Vote qui relève d'un calcul de la part d'un électeur rationnel qui fait son choix en fonction des opportunités et du contexte. Ce type de vote expliquerait la volatilité électorale.

Crédits iconographiques

p. 15	ph © Ullstein Bild / Roger-Viollet	p. 207	Coll. Kharbine-Tapabor
p. 17	ph © Nicolas Tavernier / REA	p. 223	ph © Corbis
p. 41	ph © Akg-Images	p. 251	ph © Zhu Ying/Imaginechina/AFP
p. 60	ph © Union européenne, 2015	p. 272	ph © RMN-Grand Palais (Château de Versailles)/Droits réservés
p. 65	ph © Roger-Viollet		
p. 99	ph © North Wind Picture Archives / Akg-Images	p. 275	ph © La Documentation française
		p. 285-b	ph © Alain Le Bot / Photononstop
p. 104	ph © Ria-Novosti / Akg-Images	p. 285-h	ph © Anne-Christine Poujoulat / AFP
p. 105	ph © Dagli Orti / The Picture Desk	p. 285-m	ph © Kenzo Tribouillard / AFP
p. 107	ph © Meigneux / Sipa Press	p. 302	ph © Akg-Images
p. 108	ph © Kartuge Christophe / Sipa Press	p. 303	ph © North Wind Picture Archives / Akg-Images
p. 132	ph © D. Goupy / Signatures		
p. 142	ph © Akg-Images	p. 304	ph © Ria-Novosti / Akg-Images
p. 143	Coll. Kharbine-Tapabor	p. 305	ph © Akg-Images
p. 167	ph © J-P. Muller / AFP	p. 306	ph © Dagli Orti / The Picture Desk
p. 169	ph © F. Acerbis / Signatures	p. 307	ph © Corbis
p. 171	ph © Alfred / Sipa Press	p. 308	ph © Ullstein Bild / Roger-Viollet
p. 187	ph © Steve Pyke/Getty Images	p. 309	ph © Kartuge Christophe / Sipa Press
p. 189	ph © Anne Van Der Stegen / Signatures		

Dépliant ph© oscity-Fotolia

Malgré nos efforts, il nous a été impossible de joindre certains photographes ou leurs ayants-droit, ainsi que des éditeurs ou leurs ayants-droit de certains documents, pour solliciter l'autorisation de reproduction, mais nous avons naturellement réservé en notre comptabilité des droits usuels.

Achevé d'imprimer par Grafo à Basauri - Espagne
Dépôt légal n° 99537-8/03 - novembre 2017